Mit Seil und Knoten 2

Axel Heisel

Neues mit Seil und Knoten

Tipps und Tricks für Schaukeln, Seilbrücken, Hangeln & Co.

Abbildungsverzeichnis

Mit freundlicher Genehmigung der nachfolgend genannten Firmen:

Hagedorn: 168

Haidig: 183, 189

Krah: 18, 19, 20, 21, 22, 23, 142, 144, 145, 241

ULLEWAEH!®: 151, 152, 184

Würth: 146

Helge Afflerbach: 223, 224

KbF Mössingen: 271

Stefanie Lange: 216, 296, 298

Silke Sommerlad: 106, 134

Ulrike Hummel: 121, 172, 175, 245

Alle übrigen Abbildungen und Zeichnungen: Axel Heisel

Mit Seil und Knoten 2

Axel Heisel

Neues mit Seil und Knoten

Tipps und Tricks für Schaukeln,
Seilbrücken, Hangeln & Co

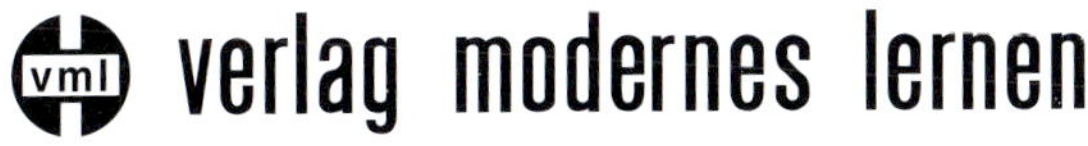

Sicherheitshinweis

Alle hier vorgeschlagenen Übungen und Spielideen wurden von Autor und Verlag sorgfältig erwogen und geprüft.
Dennoch erfolgt ihre Durchführung auf eigene Gefahr und entbindet den / die Übungsleiter/in nicht von der Beachtung individueller Gefahrenmomente und der Planung entsprechender Sicherungsmaßnahmen.
Eine Haftung des Autors bzw. des Verlages und seiner Beauftragten ist ausgeschlossen.

Unser Buchprogramm im Internet
www.verlag-modernes-lernen.de

Veröffentlicht in der Edition:
verlag modernes lernen • Schleefstraße 14 • D-44287 Dortmund

Gesamtherstellung: Löer Druck GmbH, Dortmund

Bestell-Nr. 1237 ISBN 978-3-8080-0670-2

Vorspeise – oder: die Kunst der Knotensuppe

*es ist leichter kochen zu lernen
als hundert Rezepte auswendig zu können*

Vor bald 30 Jahren habe ich klettern gelernt. Der Virus befiel mich bei einem Besuch im Oberen Donautal, dem schwäbischen Klettereldorado. Ich war begeistert vom Anblick der spinnengleich sich am Fels vorantastenden Alpinisten. Schon bald war ein Seil angeschafft und die ersten Karabiner. Bei meinen fiebrigen Recherchen nach Informationen, nach Gleichgesinnten, fand ich einen Kameraden der meine Leidenschaft teilte – und meinen Mangel an fundiertem Wissen.

In der Rückschau sehe ich die Ähnlichkeit mit dem Kochen während meiner frühen Erwachsenenjahre. Auch hier wurde mit einfachsten Mitteln improvisiert, viel experimentiert und kreativ, mangels bestimmter Zutaten, Rezepte bis zur Unkenntlichkeit verändert. Manches Ergebnis war grauenhaft, anderes schlicht innovativ – beim Klettern wie beim Kochen. Geblieben ist ein hohes Maß an Kreativität und die Fähigkeit durch Improvisation den jeweiligen Plan an die herrschenden Gegebenheiten anzupassen – nicht selten mit Gewinn für alle Beteiligten.

Gut, das Klettern hätte ich sicherer beim Alpenverein erlernt und ein Kochkurs hätte meinem näheren Umfeld manch geschmackliche Entgleisung erspart. Ich habe, vor allem beim Klettern, viel riskiert und manchmal schlicht das „Glück der ersten Jahre" gehabt. Es ist leicht das hohe Risiko zu rechtfertigen, wenn sich der Einsatz in Gewinn verwandelt hat – es hätte allerdings, zumindest beim Umgang mit Seil und Knoten, auch ein Totalverlust werden können.

Und was hat das Ganze mit dem vorliegenden Buch zu tun? Vielleicht ist ihnen der „Nachschlag" aus dem ersten Band dieser Reihe noch in Erinnerung: „Ich möchte Sie ermutigen „Kochen zu lernen": Durch die Variation der Vorschläge, durch Abschmecken, durch Weglassen und Hinzufügen von Zutaten werden Sie schon bald die Grundlagen (der Seil- und Knotentechnik) kreativ und situationsgerecht handhaben." (Heisel 2008, S. 191)

In diesem Buch können Sie diese Grundlagen erweitern, abstimmen und auf Ihre persönlichen Bedürfnisse zuschneiden. Natürlich gibt es auch viele Rezepte zum Schaukeln, für Seilbrücken, zum Hangeln, Spiele und ein paar neue Ideen – zum Beispiel die Seilbahn, oder die Konstruktionen mit der Rundspanntechnik.

Das Hauptanliegen des vorliegenden Bandes ist die Auseinandersetzung mit grundlegenden „Kochkünsten“: für bestimmte Anwendungen optimierte Knoten, verschiedene Spanntechniken, der Vergleich unterschiedlichster Möglichkeiten eine stabile Aufhängung für Schaukeln zu schaffen und einiges mehr.

Sie halten ein Nachschlagewerk mit vielen Querverweisen und bewusst offener Struktur in den Händen. Ich hoffe, es ist mir dennoch gelungen an das schönste Kompliment welches ich für den ersten Band bekommen habe anzuknüpfen: „Das ist richtig gut zu lesen – für ein Fachbuch“.

In diesem Sinne: Viel Spaß beim Schmökern, Probieren, Nachkochen, Genießen, Variieren und Weiterentwickeln – vielleicht erzählen Sie mir ja mal, wie es geschmeckt hat: axelheisel@mitseilundknoten.de

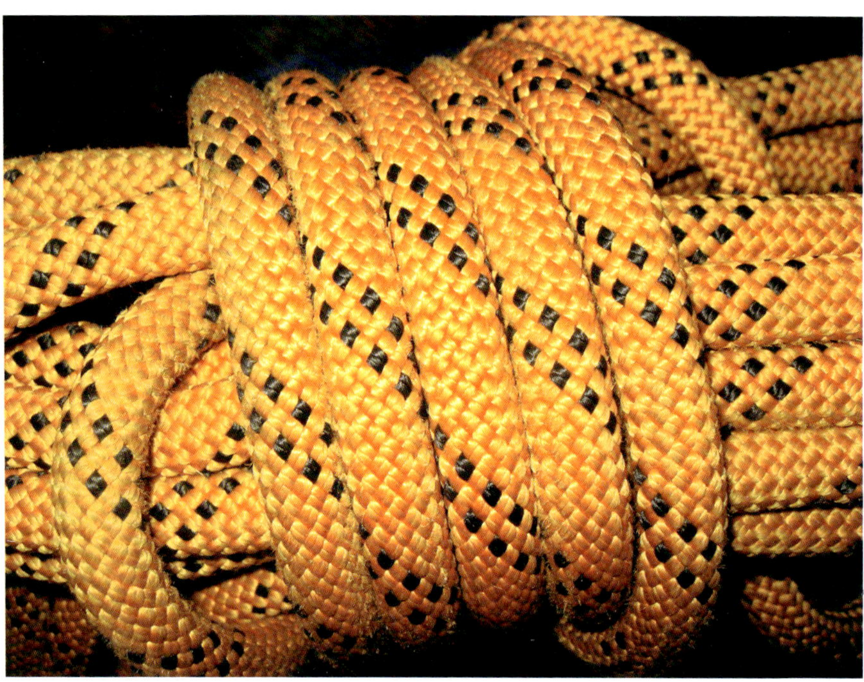

Abb. 1

Teil 1

Material und Knoten

Hält das auch? Kraft, Last und Redundanz

Welche Kräfte entstehen?

Im ersten Band[1] dieser Buchreihe bin ich ausführlich auf die entstehenden Kräfte bei Seilaufbauten eingegangen. Hier die Kurzzusammenfassung:

Hangeln:

- So viel wie die hangelnde Person mit ihren Händen halten kann.

Schaukeln:

- (Schaukelgewicht + Personengewicht) x 3

Tauziehen und Ähnliches:

- Ich rechne mit 100 kg Zugkraft je erwachsenem Teilnehmer.

Seilbrücken und Geländerseile:

- Achtung: Bei zu großer Vorspannung können gespannte Seile bei Zusatzbelastung reißen!
- So schwach wie möglich spannen!
- Bei der Belastung mit Personen muss das Seil einen Durchhang von mindestens 10% aufweisen.[2]
- Es dürfen maximal 5 Personen à 80 kg auf dem Seil stehen. Diese dürfen nicht wippen!
- Beim Wippen auf dem Seil entstehen besonders große Belastungsspitzen. 2 – 3 Personen sind hier die absolute Obergrenze!
- Verwenden Sie als Fußseil nur Statikseile mit einem Durchmesser von 11 mm.

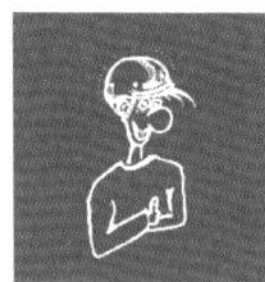

Für alle die sich noch weiter in die Materie einlesen möchten, empfehle ich das Kapitel „Materialbelastungen in der temporären Seilarbeit“ (Strasser 2008, S. 18 ff.) in dem hervorragenden Buch „Spannung zwischen Bäumen“ von Philipp Strasser.

---

[1] Axel Heisel: Schaukeln, Seilbrücken, Hangeln & Co., einfache Seil – und Knotentechniken für Drinnen und Draußen, S. 34 ff.

[2] bei einer Brückenlänge von 5 Meter sind das 50 cm Durchhang

Bruchlast, Traglast und Redundanz

- Der auf den Bergsportmaterialien angegebene Wert ist die Bruchlast. Das ist die Kraft bei der das Material gerade noch nicht bricht! Wird das Material doppelt genommen, verdoppelt sich die Bruchlast, usw.
- Knoten reduzieren die Bruchlast des Materials um ca. 50%.[1]
- Durch Alterung kann die Bruchlast von Statikseilen um bis zu 50% abnehmen. Ähnliches dürfen wir auch für Reepschnüre und Bandmaterial annehmen.
- Die Traglast ist die Last mit der das Material in der Praxis belastet werden kann. Sie berechnet sich aus der tatsächlichen Bruchlast[2] abzüglich eines selbst festgelegten und angemessen hohen Redundanzfaktors.
- Der Redundanzfaktor ist die Reserve die wir bei personentragenden Systemen einhalten wollen[3] und sollen.

Ausführliche Überlegungen zum Thema finden Sie im ersten Band der Buchreihe.[4]

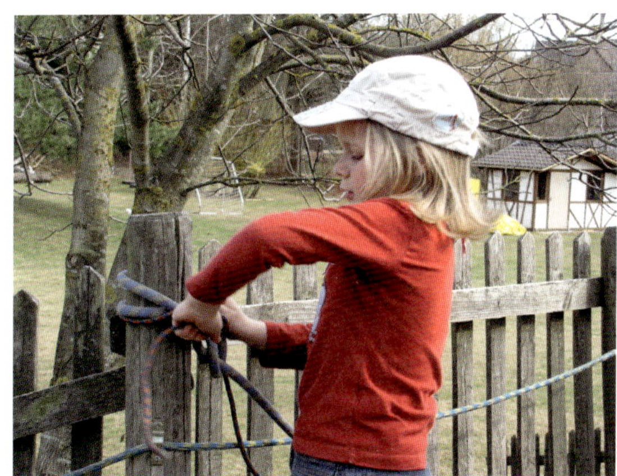

Abb. 2: Oft begrenzt die Festigkeit des Befestigungspunktes die Traglast der Seilkonstruktion

---

1 50% gilt als Faustformel, Knoten mit großen Radien schwächen das Seil weniger, Knoten mit engen Radien mehr

2 angegebene Bruchlast abzüglich Knotenfestigkeit und Alterung

3 Wenn ich weiß, dass meine Schaukelbefestigung maximal 1200 kg hält (Bruchlast), dann lasse ich maximal eine Belastung von 600 kg zu (Traglast). Bei einer Schaukel sind das 200 kg (Schaukel + Personen + …, siehe S. 12)

4 Axel Heisel: Schaukeln, Seilbrücken, Hangeln & Co., S. 37 ff.

Man nehme: Seile, Karabiner und mehr

Die von mir beschriebenen Materialien stammen nahezu alle aus dem Bergsport. Bergsportmaterial erfüllt durch seine Normierung immer einen Mindestqualitätsstandard und ist – bezogen auf die Qualität verhältnismäßig preiswert.

Alles verwendete Material muss so dimensioniert sein, dass es den zu erwartenden Kräften standhalten kann.

Die Bruchlast des an sicherheitsrelevanter Stelle verwendeten Materials sollte bekannt sein[1]. Bei Materialien aus dem Bergsport ist diese entweder auf dem Produkt selbst oder in der technischen Beschreibung angegeben.

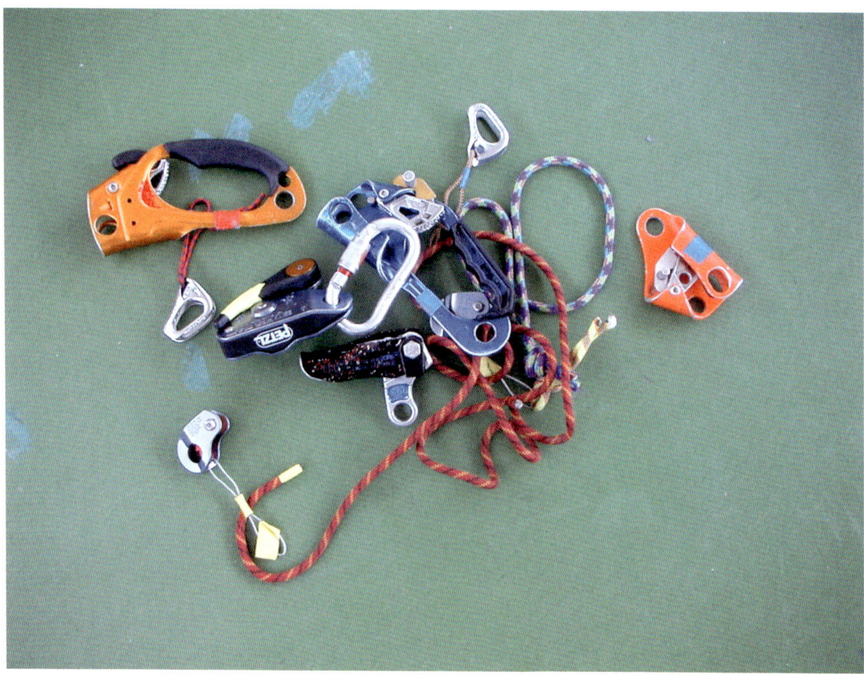

Abb. 3: Hilfsmittel aus dem Bergsport

[1] die Bruchlast alternativer Materialien wie Hölzer, Feuerwehrschläuche und ähnliches kann nur geschätzt werden – eine deutliche Überdimensionierung ersetzt hier die exakte Berechnung

Standardéquipement

Seile

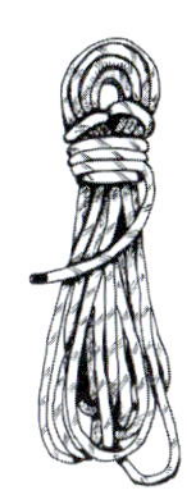

Verwenden Sie nur Seile mit einer nach EN- oder UIAA-Norm geprüften Bruchlast. Ich bevorzuge Statikseile mit einem Durchmesser von 11 mm.
Ausführliche Informationen zu den unterschiedlichen Seiltypen und deren Festigkeit finden Sie in Band 1[2].

Tipp: So bauen Sie einen Seilrucksack! Zuerst nehmen Sie die beiden Enden des Seiles in die Hand und ziehen beide Seilstränge solange durch die Hand bis Sie zur Mitte des Seiles gelangen. Nun nehmen Sie das Seil wie in Band 1[3] beschrieben auf. Nach dem letzten Schritt muss noch gut 2 Meter Seil übrig sein. Legen Sie das Seilbündel auf den Rücken, während Sie die beiden langen Seilenden über je eine Schulter führen. Diese Enden werden nun in Taillenhöhe im Rücken, gegenläufig über das Seil geführt und vor dem Bauch mittels Kreuzknoten[4] verknotet. Jetzt lässt sich das Seil wie ein Rucksack tragen und Sie haben beide Hände frei.

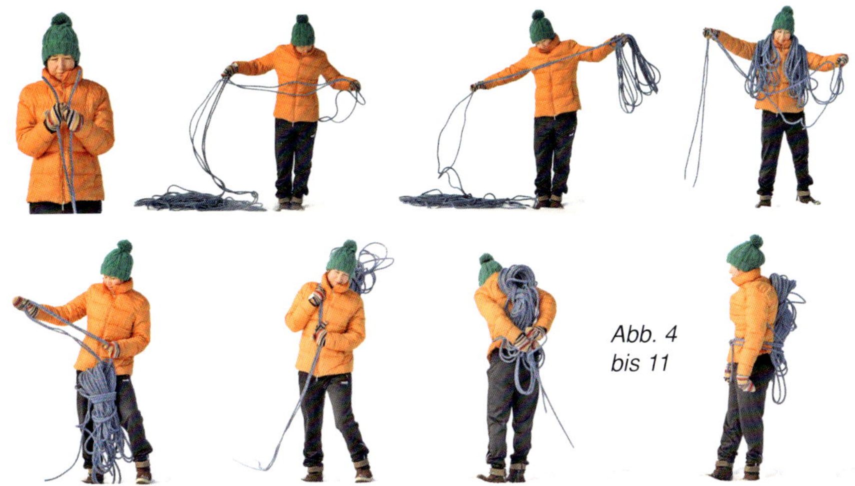

Abb. 4 bis 11

---

[2] Axel Heisel: Schaukeln, Seilbrücken, Hangeln & Co., „Seile", S. 41f. und „Statikseile", S. 42 f.

[3] Axel Heisel: Schaukeln, Seilbrücken, Hangeln & Co., „Krangeln verboten …", S. 49

[4] siehe S. 24

Reepschnüre

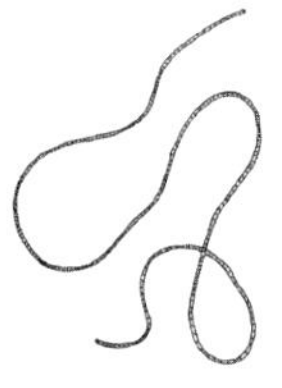

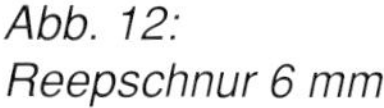

Abb. 12:
Reepschnur 6 mm

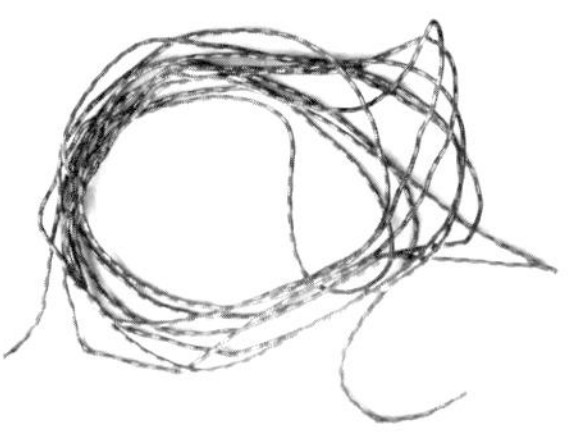

Abb. 13:
Reepschnur 3 mm

Reepschnüre sind dünne Seile. Als Prusikschlingen[5] empfehle ich Reepschnüre mit einem Durchmesser von 6 mm und einer Länge von 150 cm. Ausführliche Informationen über Reepschnüre finden sie in Band 1[6].

Rundschlingen

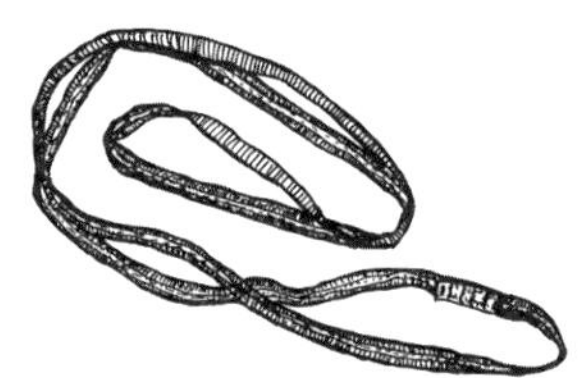

Abb. 14
Rundschlinge aus PE

Ich verwende nahezu ausschließlich vernähte Rundschlingen aus dem Bergsport nach EN 566 / UIAA 104, aus PE. Diese sind in Arbeitslängen[7] von 60 bis 360 cm erhältlich. 150[8] bis 180[9] cm haben sich als Standardlänge bewährt. Ausführliche Informationen zu den unterschiedlichen Arten von Rundschlingen und deren Haltekraft finden sie in Band 1[10].

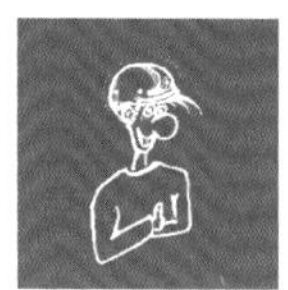

Für alle, die es genau wissen wollen: empfehle ich den Artikel „Starke Fasern" von Pit Schubert in der Zeitschrift „bergundsteigen"[11]. Hier finden Sie die aktuellsten Untersuchungen aus der alpinen Sicherheitsforschung zum Thema Schlingen und Reepschnüre.

---

[5] Prusikknoten siehe S. 23

[6] Axel Heisel: Schaukeln, Seilbrücken, Hangeln & Co., „Reepschnüre", S. 44

[7] Arbeitslänge = (verwendetes Bandmaterial – Nahtzugabe) : 2

[8] 150 cm bevorzuge ich beim Bau von Schaukeln, auch zur Befestigung von Seilbrücken an Bäumen ist diese Länge meist ausreichend

[9] 180 cm bevorzuge ich zum Bau von Seilbrücken, beim Bau von Schaukeln ist diese Länge manchmal etwas zu lang

[10] Axel Heisel: Schaukeln, Seilbrücken, Hangeln & Co., „Rundschlingen", S. 45f.

[11] Axel Heisel: Schaukeln, Seilbrücken, Hangeln & Co., „Rundschlingen", S. 45f.

Karabiner

Für die meisten Anwendungen in diesem Buch genügen genormte Karabiner nach EN 12275 oder EN 362 aus Aluminium, in D–form, mit Schraubverschlusssicherung.

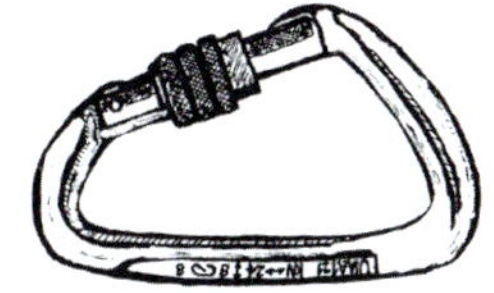

Abb. 15: Karabiner in D-form

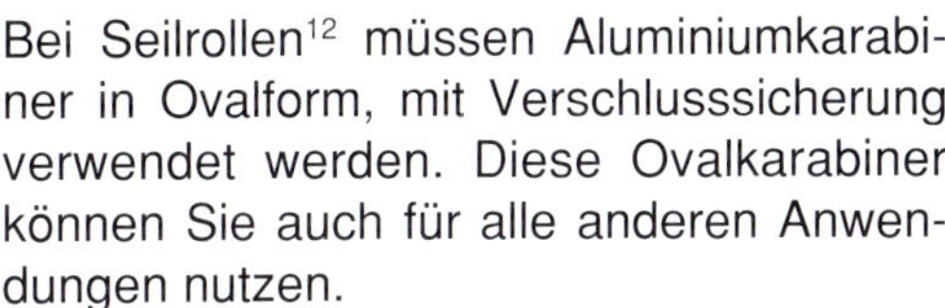

Bei Seilrollen[12] müssen Aluminiumkarabiner in Ovalform, mit Verschlusssicherung verwendet werden. Diese Ovalkarabiner können Sie auch für alle anderen Anwendungen nutzen.

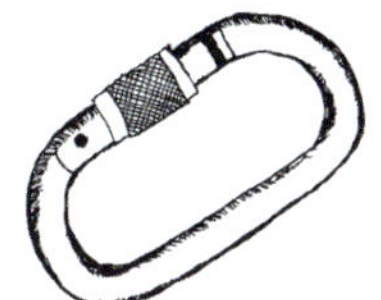

Abb. 16: Ovalkarabiner

In Verbindung mit dem HMS-Knoten[13] werden meistens sogenannte HMS-Karabiner verwendet. Auch Ovalkarabiner sind in diesem Zusammenhang für die in diesem Buch beschriebenen Anwendungen geeignet.

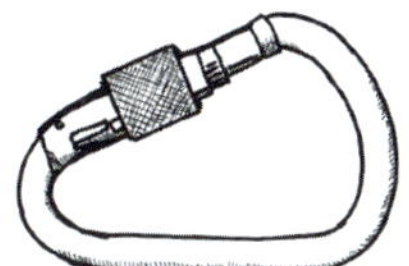

Abb. 17: HMS-Karabiner

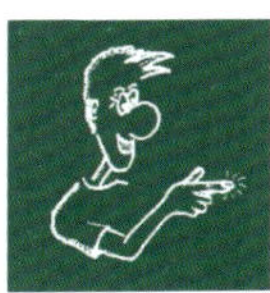

Wenn eine starke Abnutzung des Karabiners, z. B. durch schmutzige Seile oder starke Schaukelbewegungen, zu erwarten ist, sind entsprechende Karabiner aus Stahl zu verwenden.

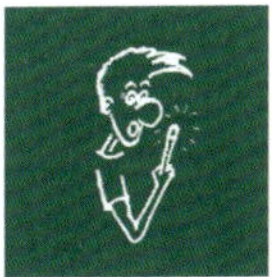

Achtung: verwenden Sie keine Stahlkarabiner im Zusammenhang mit Wirbel, Rollen, GriGri und ähnlichem aus Aluminium. Diese würden die teuren Geräte sehr schnell abnutzen.

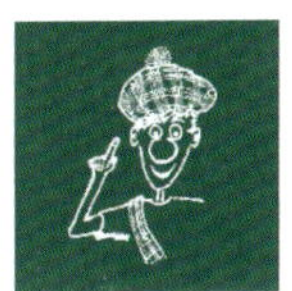

Spartipp: Zum Aufhängen von Schaukeln und Hängematten können Sie natürlich auch Karabiner ohne Verschlusssicherung verwenden – Diese sind etwas preiswerter als ihre gesicherten Kollegen.

Weitere Informationen zum Thema Karabiner, insbesondere zur Problematik der Quer- und Kantenbelastung finden sie in Band 1[14].

---

[12] siehe S. 18

[13] siehe S. 32

[14] Axel Heisel: Schaukeln, Seilbrücken, Hangeln & Co.: „Karabiner", S. 46 ff.

„Hardware“: Nützliche Helfer aus dem Bergsport

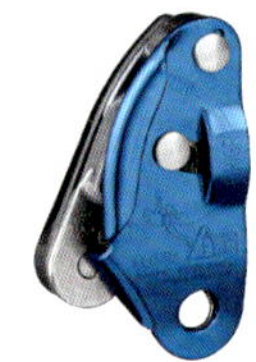

Abb. 18: GriGri

Im Bergsport gibt es eine ganze Reihe Materialien welche den Aufbau von Seilkonstruktionen erleichtern und manche ausgefeilte Konstruktionen erst möglich machen.

Das GriGri der Firma PETZL wurde ursprünglich als Sicherungsgerät zum Klettern entwickelt. Es erleichtert das Spannen von langen Seilen[15], z. B. bei Seilrutschen[16].

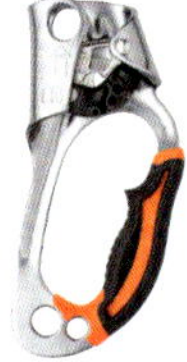

Abb. 19: Steigklemme mit Griff

Steigklemmen werden wie ein Prusikknoten[17] angewandt. Sie sind deutlich komfortabler, aber auch deutlich teurer als ein Stück Reepschnur. Vor allem beim Spannen von Seilrutschen in Verbindung mit dem GriGri empfehle ich dem komfortorientierten Anwender die Verwendung einer großen Steigklemme mit Griff.

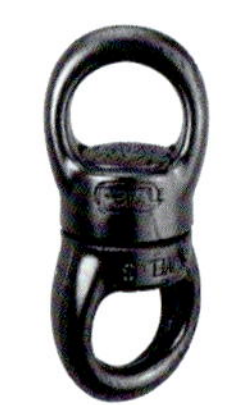

Abb. 20: Schwerlastwirbel aus dem Bergsport

Wirbel wurden ursprünglich entwickelt um das Verdrehen des Seiles zu verhindern. In unserem Bereich werden Wirbel eingesetzt um schnell drehende Karussells[18] zu bauen. Sehr zu empfehlen sind kugelgelagerte Schwerlastdrehwirbel. Diese haben eine riesige, genormte Bruchlast[19] und drehen auch bei großen Lasten wunderbar leicht!

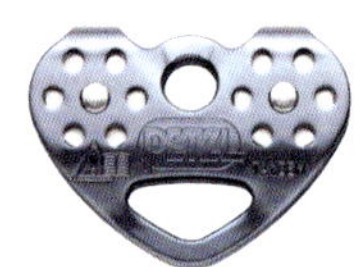

Abb. 21: Doppelseilrolle „Tandem Speed“

Seilrollen kommen vorzugsweise bei Seilrutschen und Seilbahnen[20] zum Einsatz.
Für Seilrutschen sollten Sie nur sogenannte „**Tandemrollen**“ nach CE EN 12278 verwenden. Diese Seilrollen haben zwei hintereinander angeordnete Rollen und sind nach oben geschlossen. Es gibt Tandemrollen für PE und Stahlseile, mit oder ohne Kugellager. Ich bevorzuge die

[15] siehe „Französische Methode“, S. 127 f.
[16] siehe „Französische Methode“, S. 127 f.
[17] vergleiche hierzu S. 23 und S. 27
[18] siehe hierzu S. 83 und S. 92
[19] bis zu 4,5 Tonnen!
[20] siehe hierzu: „Sausebrücken …“, S. 161 ff.

Sehr geehrte Leserin, sehr geehrter Leser,
uns interessieren Ihre ganz persönliche Meinung sowie Ihre Interessengebiete. Beides ist für die zukünftige Arbeit unseres Verlages sehr wertvoll. Vorteil für Sie: Über entsprechende Neuerscheinungen werden Sie regelmäßig informiert. Sie erhalten unsere Bücher im Buchhandel oder direkt beim Verlag.

Diese Karte entnahm ich dem Buch (bitte eintragen!):

Aufmerksam wurde ich durch

- ○ Verlagsprospekt
- ○ Empfehlung meines Buchhändlers
- ○ Empfehlung eines/r Bekannten
- ○ Anzeige in einer Zeitschrift
- ○ Fortbildung beim Autor
- ○ Namen des Autors
- ○ Pressebesprechung
- ○ Internetrecherche allg.
- ○ Homepage d. Verlages
- ○ Geschenk

Mein Urteil:

Bitte informieren Sie mich über folgende Sachgebiete **(Bitte Absender auf der Rückseite nicht vergessen!):**

- ○ **Lernen durch Bewegung / Bewegung fördern / Psychomotorik**
- ○ **Diagnose / Frühförderung / Kindergarten / Grundschule**
- ○ **Sonderpädagogik / Sozialpädagogik / Heilpädagogik**
- ○ **Ergotherapie / Physiotherapie / Neurologie**
- ○ **Geriatrie / Pflege**
- ○ **Sprachheilpädagogik / Sprachtherapie / Logopädie**
- ○ **Pädagogische Psychologie / Lernpsychologie / Neuropädagogik**
- ○ **Systemische Therapie / Familientherapie / Verhaltenstherapie / Psychotherapie**
- ○ **Multimedia (Audio-CD, DVD)**

8/10

Absender:

Name

Vorname

Beruf

Straße

PLZ/Ort

Bitte informieren Sie mich regelmäßig über Ihr Buchprogramm per E-Mail an (ich kann diese Verfügung jederzeit schriftlich widerrufen):

Porto zahlt Empfänger

Antwort/
Postkarte

BORGMANN MEDIA
verlag modernes lernen
borgmann publishing

Schleefstraße 14

D - 44287 Dortmund

„Tandem Speed“ der Firma Petzl. Diese Rolle ist kugelgelagert und sowohl für PE- als auch für Stahlseile geeignet. Durch die besondere Leichtgängigkeit dieser Rolle ist es möglich Seilrutschen mit sehr geringem Gefälle zu bauen. Auch kleine Kinder mit wenig Gewicht erreichen mit dieser Rolle eine schöne, gleichmäßige Geschwindigkeit.

Zur Verbindung zweier Rollen verwenden Sie bitte nur Ovalkarabiner. Verwenden Sie in Verbindung mit Seilrollen keine D-Karabiner – diese führen zu ungünstigen Belastungen in der Seilrolle[21].Benutzen Sie zum Einhängen von Lasten nur Oval- oder HMS-Karabiner.

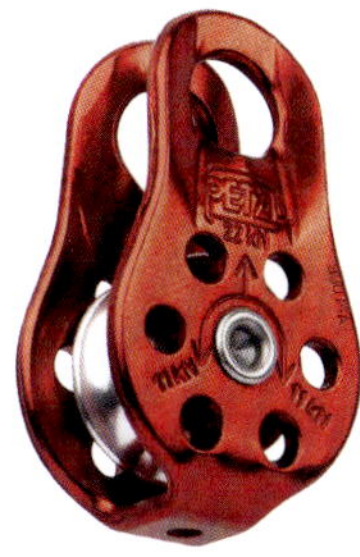

Abb. 22: Einfachseilrolle mit genormter Bruchlast

Einfachseilrollen nach CE EN 12278 sind deutlich preiswerter als ihre Geschwister mit der Doppelrolle. Für Seilrutschen sollten Sie, wenn überhaupt, nur bei großem Sparzwang, sehr kleinen Kindern[22] und langsam fahrenden Seilrutschen im Niederseilbereich eingesetzt werden. Diese Rollen laufen deutlich schlechter als eine Tandemrolle. Sie können aufgrund ihrer mangelhaften Führung auf dem Seil verkanten und dieses sogar beschädigen.

Einfachseilrollen finden Sie in diesem Buch in Verbindung mit einer besonderen Aufbautechnik für Seilbrücken[23].

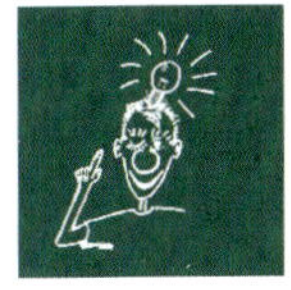

Tipp: Schützen Sie die Kanten an denen der Karabiner in die Rolle eingehängt wird mit Textilklebeband oder entsprechend dimensionierten und zugeschnittenen Kunststoffschläuchen, welche Sie an den neuralgischen Stellen[24] aufkleben.

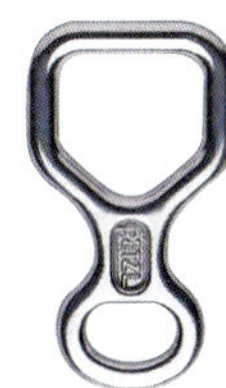

Abb. 23

Abseilachter werden im Bergsport zum Abseilen verwendet. In unserem Zusammenhang werden sie als Auge mit dem Mercedesknoten[25] in das Seil eingeknotet wenn Seilbrücken mit der Spannleinenmethode gespannt werden sollen.[26] Oder um in hoch gespannten Seilen Abzweigungen einzubauen.[27]

[21] die Beschreibung der Karabiner finden Sie auf Seite 17
[22] Kinder im Vorschulalter
[23] siehe S. 132
[24] insbesondere die untere Karabineröse der Tandemrollen nutzt sich ohne zusätzlichen Schutz, auch bei der Verwendung von Oval- oder HMS-Karabiner sehr schnell ab
[25] siehe S. 37
[26] siehe S. 63
[27] Schaukeln siehe S. 80, Seilbrücken siehe S. 141 und S. 158

Knoten & Co.

Eine gute Verbindung
hält was sie halten muss,
ist belastbar und tragfähig.
Und
eine gute Verbindung
lässt sich einfach lösen
wenn es wieder auseinander geht.

Knoten knoten

Knoten knoten lernen

Knoten müssen von und mit unseren Händen erlernt werden! Die folgenden Kapitel können Ihnen dabei eine Hilfe sein. Sie lehren jedoch keine Knoten. Denn das Lernen geschieht nicht beim Lesen sondern erst beim praktischen Handeln. Also: nehmen Sie ein Stück Seil, am besten in Zusammenhang mit einer konkreten Anwendung und: Viel Vergnügen beim Erlernen der Knoten.

Für alle Knoten gilt:

Die vorgestellten Knoten und deren Anwendungsprinzipien sind sorgfältig ausgewählt und haben sich in jahrelanger Praxis bewährt. Dennoch kann keinerlei Haftung für deren Richtigkeit übernommen werden. Alle lebendigen Systeme unterliegen der ständigen Weiterentwicklung und Fehlerkorrektur. Auf die Notwendigkeit der kritischen Reflektion des Erlernten und die Pflicht zur ständigen Weiterbildung weise ich ausdrücklich hin. In den Fachmagazinen der Bergsportverbände[1] werden die aktuellen Untersuchungen und Entwicklungen veröffentlicht

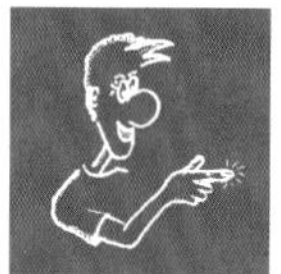

Die Seilenden eines Knotens müssen ausreichend lang sein! Das kurze Seilende welches aus einem Knoten herausschaut wird „freies Ende“ genannt, weil es frei von Belastung ist. Dieses freie Seilende muss in Zentimeter gemessen mindestens so lang sein wie das verknotete Seil in Millimeter an Durchmesser misst!

[1] Panorama, bergundsteigen

Warum hält ein Knoten?

Die Haltekraft basiert auf Reibung und Klemmwirkung des verwendeten Seiles. Ein typisches Beispiel für Haltekraft durch Reibung sind die Wickeltechniken[2] und die Klemmknoten[3]. Sackstich, Achterknoten und Palstek / Bulin sind klassische Vertreter der Haltekraft durch Klemmwirkung, auch wenn bei diesen Knoten die Reibung der Seile aufeinander eine Rolle spielt, was allerdings erst bei extrem glatten Schnüren, z. B.: Angelschnüren zum Tragen kommt.

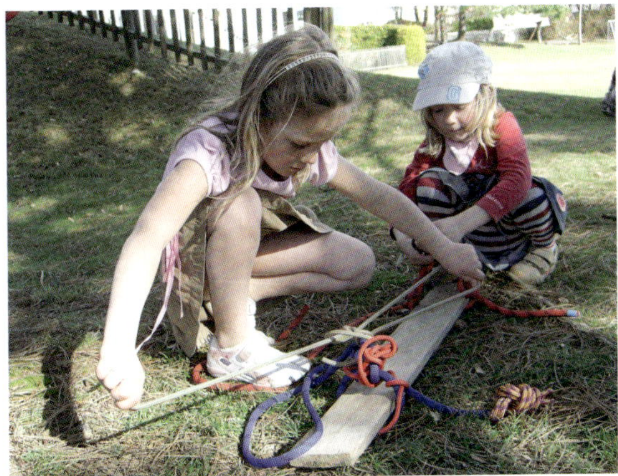

Abb. 24: Kinder knoten mit der „Natürlichen Knotentechnik“

Wenn kleine Kinder ohne Vorwissen mit Seilen knoten, schlingen sie diese meist mehrfach umeinander oder um den Befestigungspunkt. Diese „Wursteltechniken“, oder respektvoller ausgedrückt: „Natürlichen Knotentechniken“, sind häufig erstaunlich haltbar und basieren im Großen und Ganzen auf dem Prinzip der Reibung. Damit machen die Kinder erste physikalische Erfahrungen zum Prinzip der Knoten. Die Erfahrung der eigenen Kompetenz und Selbstwirksamkeit ist für die Entwicklung des Kindes von so großer Bedeutung, dass wo immer dies möglich ist, die Konstruktion des Kindes belassen oder bei Bedarf unterstützt werden soll. (vgl. Heisel 2010, S. 29f)

Tipp: Falls Sie den Knotenkonstruktionen der Kinder nicht trauen und mehr als der Zusammenbruch einer Tücherhöhle auf dem Spiel steht, können Sie den „Wurstelknoten“ mit Hilfe Zweier Halber Schläge[4] oder eines Sicherungsschlages unterstützen. Wenn Sie ihre Hilfsknoten mit etwas Abstand zum Knoten des Kindes anbringen, sehen Sie sogar ob der Knoten des Kindes auch alleine gehalten hätte.

---

[2] S. 24, S. 27, S. 29

[3] Prusikknoten, S. 24 und Kreuzklemmknoten, S. 27

[4] S. 25

Knoten: Alte Bekannte

Diese Knoten kennen Sie bereits aus dem ersten Band[1]:

Familie Sackstich

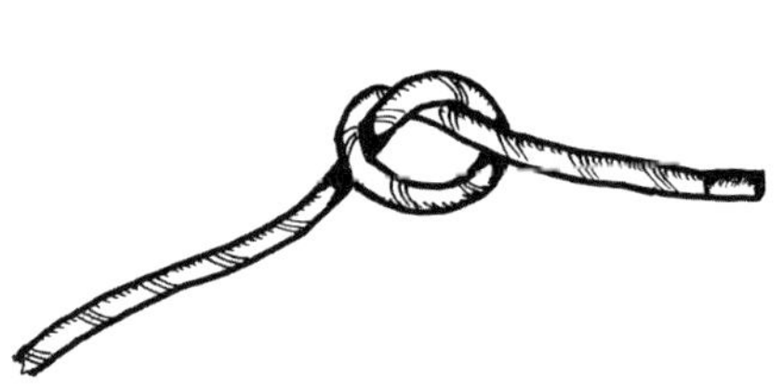

Abb. 25: Einfacher Knoten

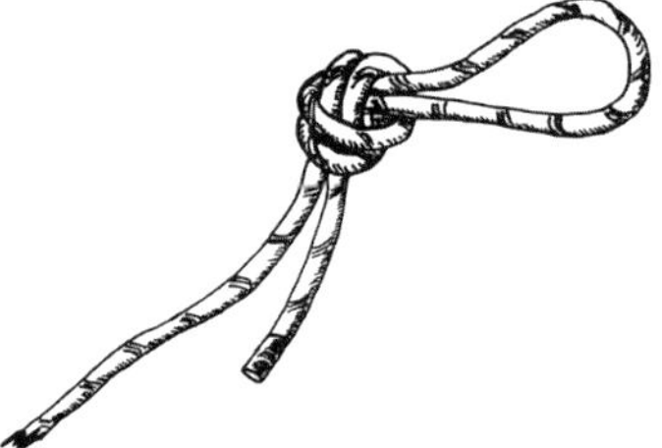

Abb. 26: Sackstichschlaufe

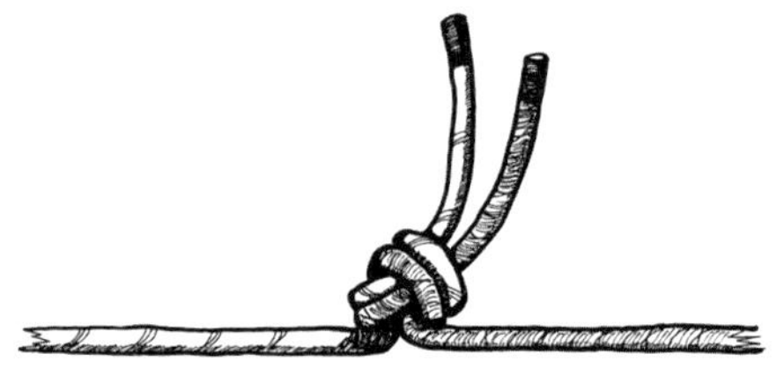

Abb. 27: Sackstich als Seilverbindungsknoten

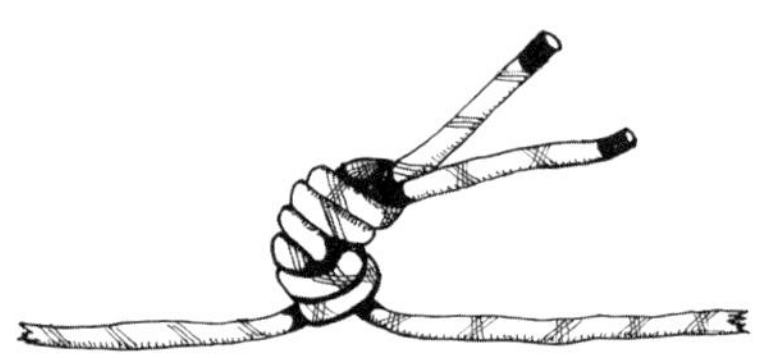

Abb. 28: doppelter Sackstich als Seilverbindungsknoten

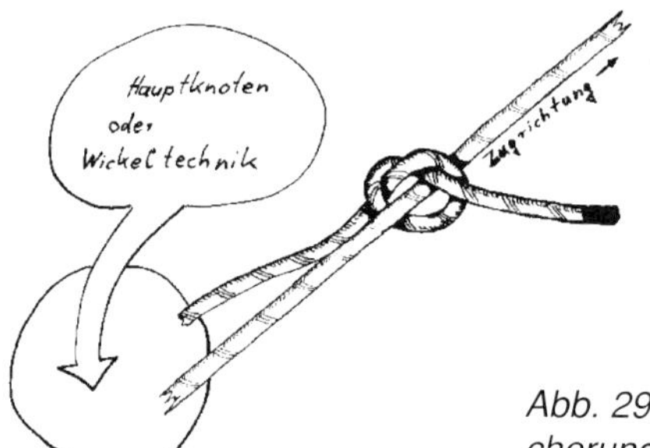

Abb. 29: Einfacher Knoten als Sicherungsschlag

[1] Axel Heisel: Schaukeln, Seilbrücken, Hangeln & Co., S. 59ff.

Achterknoten und gesteckte Knoten

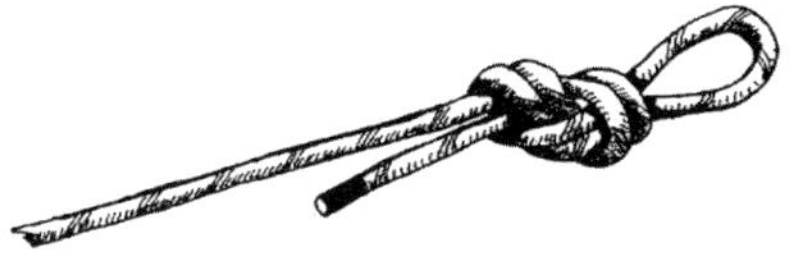

Abb. 30: Der aus dem Sackstich entwickelte Achterknoten

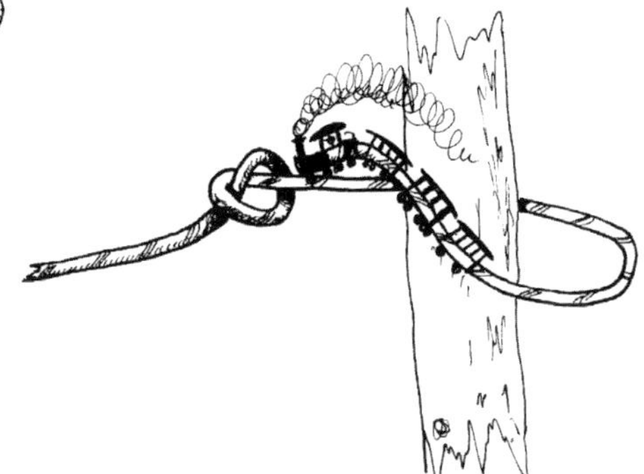

und die gesteckten Varianten des Sackstichs. Der gesteckte Achterknoten wird genauso hergestellt.

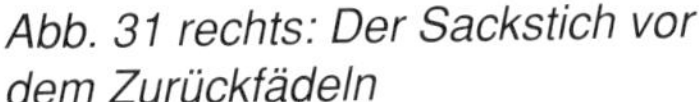

Abb. 31 rechts: Der Sackstich vor dem Zurückfädeln

Ankerstich, Rundschlingenverbindungsknoten und Prusikknoten

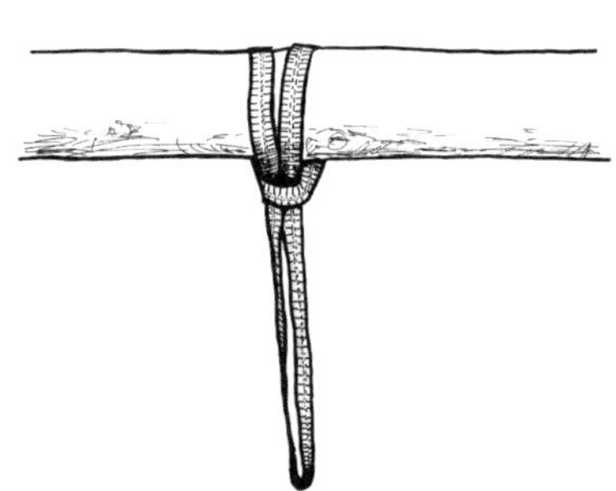

Abb. 32: Rundschlinge mit Ankerstich

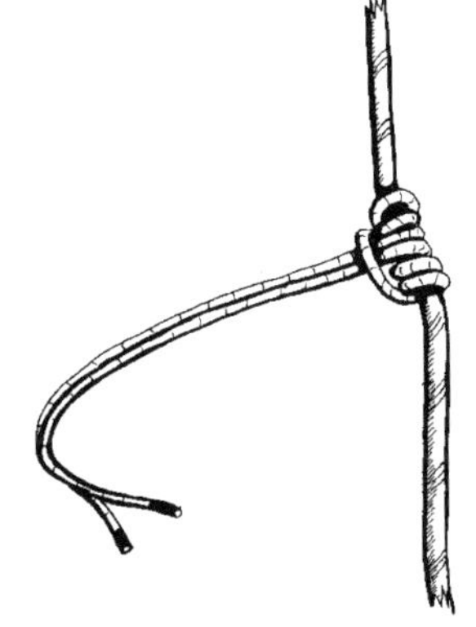

Abb. 33: Die Weiterentwicklung des Ankerstichs: der Prusikknoten. Hier mit 3 Umwicklungen aus einer 6 mm Reepschnur auf einem 11 mm Seil

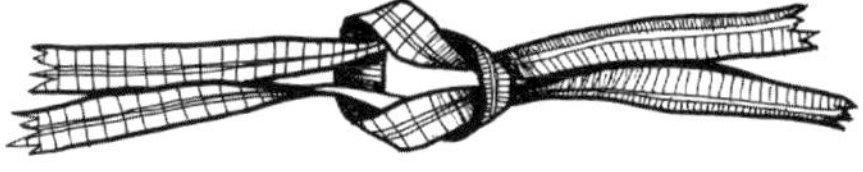

Abb. 34: Die Verbindung zweier Rundschlingen

Die Wickeltechniken

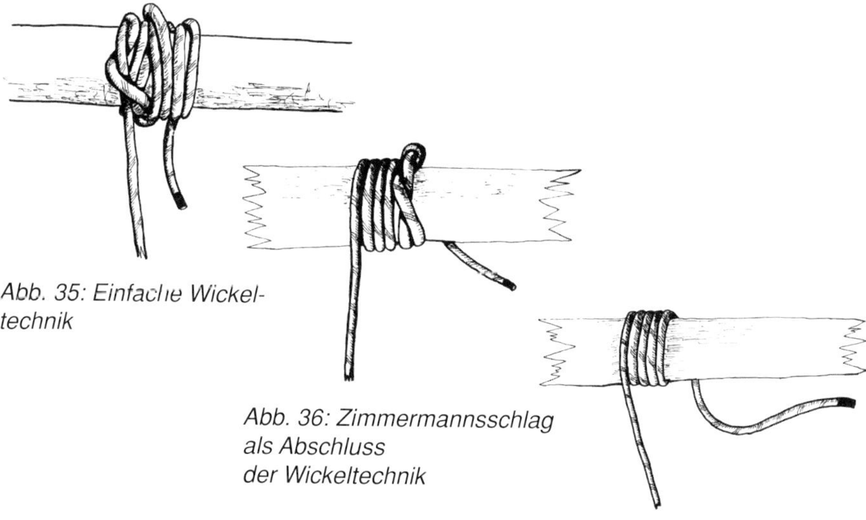

Abb. 35: Einfache Wickeltechnik

Abb. 36: Zimmermannsschlag als Abschluss der Wickeltechnik

Abb. 37: Professionelle Wickeltechnik

Bulin / Palstek,

der gelegte Mastwurf / Weblein

und der Kreuzknoten:

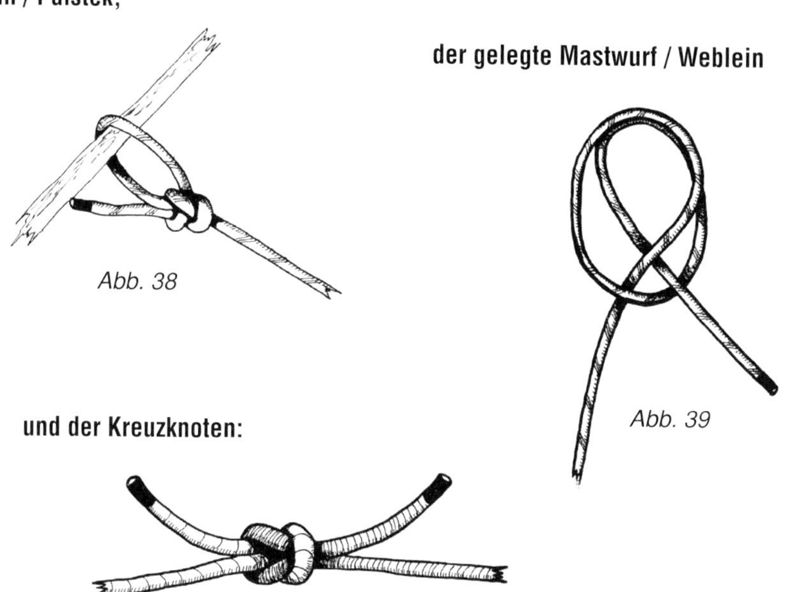

Abb. 38

Abb. 39

Abb. 40

Knoten: Die Neuen

Zwei Halbe Schläge

Manchmal steht einem die eigene Erfahrung auch im Weg. Eigentlich hätte dieser Knoten bereits im ersten Band dieser Buchreihe erscheinen müssen. Er ist einfach und vielfältig anwendbar. Im Bootsport wird dieser Knoten immer dann verwendet wenn eine Leine schnell und ohne größere Ansprüche befestigt werden soll. Im Alpinismus kommt dieser Knoten nicht vor. Und da der überwiegende Teil meines Wissens aus den Erfahrungen als Alpinist stammt und ich erst kürzlich mit dem Segeln begonnen habe …

Hier ist er also, der Halbe Schlag. Er wird meistens in seiner doppelten Form, also zwei Halbe Schläge angewandt. Sie können auch drei, vier oder noch mehr Halbe Schläge hintereinander knoten. Dadurch erzielen Sie mehr Haltekraft.

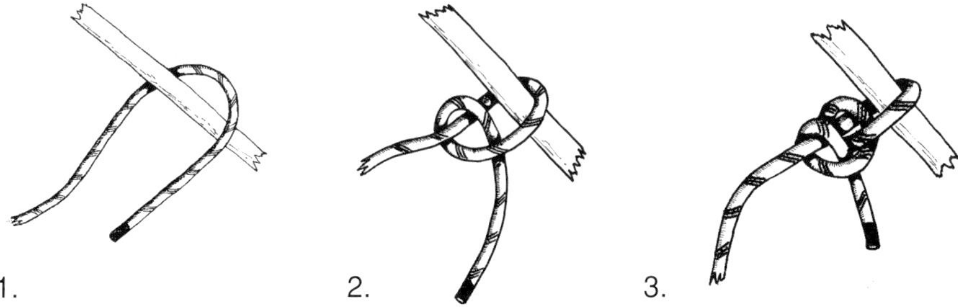

Abb. 41–43: In drei Schritten zu Zwei halben Schlägen

1. Führen Sie das Seil um den Befestigungspunkt.
2. Schlingen Sie das freie Ende des Seils um das „Zugseil" und stecken es in die entstandene Öse – der erste Halbe Schlag ist fertig!
3. Für alle weiteren Halbe Schläge verfahren sie genau wie oben beschrieben – keine Richtungsänderungen!

Vorteile des Knotens:

- Schnelle und einfache Anwendung.
- Es können beliebig viele Halbe Schläge hintereinander geknotet werden.
- Mit diesem Knoten können Wicklungen und andere Knoten hintersichert und verstärkt werden.

Nachteile sind:

- Dieser Knoten wird ohne Kombination mit anderen Knoten nicht für personentragende Systeme empfohlen.

Bandschlingenknoten

Den Bandschlingenknoten benötigen Sie, um aus offenem Bandmaterial eine dauerhafte Rundschlinge zu knoten. Im Grunde genommen ist dieser Knoten ein Sackstich[1] der gegenläufig zurückgefädelt wird. Die „freien Enden“[2] müssen mindestens eine Handbreit lang sein.

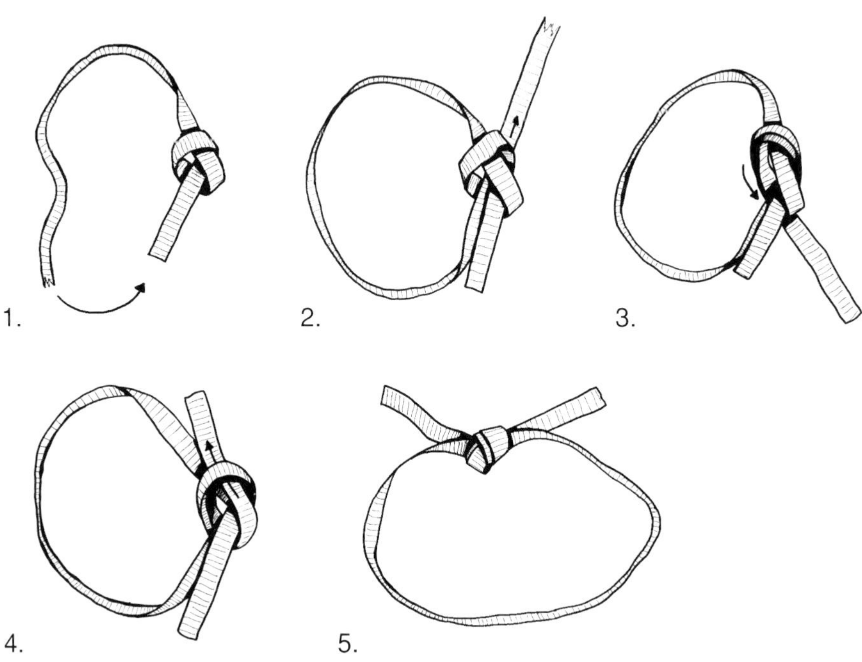

Abb. 44 bis 48: In fünf Schritten zum Bandschlingenknoten

1. Knoten Sie einen einfachen Sackstich in das Bandmaterial.
2. Nun fädeln Sie den Knoten, vom kurzen Ende des Bandes her, zurück,
3. immer dem Bandverlauf folgend weiterfädeln,
4. bis das Ende des Bandes auf der Gegenüberliegenden Seite des Knotens herauskommt.
5. Festziehen – Fertig!

---

[1] vgl. hierzu: S. 22, und Axel Heisel: Schaukeln, Seilbrücken, Hangeln & Co.: S. 59ff. und S. 75ff.

[2] zum Begriff der „freien Enden“ siehe Axel Heisel: Schaukeln, Seilbrücken, Hangeln & Co.: S. 59 „kurze Seilende“ und S. 62 „lose Seilende“

Kreuzklemmknoten

Mit diesem Knoten können Sie eine Rundschlinge so an einem Seil befestigen, dass diese sich unter Zugbelastung an der gewünschten Stelle verklemmt.
In Band 1 habe ich Ihnen den Prusikknoten[3] als Klemmknoten vorgestellt. Dieser lässt sich prinzipiell auch mit Rundschlingen anwenden. Allerdings erzielen Sie mit dem Prusikknoten bei Bandmaterial keine besonders großen Haltekräfte. Bei der Verwendung von Rundschlingen empfehle ich den Kreuzklemmknoten!

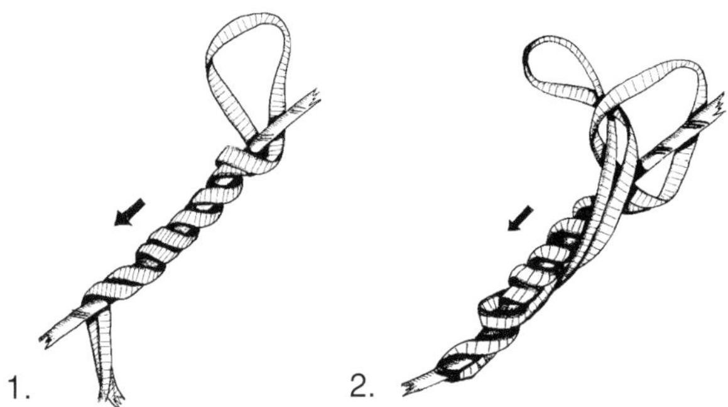

Abb. 49 bis 51: In drei Schritten zum Kreuzklemmknoten (die Pfeile geben die Zugrichtung an)

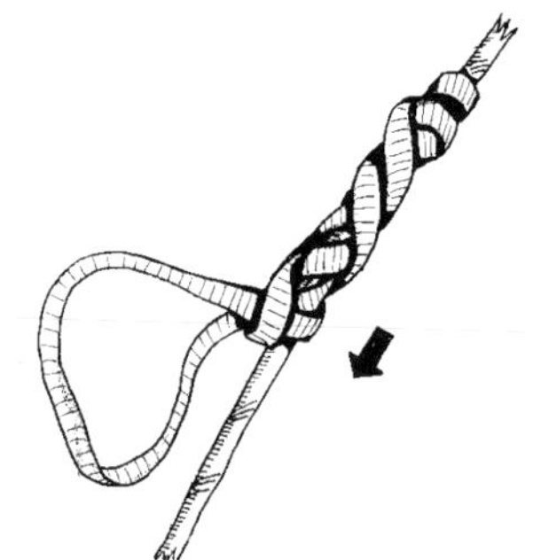

1. Halten Sie ein Ende der Rundschlinge an das Seil und wickeln Sie die Schlinge in Richtung der gewünschten Zugrichtung mehrmals um das Seil, vier bis fünf Umwicklungen genügen.
2. Jetzt stecken Sie das Ende mit dem Sie gewickelt haben durch das andere Ende.
3. Position des Klemmknotens festlegen und festziehen – Fertig!

Zwei Nachteile des Kreuzklemmknotens müssen noch angemerkt werden:

- Der Kreuzklemmknoten klemmt nur in eine Belastungsrichtung.
- Der Knoten ist nach einer Belastung etwas mühevoll zu lockern[4].

---

[3] S. 23 und Axel Heisel: Schaukeln, Seilbrücken, Hangeln & Co.: S. 64 f.

[4] Deshalb verwende ich beim Spannen von Seilbrücken mit Expressflaschenzug immer eine Steigklemme (siehe S. 18).

Gesteckter Mastwurf / Weblein

Den Mastwurf / Weblein kennen Sie bereits aus dem ersten Band dieser Buchreihe. Dort wurde der Knoten „gelegt“[5]. Hier nun seine „gesteckte“ Variante. Sie benötigen ihn, wenn Sie ein Seil oder eine Schnur an einer Stange oder einem dickeren Seil mittels Mastwurf / Weblein befestigen wollen[6]. Bei dickeren Stangen empfiehlt es sich den Knoten zu hintersichern[7].

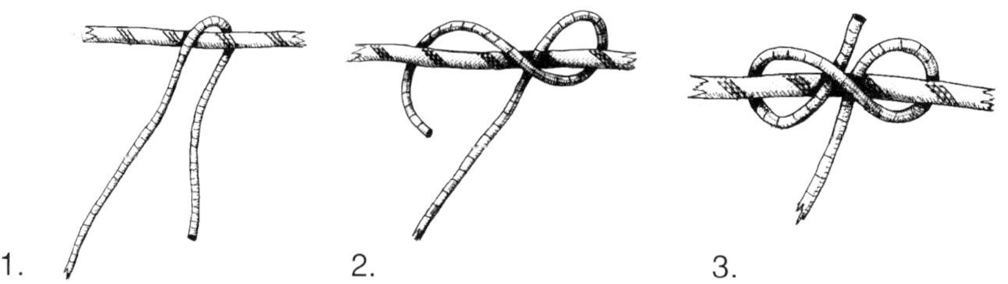

Abb. 52 bis 55: In vier Schritten zum Gesteckten Mastwurf

1. Legen Sie das Seil von vorne nach hinten oben um den Gegenstand an dem Sie den Knoten befestigen möchten herum.
2. Jetzt das hintere Seilende vor dem vorderen nach links führen und hinter dem Gegenstand von oben nach unten legen.
3. Das Seil wie im Bild unten durch stecken,
4. Seillänge justieren und festziehen: Fertig!

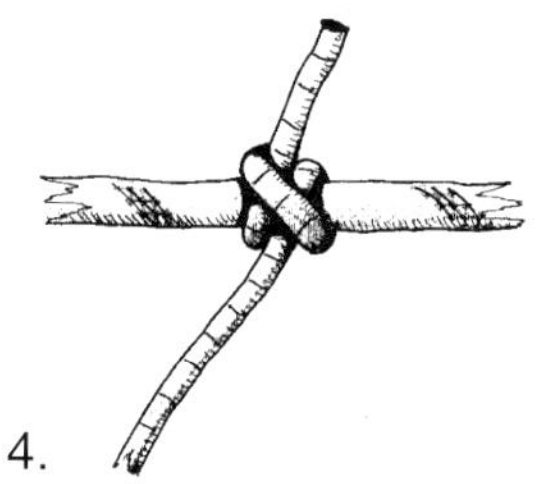

Vorteile des gesteckten Mastwurf / Weblein sind:

- Sie können die Länge des Seiles nach dem Verknoten noch stufenlos verstellen.
- Es lässt sich nach einer vergleichbaren Belastung leichter öffnen als der eventuell auch anwendbare Ankerstich[8] oder Prusikknoten[9].

Nachteile:

- Auf dicken, glatten Materialien wie Barrenholmen kann der Knoten ohne Hintersicherung durchrutschen
- Bei sehr großen Belastungen, wie sie zum Beispiel beim Spannen von Seilbrücken auftreten können, zieht sich der Knoten extrem zu. Dabei kann es sogar zu Mantelverletzungen am Seil kommen.

---

[5] Von einigen Knoten gibt es zwei Herstellungsweisen: legen oder stecken. Das Ergebnis ist dasselbe nur der Weg ein anderer

[6] z. B.: Schlaufenburma S. 159, Burmabrücke S. 156, Barrenburma S. 157

[7] Sicherungsschlag S. 22, Zwei Halbe Schläge, S. 25

[8] S. 23

[9] S. 23

Gesteckter Ankerstich

Meistens wird der Ankerstich gelegt[10]. Gelegentlich ist es notwendig oder ökonomischer den Knoten zu stecken.

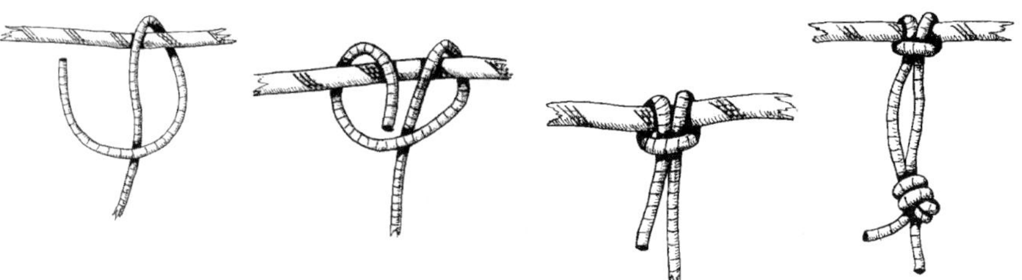

Abb. 56 bis 59: In vier Schritten zum gesteckten Ankerstich

Gehen Sie wie abgebildet vor. Zuletzt die beiden Reepschnurenden miteinander verknoten, damit beide Enden zusammen belastet werden.

Gesteckter Prusikknoten

Auch der Prusikknoten wird meistens gelegt. Hier die gesteckte Version – für alle die mehr wollen.

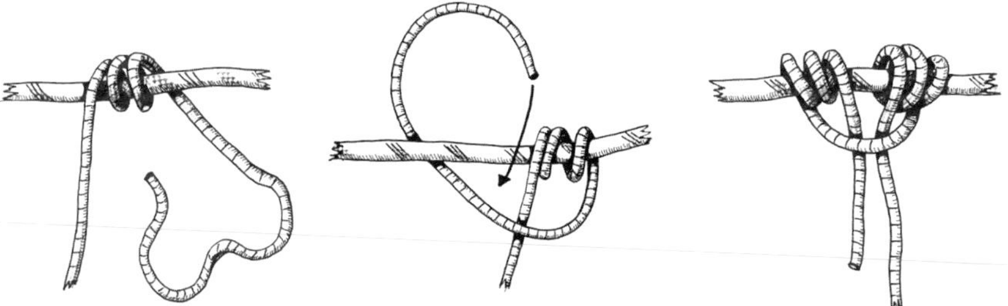

Abb. 60 bis 63: In vier Schritten zum gesteckten Prusikknoten

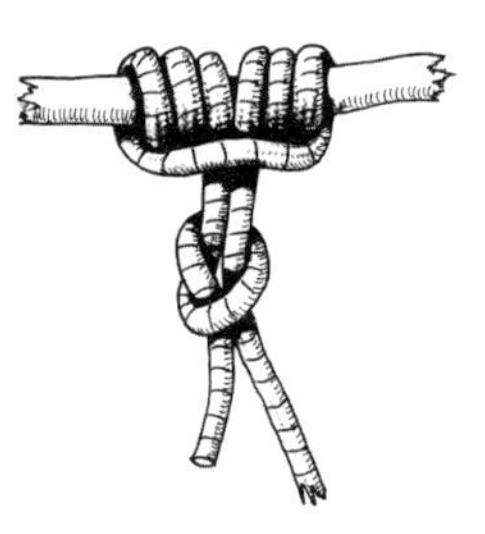

Die Vorgehensweise unterscheidet sich vom gesteckten Ankerstich[11] lediglich durch die Anzahl der Umwicklungen.
Die linke Zeichnung zeigt eine Besonderheit: Das Kurze Ende der Reepschnur ist mit einem Sicherungsschlag gesichert. Dadurch ist die separate Belastung des anderen Endes möglich.

---

[10] S. 23
[11] S. 29

Doppelter Bulin / Palstek

Den Bulin / Palstek kennen Sie bereits aus dem ersten Band[12]. Dort habe ich darauf hingewiesen, dass dieser Knoten nicht im Ring belastet werden darf[13]. Die doppelte Form schafft Abhilfe. Der doppelte Bulin / Palstek wird immer dort angewandt, wo Sie sehr hohe Ansprüche an die Belastbarkeit stellen und der Knoten sich auch nach sehr großen Belastungen wieder gut lösen soll.

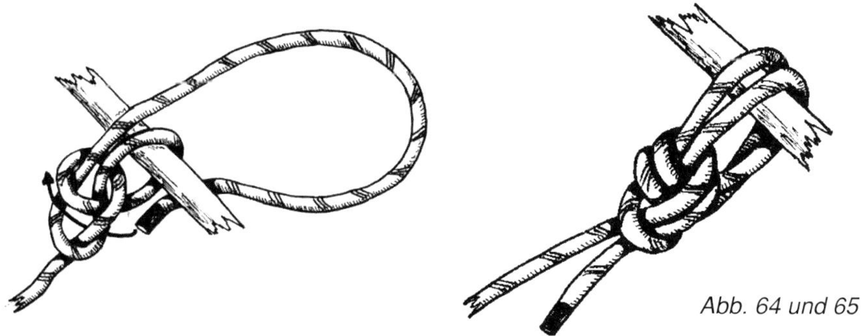

Abb. 64 und 65

Der Ausgangspunkt des Doppelten Bulin / Palstek ist ein einfacher Palstek, bei dem das freie Ende besonders lang ist. Nun fädeln Sie den Knoten komplett, einschließlich der Umschlingung des Holzes[14], zurück.

Die Vorteile des doppelten Bulin / Palstek sind:

- Sehr gute Haltekraft in alle Richtungen.
- Auch nach großen Belastungen leicht zu öffnen.
- Der Knoten kann sich nicht ungewollt öffnen.
- Durch den doppelten Ring wird die Zugbelastung auf eine größere Fläche verteilt. Die Baumrinde dankt Ihnen dies, wenn sie das Seil direkt am Baum festbinden.

Die Nachteile sind:

- Es wird, vor allem wenn der Knoten an einem dicken Baum befestigt wird, sehr viel Seil benötigt.
- Der Knoten ist etwas aufwändig in der Herstellung.

[12] Axel Heisel: Schaukeln, Seilbrücken, Hangeln & Co.: S. 81ff.
[13] vgl. Heisel 2008, S. 83
[14] jener Gegenstand an dem Sie den Knoten konkret befestigen, auch wenn er nicht aus Holz ist

Schleifknoten

Diesen Knoten können Sie unter Last öffnen! Er kommt vor allem in Zusammenhang mit Spannleinen[15] und der Rundspanntechnik zum Einsatz. Da der Knoten unter Last geöffnet werden kann, muss er immer hintersichert werden.[16]

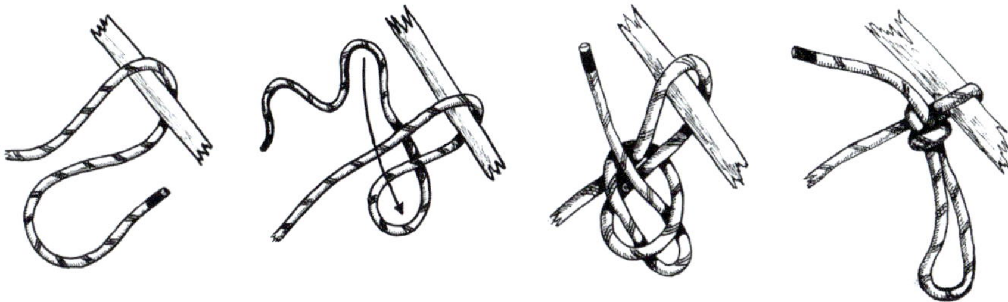

Abb. 66 bis 70: Vier bis fünf Schritte zum Schleifknoten

1. Legen Sie das Seil um den Gegenstand an dem Sie es befestigen möchten.
2. Jetzt bilden Sie am freien Seilende einen Kringel wie im Bild zu sehen. Das freie Seilende wird unter dem Zugseil hindurch auf die andere Seite geführt.
3. Jetzt wird das Seil vor dem Zugseil vorbei und in den Kringel hineingeführt. Achtung: Das Ende nicht durchziehen!
4. Durch kräftiges Ziehen am Zugseil wird der Knoten festgezogen.
5. Damit der Knoten von einer anwesenden Person nicht ungewollt geöffnet werden kann wird dieser mit einem Sackstich als Sicherungsschlag[17] hintersichert. Der Sackstich wird mit der heraussteheden Bucht des Schleifknotens geknotet.

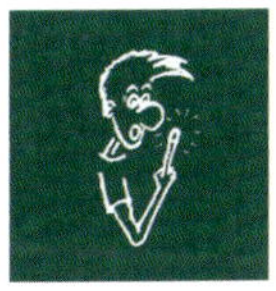

Achtung!
Für personentragende Systeme darf dieser Knoten nur in Verbindung mit dem HMS-Knoten[18] verwendet werden.

[15] Axel Heisel: Schaukeln, Seilbrücken, Hangeln & Co.: S. 154 ff.
[16] Sicherungsschlag S. 22, oder Zwei Halbe Schläge, S. 25
[17] siehe S. 22
[18] S. 32 und S. 33

HMS-Knoten

Die Kletterer kennen den Halb-Mastwurf-Sicherungsknoten als Bremsknoten beim Sichern. In unserem Zusammenhang wird er hauptsächlich dazu verwendet, um in Verbindung mit dem Schleifknoten ein personentragendes System zu schaffen, welches auch unter Last wieder gelöst werden kann. Und – wer den Mastwurf / Weblein[19] bereits kann, für den ist der Halbmastwurf kein Problem mehr. Die beiden Ohren werden lediglich nicht gegeneinander verschoben, sondern wie ein Buch zugeklappt und dann in den Karabiner eingehängt.

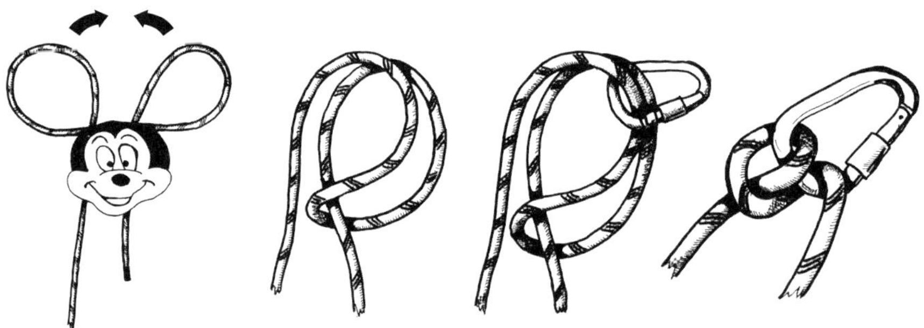

Abb. 71 bis 74: In vier Schritten zum HMS-Knoten

Besonderheiten des HMS-Knotens:

- Mit dem HMS-Knoten alleine kann kein Seil fixiert werden. Er rutscht sofort durch, wenn man das freie Seilende[20] loslässt.
- Er ist ein Bremsknoten mit dem die Bremskraft der Hand verstärkt wird.
- Sie benötigen für den HMS-Knoten einen Karabiner mit großer, symmetrischer Rundung[21].
- Der HMS-Knoten kann mit dem Schleifknoten[22] fixiert werden.

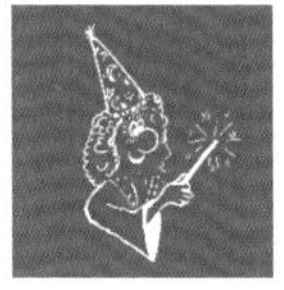

Auf der nächsten Seite sehen Sie eine Methode den HMS – Knoten oder seinen Verwandten den Mastwurf / Weblein zu knüpfen die fast schon an Zauberei erinnert:

[19] S. 24 und Axel Heisel: Schaukeln, Seilbrücken, Hangeln & Co.: S. 84f.
[20] zum Begriff der „freien Enden“ siehe Axel Heisel: Schaukeln, Seilbrücken, Hangeln & Co.: S. 59 „kurze Seilende“ und S. 62 „lose Seilende“
[21] Ovalkarabiner mit Verschlusssicherung oder besser ein HMS-Karabiner, vgl. hierzu S. 17“
[22] S. 31

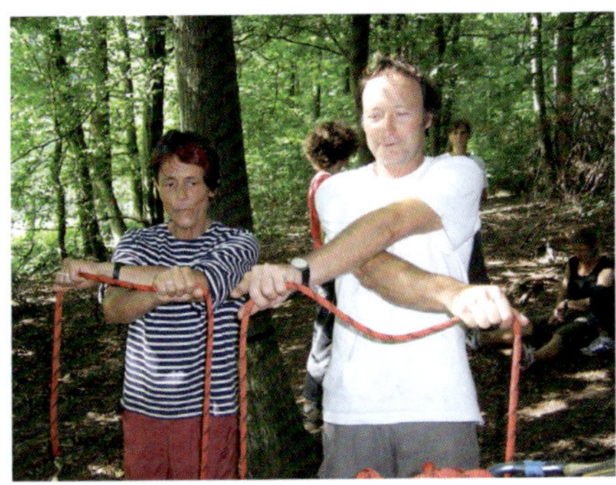

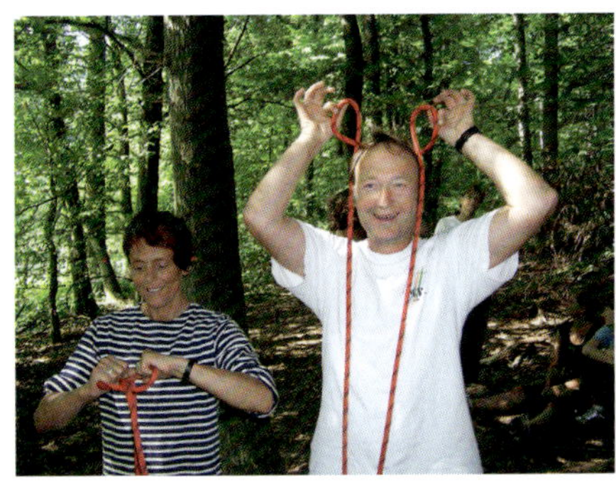

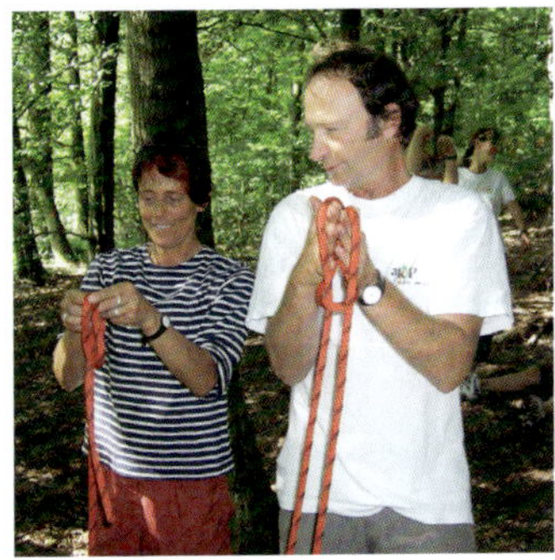

Abb. 75 bis 77:
Oben: Das Seil mit überkreuzten Armen halten, Handflächen nach unten
Mitte: Jetzt die Überkreuzung der Arme auflösen. Die Position der Handflächen nicht verändern.
Unten: Zuletzt die beiden Schlaufen wie ein Buch zusammenklappen: HMS – Knoten oder gegeneinander verschieben: Mastwurf / Weblein

HMS mit Schleifknoten

Sodele[23], und hier die beiden Knoten als Paar:

- Zum schnellen und zuverlässigen Befestigen gespannter Seile
- und zum sicheren und kontrollierten Öffnen derselben unter Last.

Zugegeben: Er sieht etwas kompliziert aus.

Aber auch der längste Weg besteht aus einzelnen Schritten:

1. HMS Knoten, S. 32,
2. Schleifknoten, S. 31,
3. Sackstich als Sicherungsschlag, S. 22.

Nur Mut: mit den Händen geht's leichter!

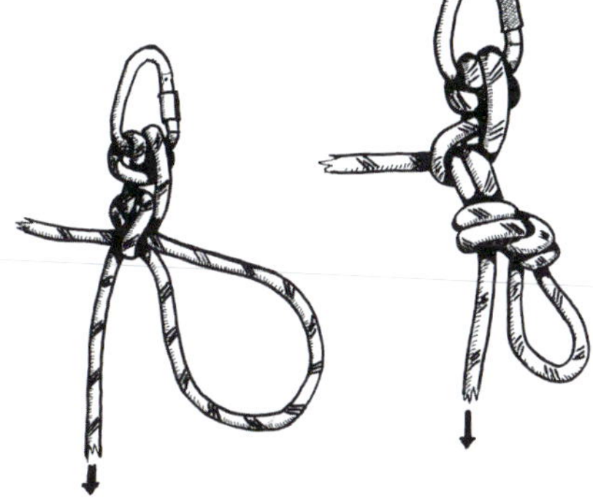

Abb. 78 bis 79: HMS mit Schleifknoten links ohne, rechts mit Sicherungsschlag

[23] Eine ausführliche Interpretation des schwäbischen Wortes „sodele“ finden Sie auf Seite 71 des ersten Bandes: Axel Heisel: Schaukeln, Seilbrücken, Hangeln & Co.

Ankerstich spezial

Den Ankerstich kennen Sie bereits aus dem ersten Band[24]. Die hier vorgestellte Variante ergibt genau den gleichen Knoten. Nur die Herstellungsweise ist anders. Sie können damit ein Rundholz oder ähnliches in einer bereits am Seil fixierten Rundschlinge befestigen.

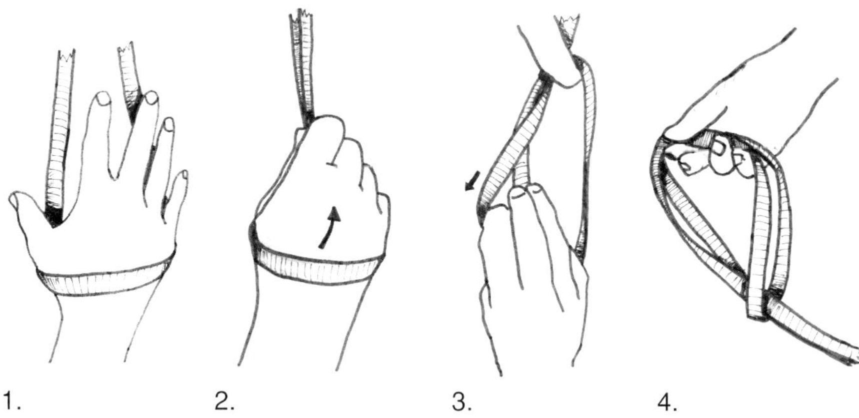

Abb. 80 bis 84: Fünf Schritte zum Ankerstich spezial

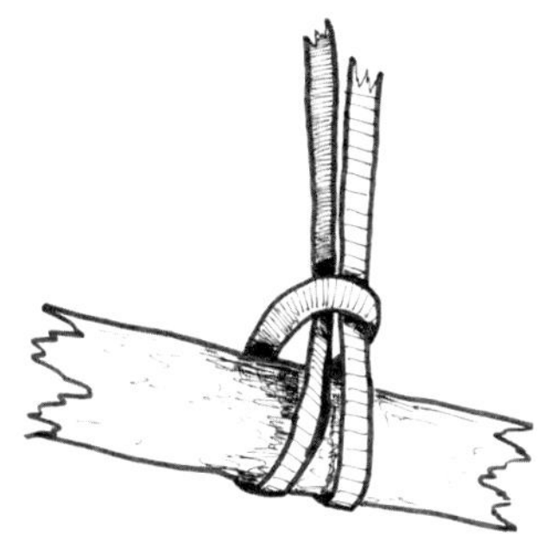

1. Greifen Sie wie abgebildet von unten in die Schlinge hinein.
2. Jetzt halten Sie das Band fest und ziehen mit der anderen Hand die über den Handrücken laufende Schlinge Richtung der gesamten Rundschlinge ...,
3. immer weiterziehen ...,
4. bis der Ankerstich entsteht.
5. Jetzt noch ein Holz oder ähnliches statt der Hand einfädeln – Fertig!

[24] Axel Heisel: Schaukeln, Seilbrücken, Hangeln & Co., S. 63

Schmetterlingsknoten

Der Schmetterlingsknoten kann wohl als der „Königsknoten“ bezeichnet werden wenn es darum geht die Spannleinentechnik bei personentragenden Systemen[25] einzusetzen. Der Schmetterlingsknoten ist seilschonend, und lässt sich nach starken Belastungen gut öffnen.

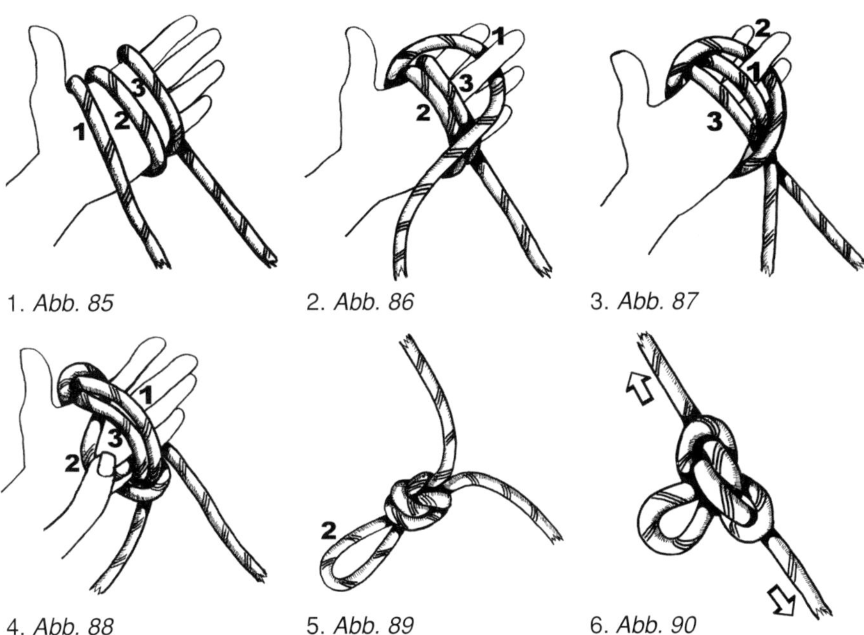

1. *Abb. 85* 2. *Abb. 86* 3. *Abb. 87*

4. *Abb. 88* 5. *Abb. 89* 6. *Abb. 90*

Schritt für Schritt zum Schmetterlingsknoten:

1. Wickeln Sie das Seil drei Mal um die linke Hand. Zur besseren Übersicht markieren Sie die Seile in Gedanken mit den Ziffern 1 bis 3
2. Legen Sie das Seil „1“ über die beiden anderen hinweg Richtung Fingerspitzen.
3. Jetzt legen Sie das Seil „2“ über die beiden anderen hinweg Richtung Fingerspitzen ...
4. und ziehen dieses unter den beiden anderen hindurch Richtung Handballen.
5. Halten Sie die Schlaufe „2“ mit der rechten Hand fest und ziehen Sie ihre linke aus den Seilen heraus.
6. Zuletzt kräftig an den beiden Enden des Knotens ziehen, damit dieser in seine endgültige Position springt.
7. Mit eingehängtem Karabiner ist der Knoten bereit zum weiteren Einsatz.

---

[25] zur Spannleinentechnik bei Personentragenden Systemen siehe S. 122f.

Blindschlag

Den Blindschlag haben Sie bereits im ersten Band[26] bei der Herstellung des Bulin / Palstek kennengelernt. Außerdem, so habe ich gehört, sei er aus dem Handarbeitsunterricht bekannt.
Er wird benötigt um einen Stock in ein zu spannendes Seil[27] einzuknoten.

Der Blindschlag wird wie der Sackstich-Grundknoten[28] gelegt, nur dass das Seil nicht durchgefädelt wird.

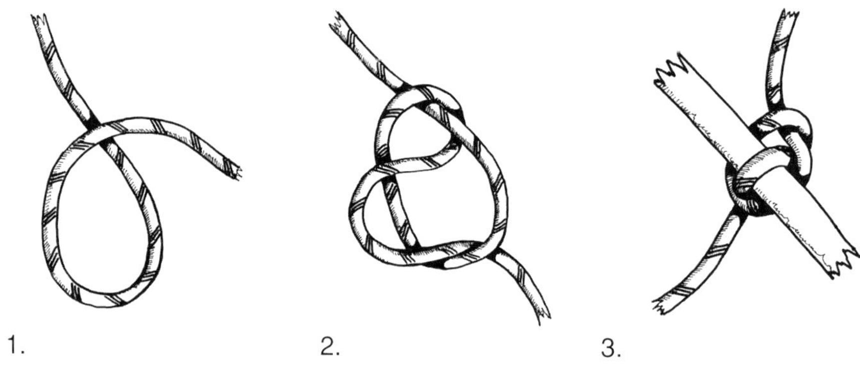

Abb. 91 bis 92: In drei Schritten zum Blindschlag

1. Beginnen Sie wie beim Sackstich.
2. Auch der zweite Schritt ist wie beim Sackstich, nur dass die Schlaufe nicht durchgezogen wird.
3. Jetzt stecken Sie den gewünschten Gegenstand durch die Schlaufe. Durch Zug an den beiden Seilenden wird dieser fixiert.

Die Stöcke finden nur dann Halt, wenn beide Seilenden unter Zug stehen. Lose hängende Strickleitern sind mit diesem Knoten nicht möglich.

[26] Axel Heisel: Schaukeln, Seilbrücken, Hangeln & Co., S. 81f.
[27] z. B.: Naturhängematte, S. 100; Holzsteg, S 160
[28] Axel Heisel: Schaukeln, Seilbrücken, Hangeln & Co.: S. 59

Abseilachter

Der Abseilachter wird beim Klettern, wie der Name schon sagt, zum Abseilen verwendet. In unserem Zusammenhang benötigen wir ihn zum Anbringen von Abzweigungen in waagrecht gespannten Seilen[29] – mit derselben Einbindemethode wie beim Abseilen.

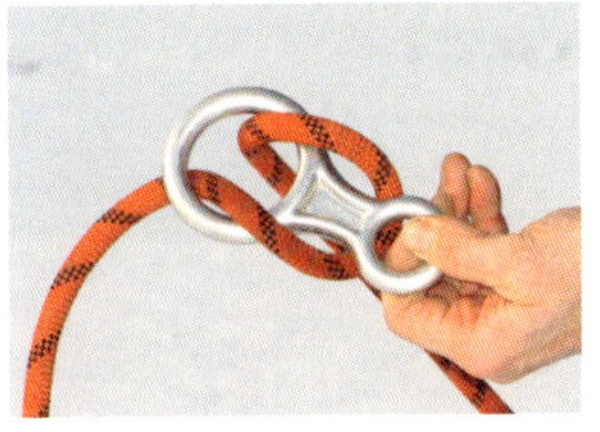
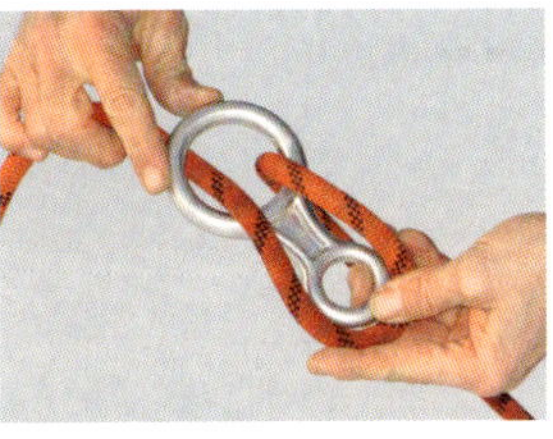
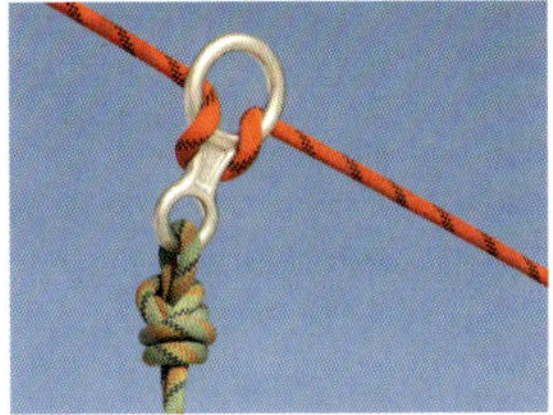

Abb. 93 und 94: Einbinden eines Abseilachters: Das Seil in einer Bucht durch die große Öse fädeln und die Bucht hinter der kleinen Öse vorbeischieben.

Abb. 95: Abseilachter in einer Seilbrücke

Mercedesknoten

Den Erzählungen nach wurde diese Technik bei einem Outdoor-Teamtraining von Ingenieuren der namensgebenden Firma entwickelt. Wie der Schmetterlingsknoten[30] wird der Mercedesknoten zur Herstellung einer hoch belastbaren Öse beim Bau von Seilbrücken mittels Spannleinentechnik[31] benötigt. Ausgangspunkt ist die gewöhnliche Seilführung im Abseilachter. Dann wird das Seil zweimal um den Achter gewickelt – fertig.

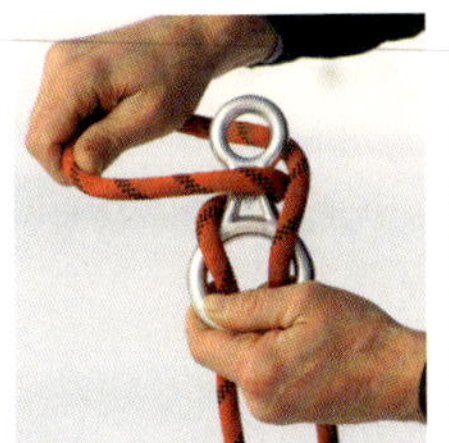
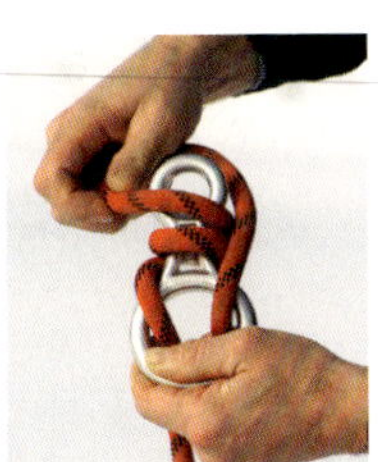
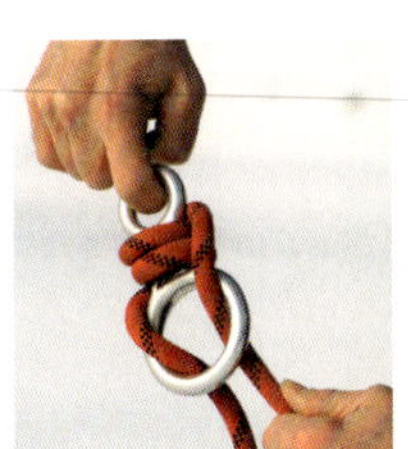
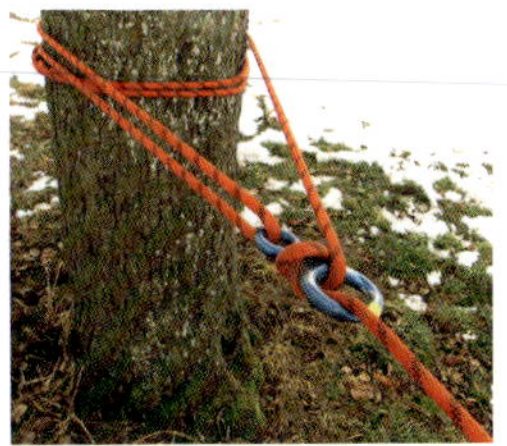

Abb. 96 bis 99: Herstellung und Anwendung des Mercedesknoten

---

[29] Bau von Schaukeln S. 80, Seilbrücken S. 141 und 148
[30] siehe S. 35
[31] siehe S. 122f.

Kräftedreieck

Mit Hilfe des Kräftedreiecks ist es möglich, eine Last, z. B. der Zug einer Seilbrücke, gleichmäßig auf zwei Befestigungspunkte zu verteilen. Durch den besonderen Aufbau des Kräftedreiecks, wird die Kraft unabhängig von der Zugrichtung immer gleichmäßig auf beide Befestigungspunkte verteilt. Sollte ein Befestigungspunkt versagen, bleibt die Last immer noch am anderen Befestigungspunkt hängen – ein redundantes[32] System.

Je kleiner der Winkel, desto geringer die auf die Befestigungspunkte wirkenden Kräfte.

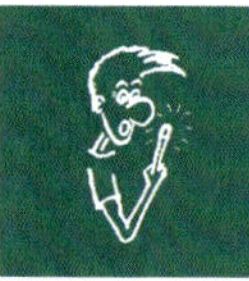

Achtung: Wenn der Winkel größer als 90 Grad ist, wirken größere Kräfte auf die Befestigungspunkte, als durch den Aufbau selbst entsteht.[33]

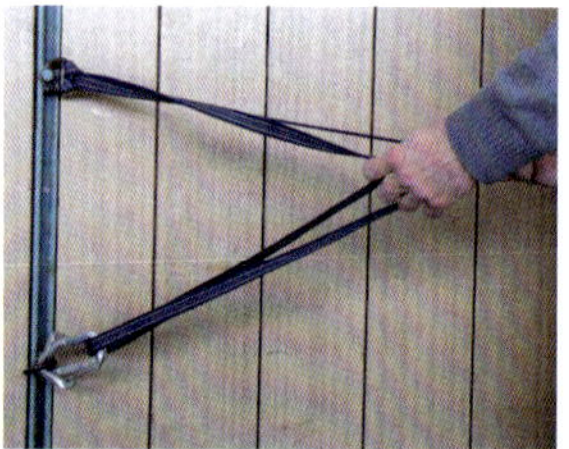

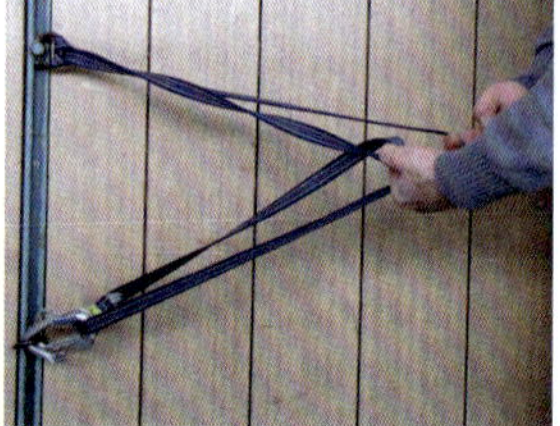

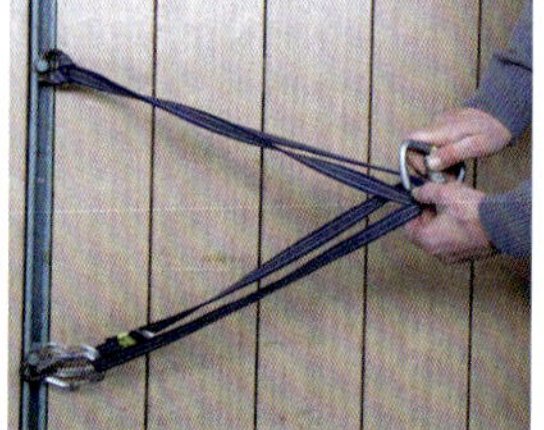

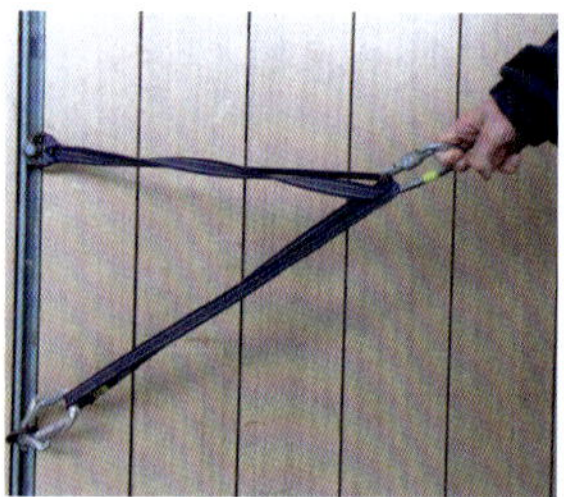

Abb. 100 bis 103
Links oben: Eine Rundschlinge wird an zwei Befestigungspunkten befestigt. Wenn die Haken ausreichend große Radien aufweisen, kann an einem Haken auch mit dem Ankerstich[34] gearbeitet werden.
Mitte oben: Der innere Teil der Rundschlinge wird um eine halbe Umdrehung verdreht.
Rechts oben: Der Karabiner wird in die durch die Verdrehung entstandene Öse und in den äußeren Teil der Rundschlinge eingehängt.

---

[32] vgl. hierzu das Kapitel „Bruchlast, Traglast, Redundanz“ S. 13

[33] dieses Phänomen ist beim Aufbau von Seilbrücken von größter Bedeutung: rein theoretisch können die entstehenden Kräfte bei extrem stumpfen (großen) Winkeln ins Unendliche gehen, deshalb ist bei Seilbrücken ein entsprechender Durchhang zwingend notwendig (siehe hierzu auch S. 12)

[34] siehe S. 13

Knoten auf Slip

Einige der vorgestellten Knoten können „auf Slip" geknotet werden. Der Ausdruck stammt aus dem Segelsport. Beim „auf Slip" knoten wird das Ende des Seiles nicht durch den Knoten gesteckt, sondern als Bucht durch den Knoten geführt. Auf Slip gelegte Knoten können, durch kräftigen Zug am freien Seilende, auch unter Last wieder gelöst werden.

Der Bekannteste der „auf Slip" gelegten Knoten ist ein „auf Slip" gelegter Kreuzknoten[35]. Sie machen ihn nahezu täglich: Beim Schuhe binden.

Weitere Knoten die auf Slip gelegt werden können sind:

- Palstek / Bulin (siehe S. 24)
- Mastwurf / Weblein (siehe S. 24)
- und der Schleifknoten (S. 31) – er wird immer „auf Slip" gelegt

Um einem unbeabsichtigten Öffnen eines „auf Slip" gelegten Knotens vorzubeugen, empfiehlt es sich, das unbelastete Auge mit einem Sicherungsschlag oder Zwei Halben Schlägen zu hintersichern.[36]

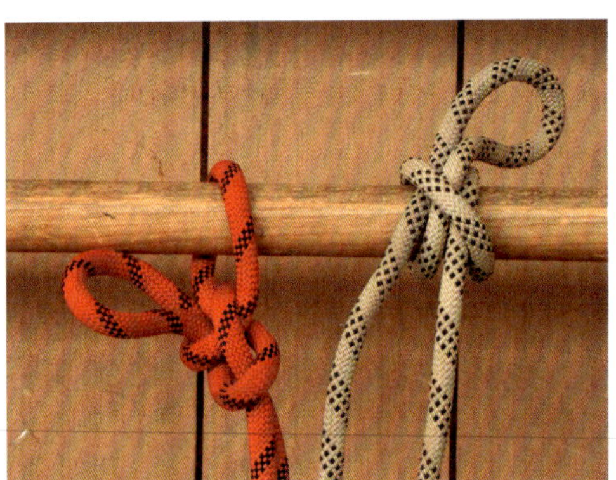

Abb. 104: links im Bild ein Palstek / Bulin auf Slip gelegt, rechts ein Mastwurf auf Slip – der Mastwurf muss hintersichert werden, da er leicht durchrutscht

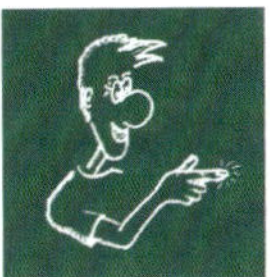

Eine interessante Seite zu den Seemannsknoten, mit Filmen und Zeichnungen finden Sie unter: http://www.esys.org/Knoten.html

[35] siehe S. 24
[36] Sicherungsschlag siehe S. 22, Zwei Halbe Schläge siehe S. 25

Teil 2: Rezepte und Techniken

Zeichenerklärung

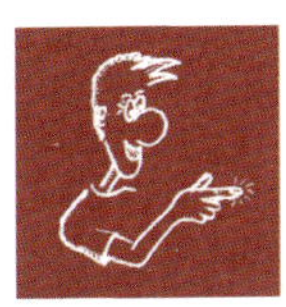

Zur schnellen Orientierung verwende ich die folgenden Symbole.

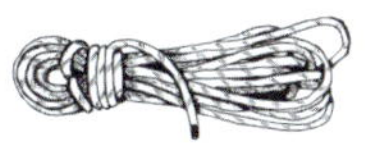

Statikseil oder vergleichbares Seil (S. 15)

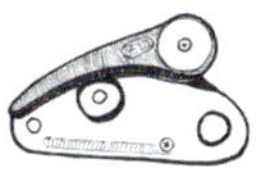

GriGri (S. 18)

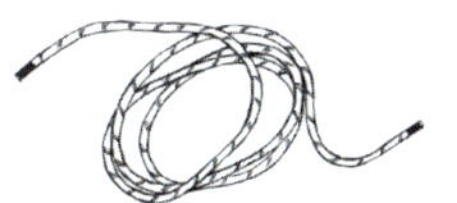

kurzes Statikseil oder Kletterseil (S. 15)

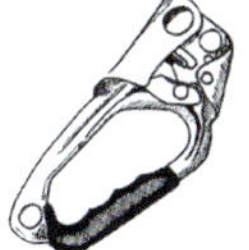

Steigklemme (S. 18)

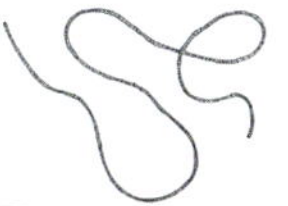

Reepschnur (S. 16), Durchmesser: 6 mm

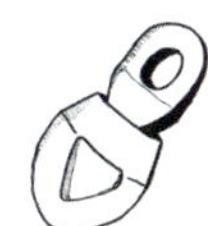

Wirbel (S. 18)

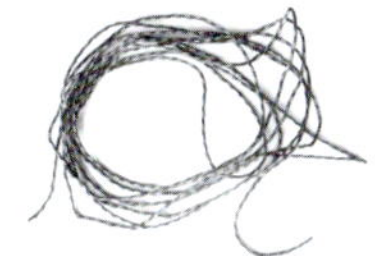

Reepschnur (S. 16), Durchmesser: 3 mm

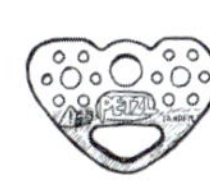

Tandemseilrolle (S. 18)

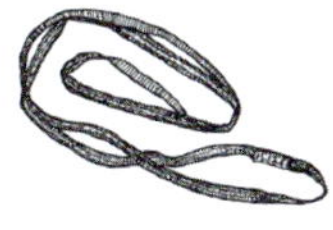

Rundschlinge (S. 16)

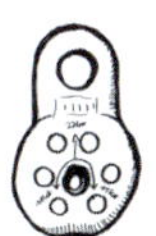

Einfachseilrolle (S. 19)

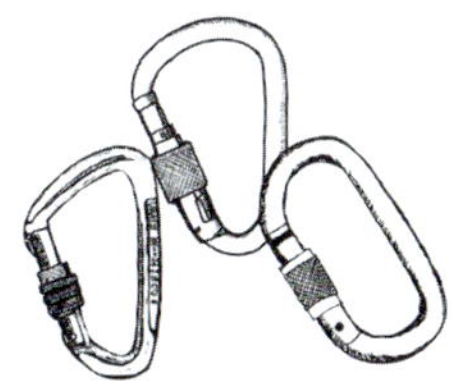

Karabiner (S. 17)

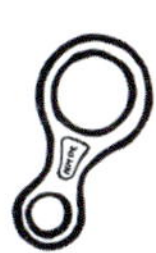

Abseilachter (S. 19)

Seilspiele

Der Mensch spielt nur,
wo er in voller Bedeutung
des Wortes Mensch ist
und er ist nur da ganz Mensch
wo er spielt.

Friedrich von Schiller

Spiele gestalten

Der Charakter von Spielen verändert sich situativ. Es macht einen Unterschied, ob wir ein Fangspiel in einem Wald mit Bäumen und unebenem Boden, aber nahezu unbegrenzter Fläche oder in einer hindernisfreien Turnhalle mit durch die Wände klar umgrenzter Fläche spielen. Aber auch andere Faktoren beeinflussen den Verlauf von Spielen:

Regeln

Gute Regeln
stehen immer im Dienste
des Menschen
und der Gemeinschaft

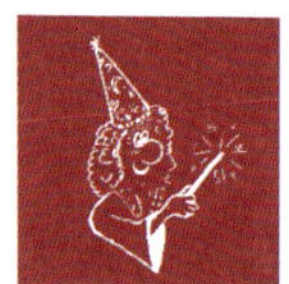

Mit Regeln lässt sich vieles regeln:

Raumgröße, Raumgestaltung, Spielzeit, zur Verfügung stehendes Material und dessen Verwendung, Spielregeln und Sanktionen bei Verstößen dagegen und noch einiges mehr.
Damit haben wir nahezu unendliche Gestaltungsmöglichkeiten. Spiele lassen sich durch veränderbare Spielregeln auf unterschiedlichste Zielgruppen, Teilnehmerzahlen, zur Verfügung stehende Räumlichkeiten und Ziele anpassen.

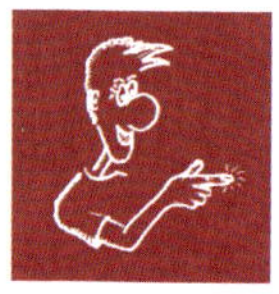

An der Gestaltung der Regeln sollten alle Betroffenen soweit dies möglich und sinnvoll ist beteiligt werden.

Dies ist ein wichtiges Übungsfeld für komplexere soziale Situationen. Und:

Selbst formulierte Regeln werden besser eingehalten.

Viele Regelübertretungen geschehen nicht aus böser Absicht, sondern weil der Betreffende mit der Kenntnis und Einhaltung der vielen, womöglich noch in unterschiedlichen Kontexten gültigen Regeln schlicht überfordert ist. Deshalb:

So wenig Regeln wie möglich, so viel Regeln wie notwendig!

Auch wir als Regelwächter sind bei zu vielen Regeln überfordert und sanktionieren dadurch im schlimmsten Fall wirklich bedeutsame Regelverstöße nicht mehr.

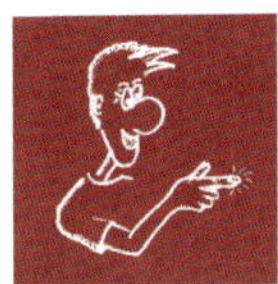

Nicht alle geltenden Regeln werden ausgesprochen – aber ausgesprochene Regeln gelten (so lange bis sie ausdrücklich widerrufen werden).

Viele Regeln gelten implizit und müssen nur in Sonderfällen ausgesprochen werden.[1] Zum Beispiel: Es darf während des Spiels niemand geschlagen werden.
Andere Regeln werden erst während des Spiels, entweder stillschweigend durch handelndes Einverständnis oder nach einer Spielunterbrechung durch Absprachen ausgehandelt.
Am Beispiel „Schwänzchenfangen"[2]: „Zur Erbeutung von Seilen darf ich den Gegner am Körper festhalten" – das kann eine erfahrene und kompetente Gruppe auch während des Spiels handelnd ausmachen. Andere Gruppen benötigen hier die Hilfe der Spielleiterin / des Spielleiters und eine Spielunterbrechung.

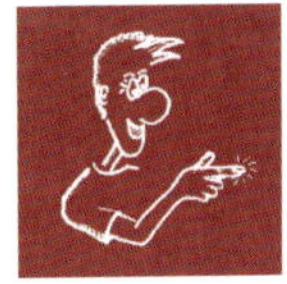

Meist ist eine Verknüpfung von Regel und Sanktion notwendig.

Zum Beispiel beim „Schwänzchenfangen[3]": „Erbeutete Seilschwänze dürfen / müssen

- in ein Lager gebracht werden
  - zu dem jeder Zutritt hat
  - zu dem nur der Fänger selbst Zutritt hat
- bei sich selbst wieder angesteckt werden,

[1] beachten Sie, dass manches Verbot den späteren Täter erst auf die Idee brachte …
[2] siehe S. 46
[3] siehe S. 46

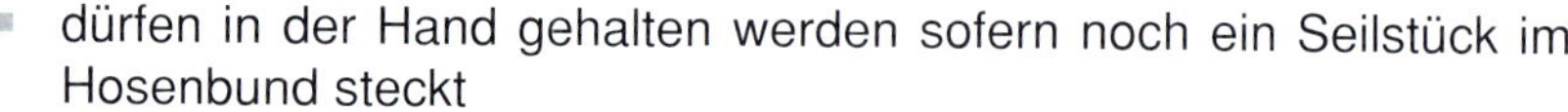

- dürfen in der Hand gehalten werden sofern noch ein Seilstück im Hosenbund steckt
- usw. usw.“

Grenzen
müssen stabil
und zuverlässig sein,
um einen Raum zu schaffen,
der sicher
und beweglich zugleich ist.

Weitere Faktoren die den Charakter von Spielformen beeinflussen:

- Raum: Größe, Struktur, Hindernisse, Bodenbeschaffenheit, etc.
- Zeit: Wann ist die Spielzeit vorbei? Nach einer vorgegebenen Zeit oder wenn ein bestimmtes Ziel erreicht ist?
- Gruppe: Größe, Lebens- und Entwicklungsalter, Gruppenphase, Ziele, interne Gruppenregeln
- Spielgegenstand: In unserem Fall Durchmesser, Länge und Beschaffenheit der Seile

Sorgfältiges Beobachten, wache Aufmerksamkeit und Empathie, aber auch das lebenslange Lernen aus Erfolg und Fehlern, sind die Voraussetzungen für erfolgreicheres Spiel – und Situationsmanagement.

Spiel oder Übung?

Der Mensch spielt nicht um zu lernen,
dennoch
lernt der Mensch im Spiel.

Was ist Spiel? Sie glauben gar nicht wie wichtig diese Frage ist. Der Mensch fühlt sich schnell benutzt und betrogen, wenn er das Gefühl hat, manipuliert zu werden. In unserem Fall durch die Ankündigung von Spielzeit mit der Absicht, dass er dabei etwas lernen, also arbeiten soll.

Was ist denn nun Spiel? Johann Huizinga hat in seinem Buch „Homo Ludens“[4] folgendes formuliert:

[4] lateinisch: der spielende Mensch

„Spiel ist

- ***eine freiwillige Handlung oder Beschäftigung,***
- ***die innerhalb gewisser festgesetzter Grenzen von Raum und Zeit,***
- ***nach freiwillig angenommenen, aber nach unbedingt bindenden Regeln verrichtet wird,***
- ***ihr Ziel in sich selber hat***
- ***und begleitet wird von einem Gefühl der Spannung und Freude***
- ***und einem Bewusstsein des Andersseins als das gewöhnliche Leben."***

(Huizinga 2004, S. 37)

Da Spiel eine sehr wichtig Funktion bei der Entwicklung und Psychohygiene des Menschen hat, müssen wir alles daran setzen, die Spielfreude und damit die Spielfähigkeit des Menschen zu erhalten. Deshalb dürfen wir das Spiel nicht zum Transport versteckter Ziele missbrauchen. Eine Übung ist Arbeit und kein Spiel, aber Arbeit kann und darf durchaus auch Spaß machen.

aktivierend – kooperativ – entspannend

Manche Spiele machen uns richtig wach, andere entspannen und manche Spiele fordern uns vor allem intellektuell und kommunikativ.

Ob ein Spiel aktiviert oder beruhigt hängt vorwiegend von der Intensität der vestibulären[5] Stimulation ab.

- schnelle, großräumige Bewegungen, Drehbewegungen, flott gelaufene oder gefahrene Kurven oder kräftiges Rütteln regen uns an
- ruhige, sanfte Bewegungen, sanftes Wiegen oder feines, fast schon vibrierendes Rütteln beruhigen. Auch kleinräumige Beschäftigungen haben einen ruhigen Charakter – sofern wir dazu bereit sind[6]

Die Mattensänfte auf Seite 59 wirkt je nach Variation aktivierend oder auch entspannend.

Die folgenden Praxisbeispiele habe ich versucht den drei Kategorien aktivierend, kooperativ, oder entspannend zuzuordnen. Diese Einteilung dient der groben Orientierung. Sie ist, wenn man die immense Variationsbreite von Spielen bedenkt, nicht letztgültig.

---

5 vestibulär: den Gleichgewichtssinn betreffend. Das Vestibularorgan ist das Gleichgewichtsorgan im Innenohr

6 mich macht puzzlen ganz „kribbelig" – dabei soll es doch so entspannend sein …

Schwänzchenfangen

– sehr aktivierend, – bietet viel Anlass zur Diskussion und Veränderung der Regeln

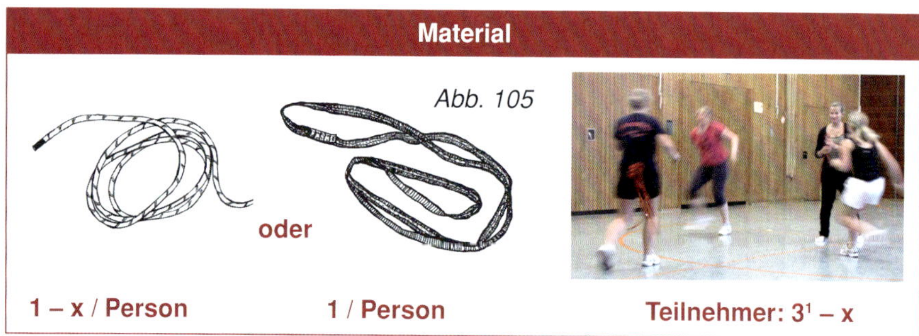

Abb. 105

Das „Schwänzchenfangen" kennen Sie vermutlich schon. Jeder Teilnehmer steckt sich ein Seil oder eine Rundschlinge hinten in den Hosenbund. Nun wird versucht das eigene „Schwänzchen" zu schützen und das der anderen zu klauen.

Zur Ausgestaltung des Spiels haben sie eine Fülle an Regelvariationen, hier eine kleine Auswahl:

- Das geklaute Schwänzchen wird in den eigenen Hosenbund gesteckt und weiter geht´s[2]
- Sie beginnen gleich mit zwei oder mehreren Schwänzchen je Teilnehmer
- Spielen Sie Schwänzchenfangen doch mal auf einer kleinen Seilbrücke oder an einer Kletterwand
  - hier könnte auch das K.O.-Prinzip Sinn machen: Wer sein Schwänzchen verloren hat scheidet aus. Wer von der Kletterwand oder Brücke fällt auch
- Den Gegner festhalten. Erlaubt oder nicht? Und wenn ja[3], wo und wie.
  - Raumvariationen durch große[4] Hindernisse
  - Spiel in Teams, bis hin zu komplexeren Varianten mit „Burgen" in denen die „Beute" gebunkert werden kann

---

[1] besser mehr Teilnehmer

[2] die Unendlich-Variante des Spiels: auch weniger geschickte Menschen können beliebig lange mitspielen, sich mit anderen „Schwanzlosen" verbünden und den „erfolgreichsten Sammler" gemeinsam zur Strecke bringen.

[3] meine Lieblingsvariante: ein richtiges Raufspiel. Macht vor allem mit sonst eher sozial angepassten Gruppen viel Spaß!

[4] verwenden Sie keine kleinen Hindernisse, über diese fliegt man im Eifer des Gefechtes schnell darüber!

Rollbrett brettern

– Rollbretter machen wach

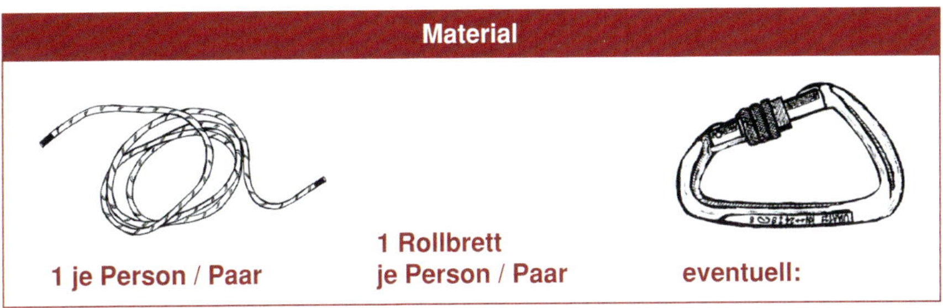

Teilnehmer: 2 – x[5]

Rollbretter wurden ursprünglich für den Möbeltransport konzipiert. Mittlerweile sind viele unterschiedliche, auch speziell für den Bewegungsbereich hergestellte Modelle auf dem Markt. Qualitätsmerkmal ist die Rollengüte – gute Rollen sind teuer[6].

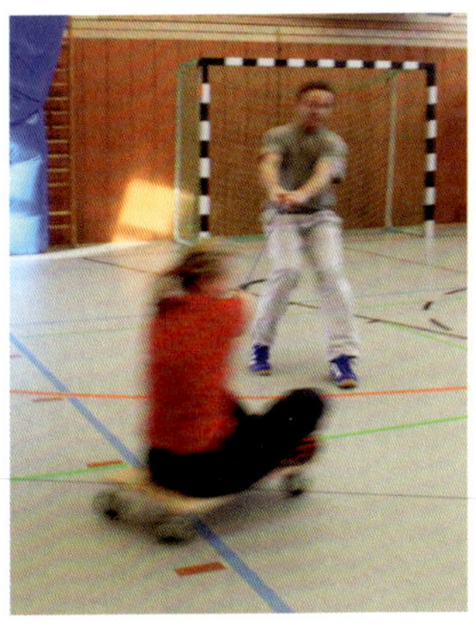

Abb. 106

Die Kombination von kurzen Seilen und Rollbrettern ergeben einige spektakuläre Spielformen. Oft muss man nur Seile zu den Rollbrettern dazugeben und es entwickeln sich von selbst Züge, Schleudern und Gespanne. Auch zum Verbinden mehrerer Rollbretter sind die kurzen Seile ideal.

Besonders die Rollbrettschleuder – das Seil wird am Rollbrett befestigt, oder von der fahrenden Person festgehalten, eine weitere Person schleudert nun den Rollbrettfahrer im Kreis – ist eine äußerst spannende Angelegenheit. Achtung, es entstehen große Fliehkräfte! Wenn diese nicht mehr gehalten werden können, knallt das Rollbrett samt Fahrer unkontrolliert in die Raumbegrenzung oder in andere im Raum befindliche Personen. Unter Umständen muss der Schleuderbereich, auch bei mäßigen Geschwindigkeiten, abgegrenzt werden, um andere Personen nicht zu gefährden. (vgl. Köckenberger 2006, S. 139)

---

[5] die Raumgröße begrenzt die maximale Teilnehmerzahl

[6] was im Umkehrschluss leider nicht bedeutet, dass jedes teure Rollbrett auch gute Rollen hat – dennoch: gute Rollbretter sind langlebig und funktionell, aber nicht billig

Am selben Strang

– sehr offenes Spiel – wird auch gerne von Erwachsenen gespielt – gut als Übung zum nonverbalen Dialog geeignet

Material

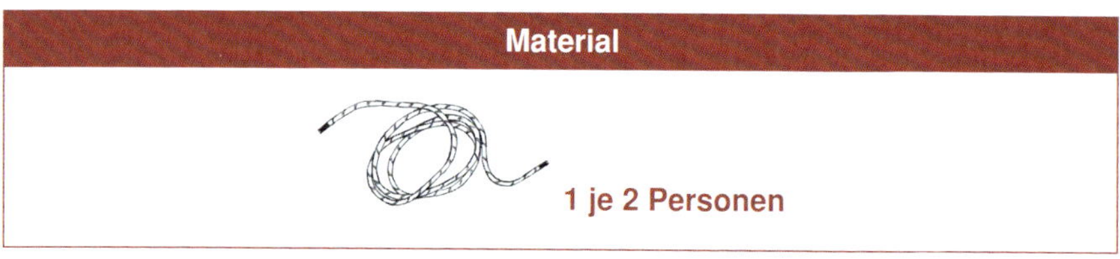

1 je 2 Personen

Teilnehmer: 2 – x

Die Grundregel dieser Übungs- und Spielform ist schnell erklärt:

- Zwei Personen halten sich an einem kurzen Seil fest.
- Das Seil darf nicht losgelassen werden.

Nun lassen Sie flotte Musik laufen und fordern die Teilnehmer auf sich durch den Raum zu bewegen. Das Verbot von Verbalsprache fordert und fördert den psychomotorischen Dialog und die Kreativität.
Oft ergeben sich hier von selbst Fangspielvariationen[7] und Fesselungen[8]. Sie können das Spiel von Anfang an als Fangspiel initiieren. Hier gilt es zu definieren wie genau das gegnerische Paar gefangen werden kann und was mit dem gefangenen Paar passiert.[9]

Zauberseil: Durch diese Regel kann das Fangspiel auch mit sozial noch nicht so aufmerksamen Gruppen gespielt werden:
„Sobald jemand vom gegnerischen Seil berührt wird, darf er sich nicht mehr bewegen."

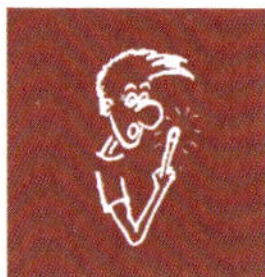

Achtung: Wenn Seile schnell über die Haut gezogen werden können diese Verbrennungen verursachen. Seile NIE (!) um den Hals schlingen!!!

Variation:

- drei oder mehr Seile werden zu einem Stern verknotet[10]. Jedes Seilende wir von einer Person gehalten. Nun gilt es, mit mehr als einer Person in den nonverbalen Dialog zu gehen.

---

[7] zur Variation von Spielen siehe S. 42 ff.
[8] siehe hierzu auch S. 58
[9] zur Variation von Spielen siehe S. 42 ff.
[10] machen Sie einfach den Sackstich als Seilverbindungsknoten (S. 22). Damit können Sie auch mehr als zwei Seile gleichzeitig miteinander verbinden

Schwingender Bogen

– einfache Formen zur Aktivierung
– guter Übergang zu den Kooperativen Spielen

Material

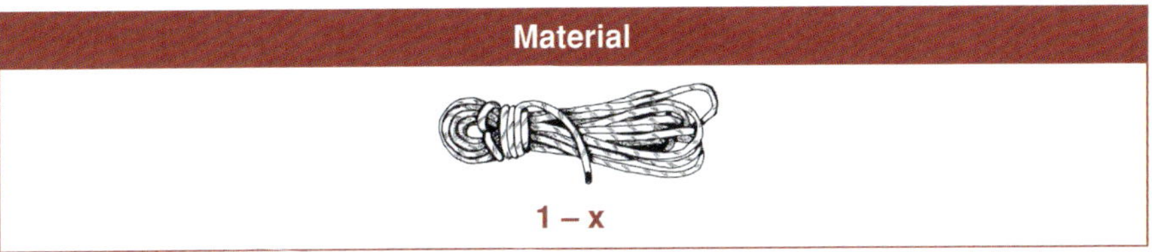

1 – x

Teilnehmer: 3 – x

Der „Schwingende Bogen" erinnert auf den ersten Blick an „Gruppenseilspringen"[1]. Nur wird hier nicht über das Seil gesprungen, sondern unter dem Schwingenden Bogen hindurchgelaufen.

Zwei Personen schwingen ein langes Seil. Die anderen laufen unter dem Bogen hindurch.

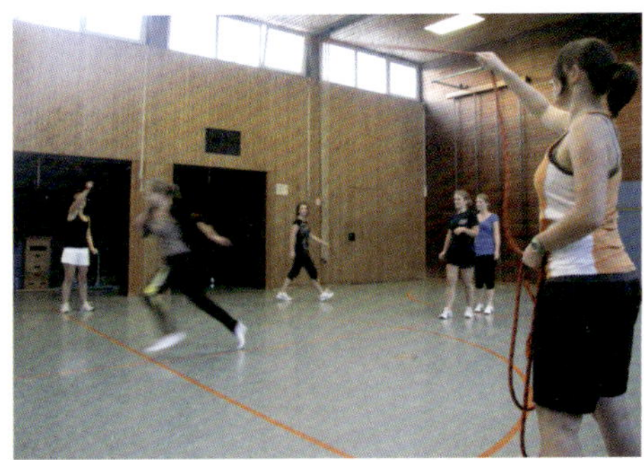

Abb. 107: Schwingende Bogen

Variationen:

- vier oder mehr Seile werden so im Raum verteilt, dass durch die schwingenden Seile ein innerer Raum entsteht.
  - Nun wird versucht diesen zu betreten, bzw. zu verlassen, ohne die Seile zu berühren.
  - Diese Form kann auch als Gruppenaufgabe gespielt werden.
  - Materialtransportaufgaben können hinzugefügt werden.
  - Die Läufer schließen vor dem Durchqueren der Seile die Augen und rennen auf Zuruf los.

[11] siehe Axel Heisel: Schaukeln, Seilbrücken, Hangeln & Co., S. 98

Seilschaft

– einfache Kooperationsübung
– vor allem zur Paarkooperation

Material

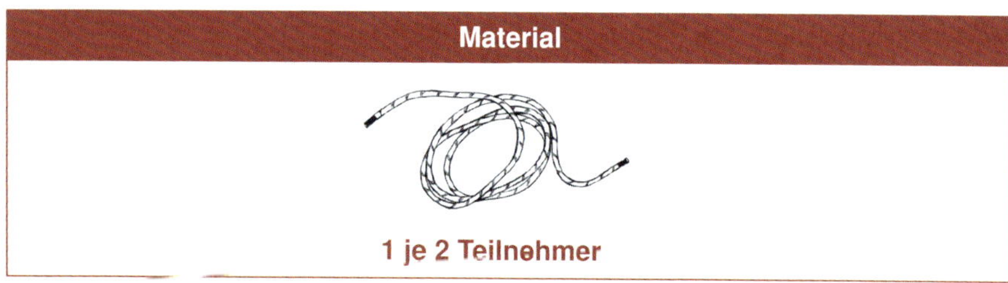

1 je 2 Teilnehmer

Teilnehmer: 2 – x

Bei der Seilschaft verbinden sich zwei oder mehrere Mitspieler, indem sie die Seilenden lose in den Hosenbund stecken. Nun können gemeinsam verschiedene Aufgaben gelöst werden. Z. B. begehen einer Seilbrücke, Geländebegehung, Hindernisparcours, Klettern an einer Boulderwand[1], Fangspiele. Dabei darf die Seilschaft nicht abreißen.

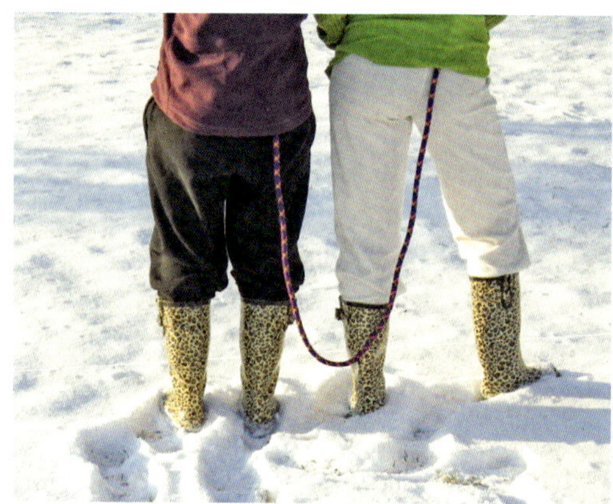

Abb. 108: Eine Zweierseilschaft

Variationen:

- Das Seil wird in der Hand gehalten.
- Das Seil wird festgeknotet. Das ist mit einem erhöhten Verletzungsrisiko verbunden, da der Partner bei einem Sturz mitgerissen wird. Ich empfehle bei dieser Variante das Tragen von Klettergurten. Ein Seil, direkt um den Bauch gebunden, schneidet zu stark ein.

[1] Boulderwände sind Kletterwände an denen in Absprunghöhe ohne Seilsicherung geklettert wird. Siehe hierzu auch: *Kittsteiner, Jürgen / Neumann, Peter (2002):* Klettern an der Boulderwand

Gruppenknoten

– kann in Gruppen oder zu zweit gespielt werden – gut um Knoten zu lernen

Material

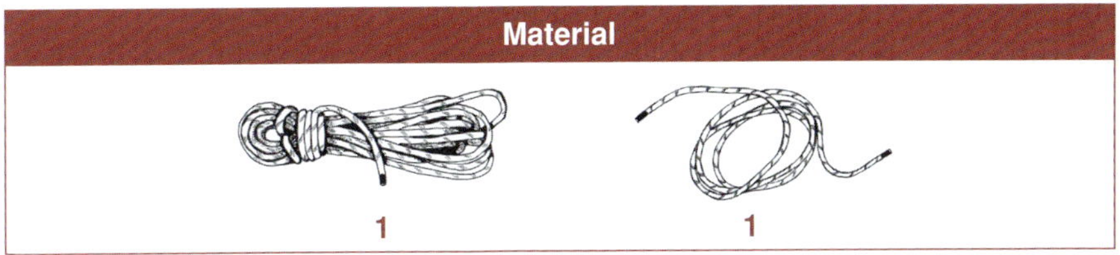

Teilnehmer: 3 – x

Auf das kurze Seil wird ein Knoten nach Wahl geknüpft. Nun hat die Gruppe die Aufgabe, den Knoten mit dem langen Seil nachzuknoten. Dabei dürfen die Hände das Seil nicht loslassen.

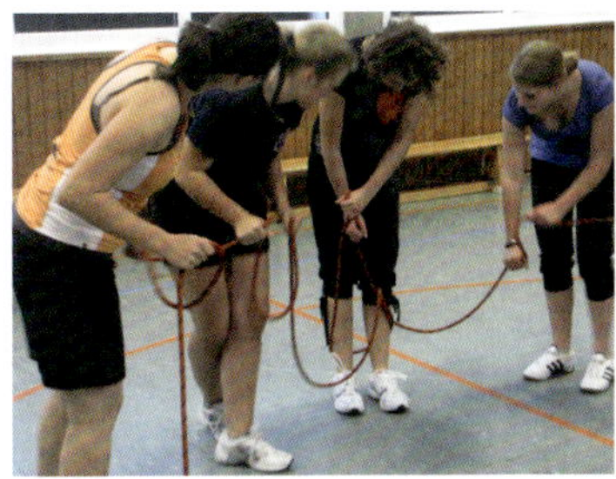

Abb. 109: Die Gruppe knotet einen Sackstich

Variationen:

- Der Knoten wird nur benannt und von der Gruppe aus dem Gedächtnis geknotet. Oder Sie verwenden eine Knotenzeichnung als Vorlage.

Aufstehen

– einfaches und kurzes Kooperationsspiel für größere Gruppen

Material

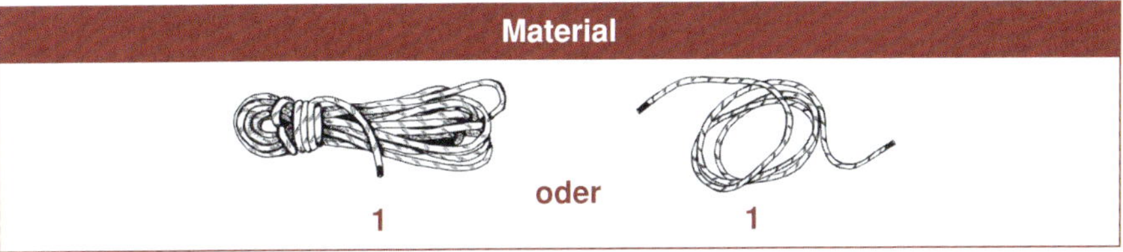

Teilnehmer: 5 – x

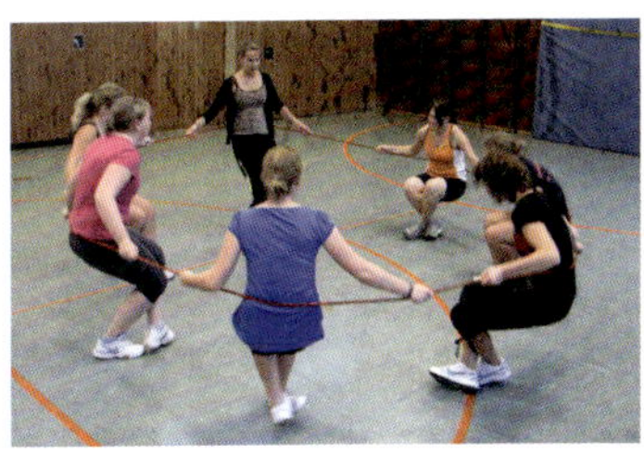

Abb. 110: Gemeinsames Aufstehen

Das Seil wird zu einem Seilkreis verknotet[2]. Nun setzen sich alle Teilnehmer in den Seilkreis. Das Seil wird über den Rücken geführt. Jetzt stehen alle gleichzeitig auf. Das Seil dient dabei als Stütze. Umgekehrt geht das Ganze natürlich auch: Hinsetzen – und dann entspannt anlehnen ...

[2] Sackstich S. 22 oder Achterknoten S. 23 als Seilverbindungsknoten

Systemisches Tauziehen

– einfache und kurze Übung – muss nicht kooperativ sein

Material

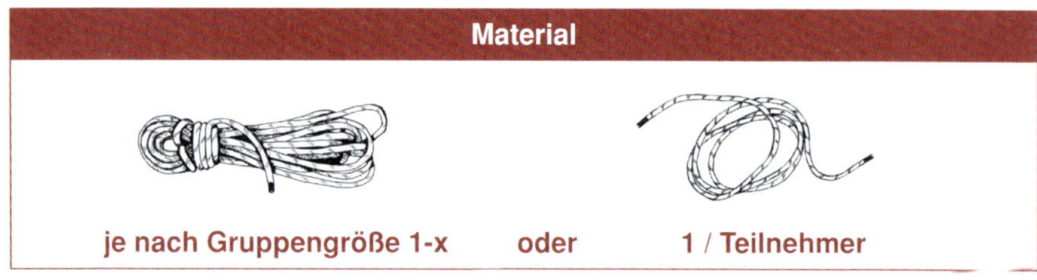

je nach Gruppengröße 1-x oder 1 / Teilnehmer

Teilnehmer: 5 – x

Diese Übung eignet sich gut, um systemische Sichtweisen[3] erlebbar zu machen. Sie ist aber auch ohne systemisches Gedankengut sehr interessant.

Das Seil wird zu einem großen Kreis verknotet. Die Teilnehmer verteilen sich gleichmäßig am Seil und halten dieses mit beiden Händen fest. Nun gibt der Gruppenleiter folgende Anweisung: „Ihr könnt mit dem Seil tun was ihr wollt, außer es weder mit einer, noch mit beiden Händen loszulassen. Wenn jemand die Übung unterbrechen möchte, ruft er laut „Stopp“. Und – los geht's!

Variationen:

- Die Teilnehmer werden aufgefordert, sich etwas für die nächste Runde vorzunehmen: z. B. sich tragen lassen, Ruhe ins Spiel zu bringen, zu zappeln, den Kreis in eine bestimmte Richtung zu lenken, etc. Nachdem jeder Teilnehmer sich im Stillen für eine Aufgabe entschieden hat, wird das Spiel eröffnet.
- Ein einzelner Teilnehmer oder eine kleine Gruppe versucht, ein bestimmtes Vorhaben zu verwirklichen, ohne dies der Restgruppe mitzuteilen.
- Karten mit Aufgaben werden so an die Teilnehmer verteilt, dass kleine Gruppen mit unterschiedlichen Interessen entstehen. Niemand weiß am Anfang der Übung wer zu seiner Gruppe gehört.

[3] ein humorvolles Büchlein zur Einführung in das systemische Denken ist: „Systemische Therapie ... und gut: Ein Lehrstück mit Hägar“ von Jürgen Hargens (2003)

Kleine Kreise

– zwei sehr unterschiedliche Spielformen
– im Schwierigkeitsgrad gut anzupassende Kooperationsspiele

Material

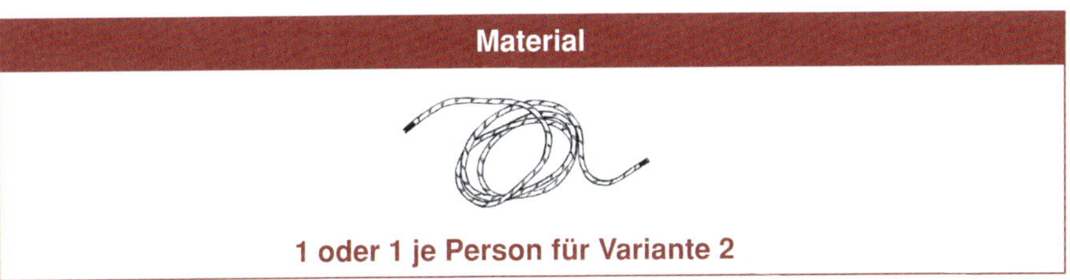

1 oder 1 je Person für Variante 2

Teilnehmer: 3 – x

Alle hinein

Legen Sie mit dem Seil einen Kreis auf den Boden. Nun muss die gesamte Gruppe gleichzeitig in den Kreis stehen[4]. Die Größe des Kreises richtet sich nach der Teilnehmerzahl und dem angestrebten Schwierigkeitsgrad[5].

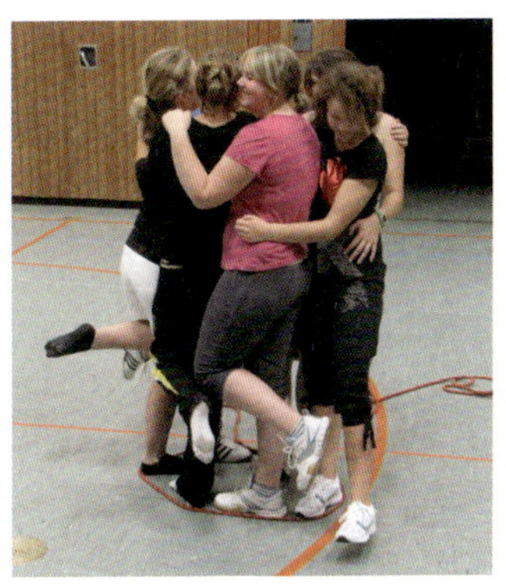

Abb. 111: Mit einem Seil lässt sich die Kreisgröße stufenlos anpassen

Kreiswechsel

Die Gruppe stellt sich in Kreisform auf. Jetzt markiert jeder seinen Platz mit einem kleinen Seilkreis. Nun gehen alle gleichzeitig in den Kreis des Nachbarn. Dazu muss sich die Gruppe über Richtung und Zeitpunkt absprechen. Größe und Abstand der Kreise beeinflussen den Schwierigkeitsgrad des Spieles.

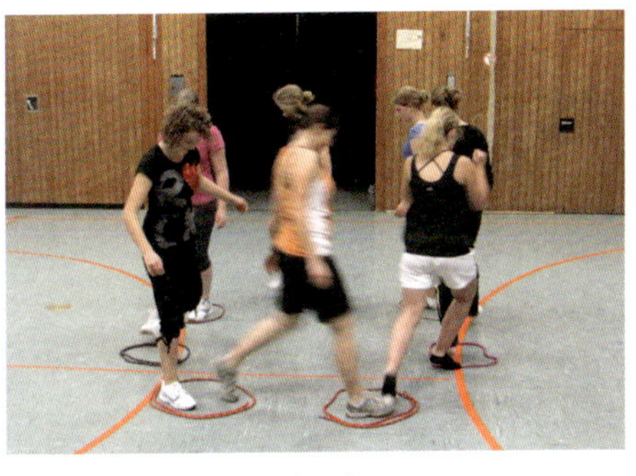

Abb. 112: Kreiswechsel

---

[4] wenn alle im Kreis stehen, können bei Bedarf noch Zusatzaufgaben gelöst werden: auf 3 (oder 10, oder …) zählen, ein Gedicht rezitieren, eine Tüte Gummibärchen öffnen und essen, usw.

[5] Erfolg führt zu Erfolg. Erfolgreich gelöste Aufgaben motivieren dazu weitere Probleme anzugehen. Wenn die Aufgabe allerdings zu leicht zu lösen ist fühlen wir uns ebenso abgewertet, wie wenn eine Aufgabe für uns unlösbar bleibt.

Der elektrische Draht

– klassische Kooperationsaufgabe
– sehr variabel einsetzbar

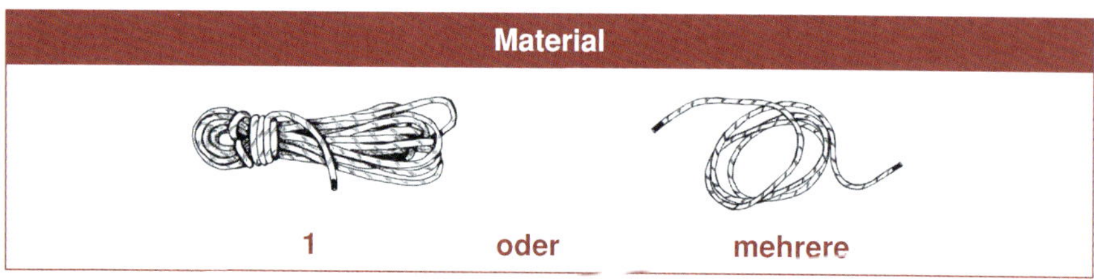

Teilnehmer: 5 – x

Der „elektrische Draht“ ist ein Klassiker aus den kooperativen Abenteuerspielen[6] der Erlebnispädagogik.

Ein Seil wird in etwa Hüfthöhe gespannt. Nun hat die Gruppe die Aufgabe über das Seil zu steigen ohne dieses zu berühren.

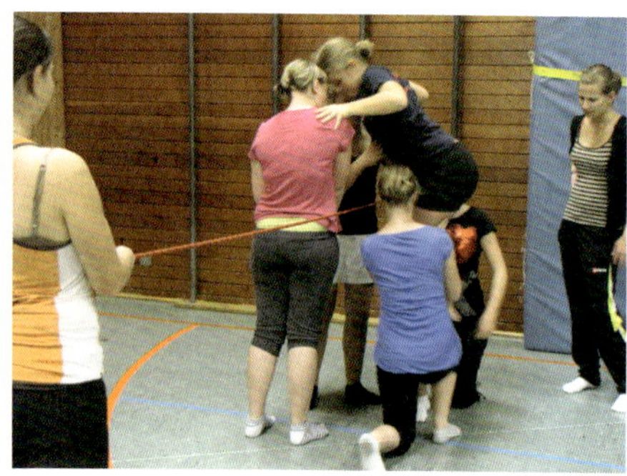

Abb. 113

Variationen:

- Die Gruppe muss sich die ganze Zeit über berühren.
- Ein Teil der Gruppe weist eine Sinnesbehinderung auf: Augenbinden, Ohrstöpsel, Arme müssen die ganze Zeit verschränkt bleiben, nicht sprechen können, etc.
- Ein dickes, ca. zwei Meter langes Brett wird als Hilfsmittel hinzugegeben.
- Das Seil wird in größerer Höhe[7] gespannt, darf dafür aber berührt werden

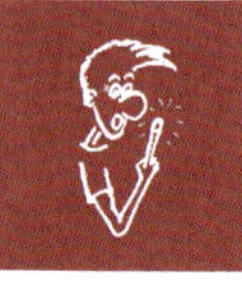

Achtung: Dieses Spiel birgt ein hohes Verletzungsrisiko!

---

[6] eine umfangreiche Sammlung kooperativer Spiele finden Sie in: Kooperative Spiele Band 1 und 2 von Rüdiger Gilsdorf und Günter Kistner

[7] zum Verhältnis von Sturzhöhe und Bodenbeschaffenheit siehe: Axel Heisel: Schaukeln, Seilbrücken, Hangeln & Co., S. 29f. und die Veröffentlichungen der Versicherungsträger: www.unfallkassen.de

- Achten Sie sorgfältig auf einen angemessenen Untergrund[8] und ausreichenden Sturzraum[9].
- Ein Verbot von Sprüngen senkt das Verletzungsrisiko.
- Binden Sie das Seil nur an einer Seite fest. Das andere Ende halten Sie in der Hand. Dadurch vermeiden Sie Stolperunfälle mit dem Seil.

Tipp: Um nicht in Versuchung zu kommen, das Seil einmal höher oder niederer zu halten, fädeln sie das lose Ende durch einen Karabiner, den Sie vorher mit einer Rundschlinge am Baum oder Pfosten befestigt haben.

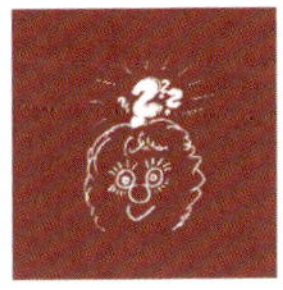

Was passiert eigentlich wenn jemand das Seil berührt?
In den meisten Anleitungen heißt es: „dann muss die gesamte Gruppe zurück". Diese strenge Regelung setzt eine hohe Ausdauer und Frustrationstoleranz voraus. Weniger strenge Konsequenzen wären:

- *Es gibt einen Strafpunkt, das Ziel, ist möglichst wenig Strafpunkte zu sammeln.*
- *Der Teilnehmer, welcher das Seil berührt hat, muss noch mal auf den Boden zurück.*
- *Der Teilnehmer oder alle mit dem Teilnehmer verbundene Personen scheiden aus. Ziel wäre hier, so viele Personen wie möglich auf die andere Seite zu bringen.*
- *Der Teilnehmer, welcher berührt hat, muss zurück und als Letzter, oder zumindest an einer anderen Position der Gruppe das Seil überqueren (was unter Umständen die Gruppenstrategie gehörig durcheinanderbringt).*

Meines Erachtens muss die verhängte Konsequenz mit den aktuellen Möglichkeiten und Bereitschaften einer Gruppe korrespondieren. Ein Training hochmotivierter Führungskräfte verlangt nach anderen Konsequenzen, als wenn dieselbe Aufgabe bei Menschen in schwierigen Lebenslagen gestellt wird. Für beide Gruppen gilt allerdings: wenn einer Regelverletzung keine angemessene Konsequenz folgt verliert das Spiel seinen Reiz: „no risk no fun".

---

[8] keine Wurzeln, Äste, Baumstümpfe oder andere Gegenstände im Sturzraum, an die Sturzhöhe angepasster Untergrund, näheres siehe: Axel Heisel: Schaukeln, Seilbrücken, Hangeln & Co., S. 29f.

[9] keine Hindernisse in einem Umkreis von ca. 2 Meter, näheres siehe: Axel Heisel: Schaukeln, Seilbrücken, Hangeln & Co., S. 29f.

Spinnennetz

– anspruchsvolle Kooperationsübung

Material

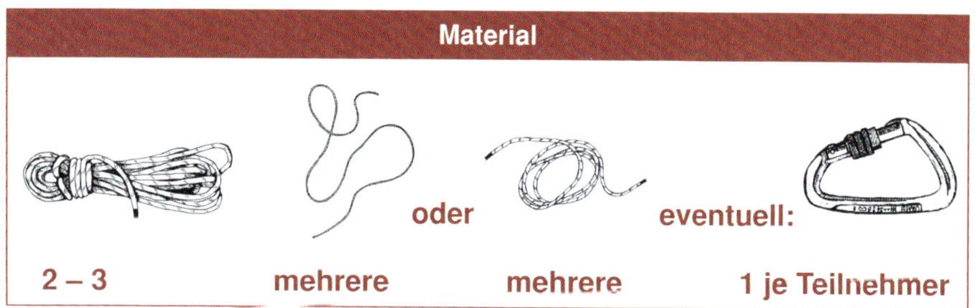

Teilnehmer: 5 – x

Ein Klassiker der erlebnispädagogischen kooperativen Spiele[10]. Beim „Spinnennetz" geht es wie beim „elektrischen Draht[11] darum, durch geschicktes Taktieren und gegenseitige Hilfe, die andere Seite des Netzes zu erreichen, ohne dabei die Seile zu berühren[12].

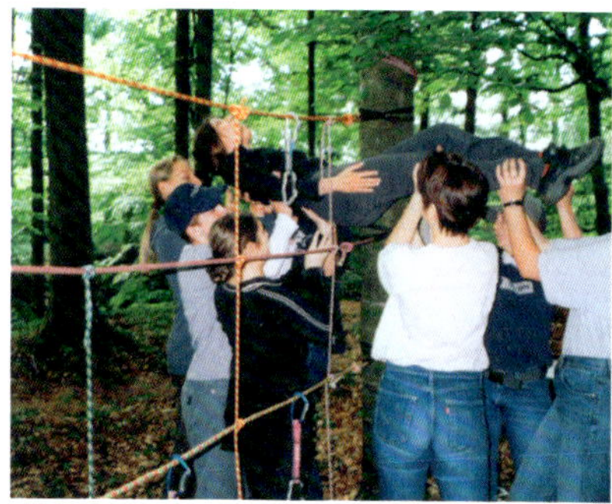

Abb. 114: Spinnennetz

Aufbau: Zuerst werden 2 – 3 Seile quer zwischen 2 Pfosten oder Baume gespannt. Das zweithöchste Seil darf maximal 150 cm über dem Boden installiert werden. Als Standardabstand zwischen den Seilen empfehle ich ca. 70 cm. Danach knoten Sie die Reepschnüre senkrecht zwischen den Seilen ein. Vom unteren Seil lassen Sie die Schnur einfach auf den Boden hängen. Je größer die nun entstandenen Rechtecke sind, desto einfacher wird die Übung[13].

Jetzt spricht sich die Gruppe über eine geeignete Vorgehensweise ab. Jeder Durchschlupf darf nur einmal benutzt werden. Markieren Sie die benutzten Rechtecke. Variationen und Überlegungen zur Regelauslegung siehe „Der elektrischen Draht"[14].

---

[10] eine umfangreiche Sammlung kooperativer Spiele finden Sie in: Kooperative Spiele Band 1 und 2 von Rüdiger Gilsdorf und Günter Kistner

[11] S. 54

[12] Regelvariationen und Überlegungen zur Konsequenz bei Regelverletzungen finden Sie auf Seite 42 ff.

[13] unterschätzen Sie die Schwierigkeit der Übung nicht! Auch ohne besonders enge Durchschlüpfe ist die Übung sehr anspruchsvoll!

[14] S. 54

Bärenschreck

– erfordert viel Nähe

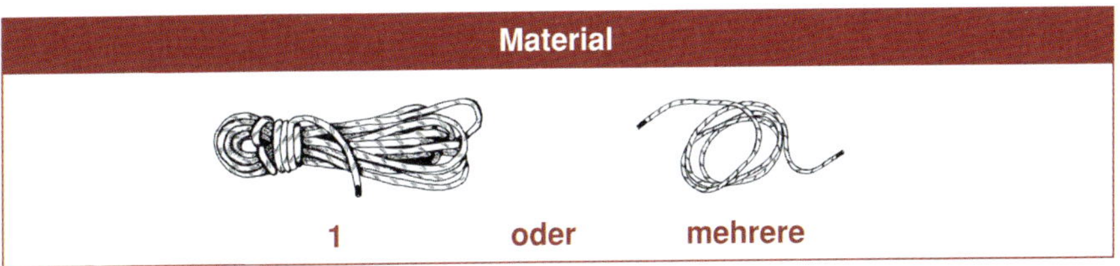

Teilnehmer: 5 – 10

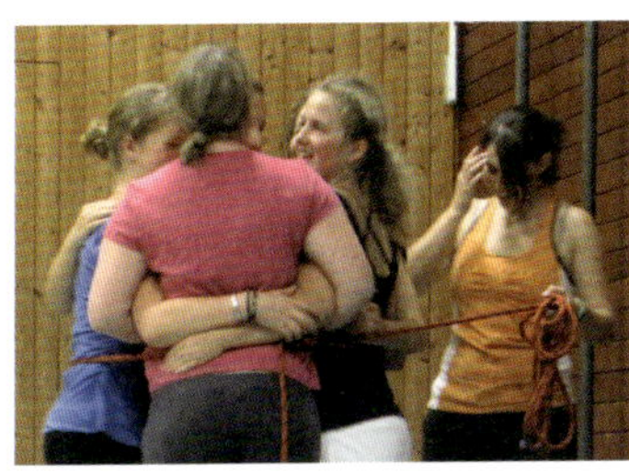
Abb. 115: Bärenschreck

„Sie wollen (oder müssen) erfolgreich einen großen Bären in die Flucht jagen? Dann dürfen Sie nicht alleine sein! Bilden Sie mit allen Umstehenden einen Klumpen. Nun fuchteln sie mit den Armen, geben seltsame Laute von sich und gehen mutig auf den Bären zu. Dieser wird den Klumpen nicht als eine Ansammlung von Menschen sondern als ein riesiges unbekanntes Wesen wahr nehmen und vor diesem Bärenmonster Reißaus nehmen" – so stand es wenigstens in einem Survivalführer.

Die Teilnehmer stehen möglichst eng zusammen. Um den Zusammenhalt zu fördern, wird die Gruppe mehr oder weniger stark mit einem Seil zusammengebunden. Nun setzt sich die Gruppe in Bewegung. Je nach Gelände, Größe und Enge der Gruppe ist die Aufgabe mehr oder weniger schwierig.

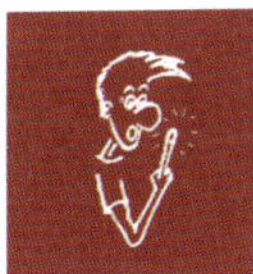

Achtung:
Bei sehr großen Gruppen entsteht eine gefährliche Dynamik die der Einzelne nicht mehr beeinflussen kann. Wenn die Gruppe stürzt kann es aufgrund des Gewichtes der übereinander fallenden Personen zu ernsthaften Verletzungen kommen.

Tipp:
Verwenden Sie zum Verknoten des Seiles den Schleifknoten[15]. Dieser Knoten lässt sich auch unter Belastung schnell öffnen. Dadurch können Sie eine Gruppe in Not schnell befreien. Bei größeren Gruppen halte ich diesen Knoten für zwingend notwendig!

---

[15] S. 31

Fesseln

– Rollenspiel

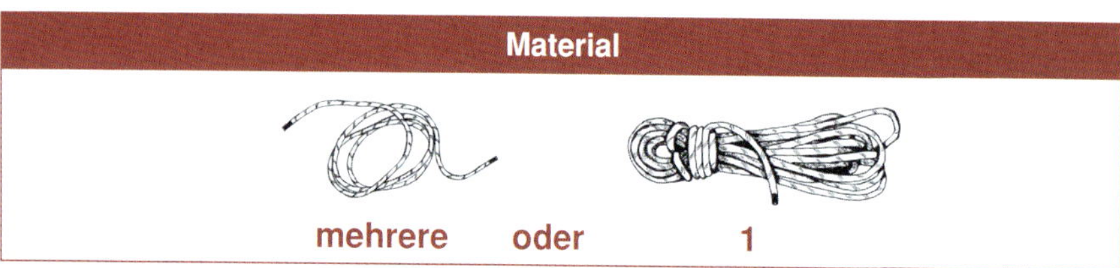

Teilnehmer: 2 – x

Fesselungen sind ein heikles Thema. Tatsache ist, dass Fesselungen bei Indianer- und anderen Rollenspielen, sowie im Rahmen einer Sinnverstehenden Psychomotorik[16], immer wieder Thema sein werden.

Fesselungen sind immer auch symbolische Spiele mit der menschlichen Entwicklungsthematik Macht und Ohnmacht, Verantwortung und Hingabe.

Der Gefesselte begibt sich in eine äußerst hilflose Rolle. Es muss darauf geachtet werden, dass die Blutzirkulation nicht eingeschränkt und der Gefesselte nicht durch Stürze verletzt wird. Das Seil darf nie um den Hals geführt werden! Die „Stopp-Regel“[17] muss zuverlässig eingeführt sein.

Abb. 116: Der Autor verhandelt um seine Freilassung

[16] zur Sinnverstehenden Psychomotorik siehe: Richard Hammer in Köckenberger / Hammer 2004, S. 164 ff. und „Der Verstehende Ansatz in Psychomotorik und Motologie“ von Jürgen Seewald 2007

[17] siehe Axel Heisel: Schaukeln, Seilbrücken, Hangeln & Co., S. 33

Mattensänfte

– vestibuläre Stimulation: beruhigend oder anregend

Material

2 – 4
- Turn- oder Weichbodenmatte mit Schlaufen
- 4 – 9 Rollbretter, oder mehrere Medizinbälle, oder viele Tennisbälle

Teilnehmerzahl: 3 – x

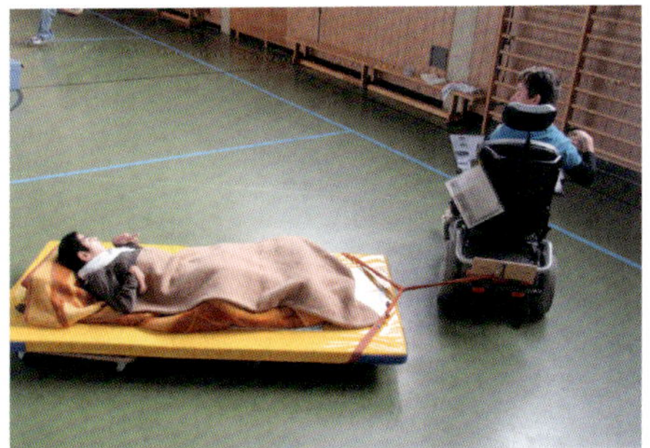

Abb. 117: Matte als Lagerungsmöglichkeit, mit Rundschlinge (Ankerstich) und Karabiner an einem Elektrorollstuhl angehängt

Die Seile werden an die Mattenschlaufen geknotet. Wenn die Matte keine Schlaufen hat, können sie große Rundschlingen mittels Ankerstich um die Matte herum legen und die Seile an diesen befestigen. Die Rollbretter werden unter die Matten gestellt. Nun kann die Matte bequem mit einem oder mehreren Passagieren gezogen werden.

Variante für große Gruppen:
Statt der Rollbretter werden Medizin- oder Tennisbälle unter die Matte gelegt. Die Matte wird mit Hilfe der Seile gezogen. Die frei werdenden Bälle müssen möglichst schnell vor die Matte gelegt werden, damit das Kugellager erhalten bleibt.

Variante Mattenrüttler:
Die Bälle werden unter die Matte gelegt. Eine oder mehrere Personen legen sich auf die Matte. Nun wird die Matte mit Hilfe der Seile sanft hin und her gerüttelt. Bei Bedarf können mehrere Seile in eine Schlaufe geknotet werden.

Variante Rodeo:
Es wird eine Weichbodenmatte mit Schlaufen verwendet. Der Aufbau erfolgt wie beim Mattenrüttler. Eine Person steht auf der Matte. Die umstehenden Personen versuchen diese durch ruckartiges Ziehen der Seile zu Fall zu bringen

Traumschildkröten

– ein sehr ruhiges Bewegungsspiel

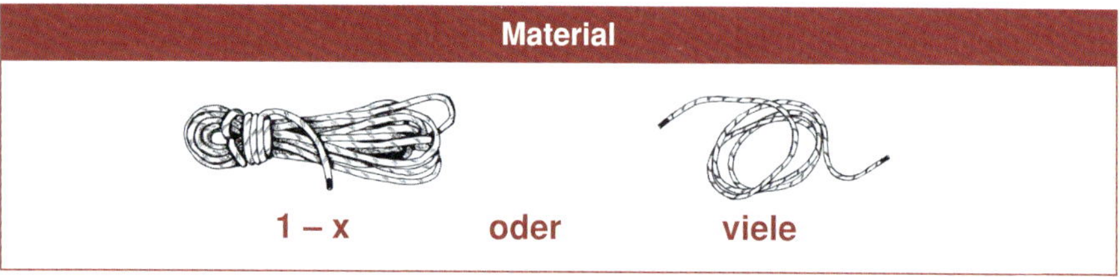

Teilnehmer: 5 – x

Bei den Traumschildkröten dienen die Seile als Spielfeldbegrenzung. Knoten Sie einen Seilkreis und legen diesen auf den Boden. Der Boden sollte warm sein und zum Krabbeln und Liegen einladen.

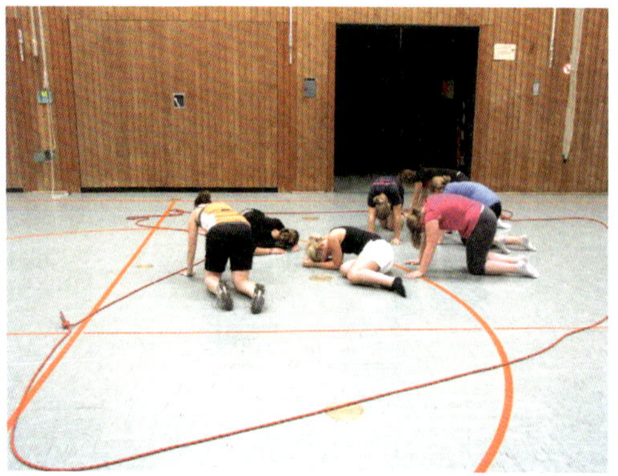

Abb. 118: Das Seil dient als tastbare Begrenzung

Die Teilnehmer gehen innerhalb der Begrenzung in den Vierfüßlerstand und schließen die Augen. Nun beginnen sie langsam zu krabbeln. Immer wenn eine krabbelnde Schildkröte eine andere berührt, legt sich die vorher aktive Schildkröte hin. Wird eine liegende Schildkröte von einer anderen berührt setzt sie sich wieder in Bewegung.

- Ruhige Musik unterstützt den entspannten Charakter dieses Spiels.
- Weiche Hindernisse wie Mattenstapel, etc. – eventuell in Labyrinthform geben dem Spiel einen neuen Reiz.

Wellenschlange

– fördert die Auge-Handkoordination

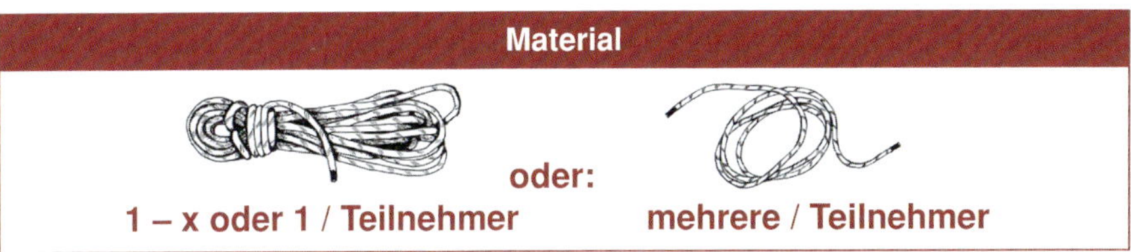

Teilnehmerzahl: 1 – x

Das Seil wird auf den Boden gelegt und an einem Ende in die Hand genommen. Durch schnelle, rhythmische Bewegungen können verschiedenartige Wellen erzeugt werden.

Abb. 119: Große Wellen schlagen

Variation:

- Mit Hilfe der Wellenbewegungen kann das Seil Hindernisse überwinden.
- Das Seil ist eine giftige Schlage. Die anderen Teilnehmer versuchen in ihre Nähe zu kommen, ohne von ihr berührt zu werden. Aus dieser Variation kann ein Fangspiel entwickelt werden.

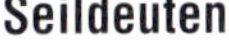

Seildeuten

– fordert und fördert die Phantasie
– auch als Reflektionsmethode geeignet

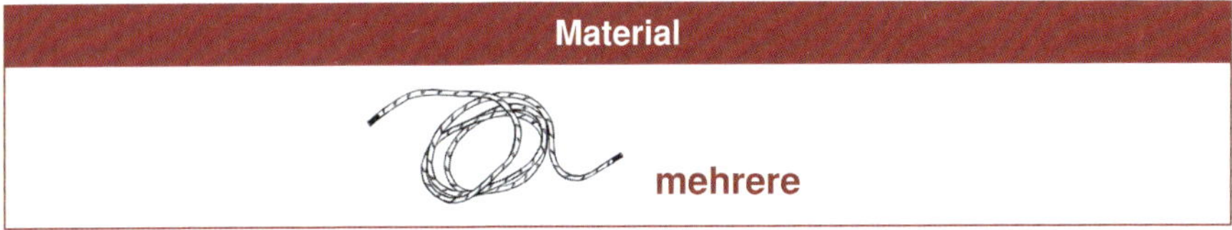

Teilnehmer: 1 – x

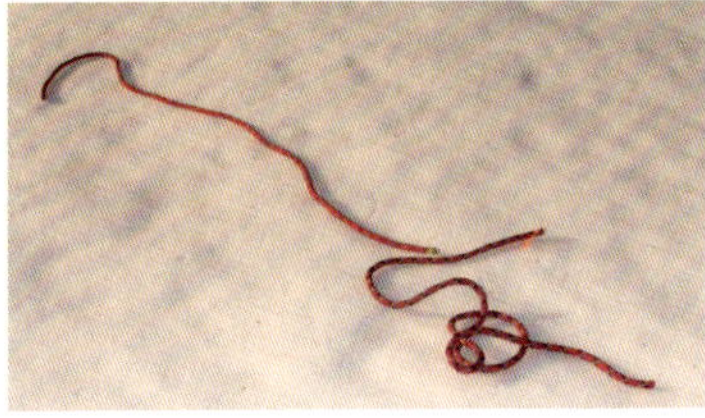

Ein Seil wird in den Raum geworfen. Der Werfer und / oder die Umstehenden deuten, was das Seil darstellen könnte. Diese Übung eignet sich auch als Assoziationsanlass bei Reflektionen.

Abb 120: Seildeuten: Zwei Schlangen kämpfen

Seilbilder

– kreatives Gestalten mit Seilen – auch als Reflektionsmethode geeignet

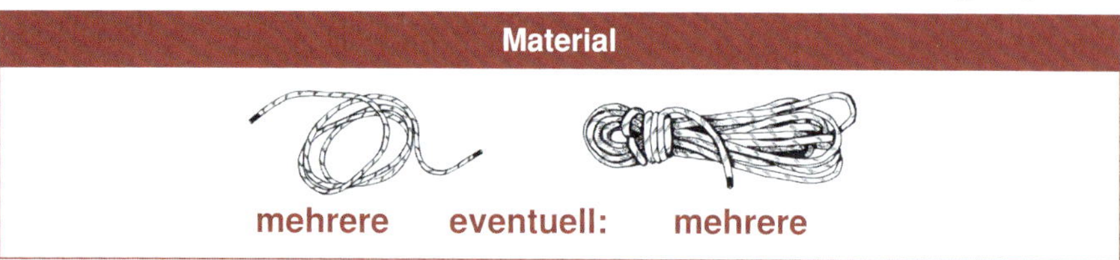

Teilnehmer: 1 – x

Mit den Seilen werden unterschiedliche Bildnisse gestaltet: Bilder, Namen und Worte, Symbole, Mandalas

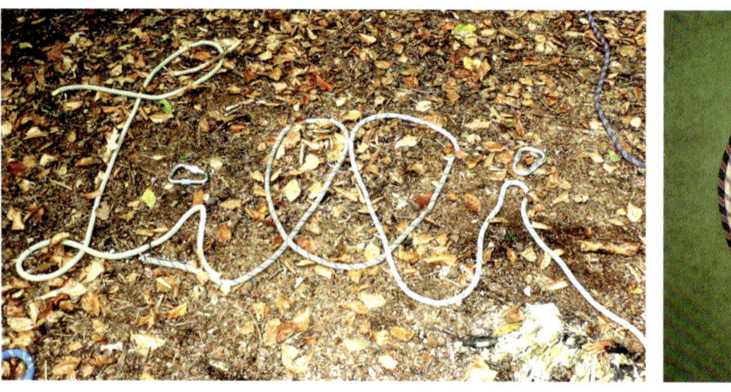

Abb. 121

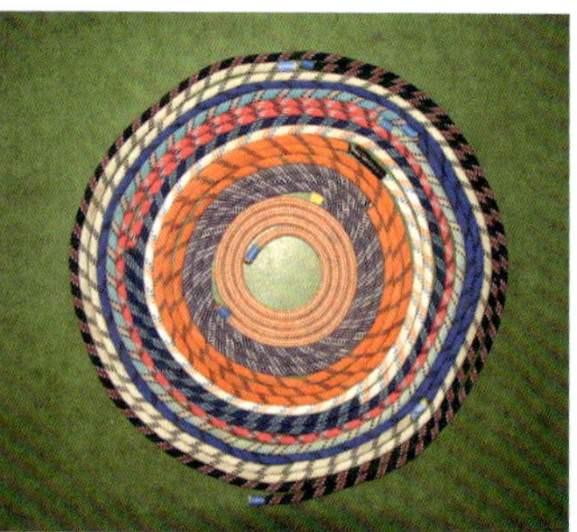

Abb. 122

Tastseile

– taktiles Wahrnehmen – Material und Knotenkunde

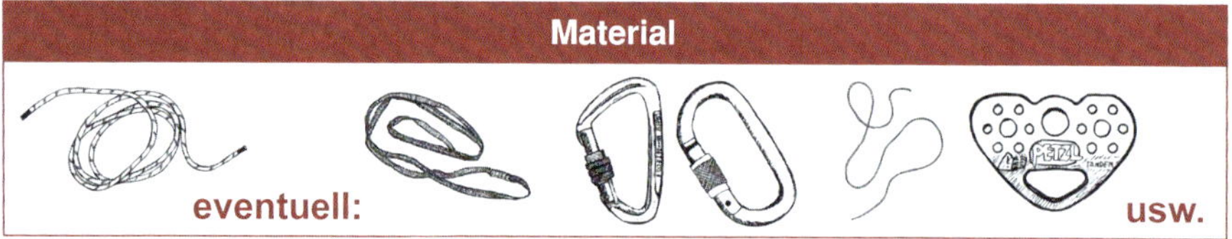

Teilnehmer: 2 – x

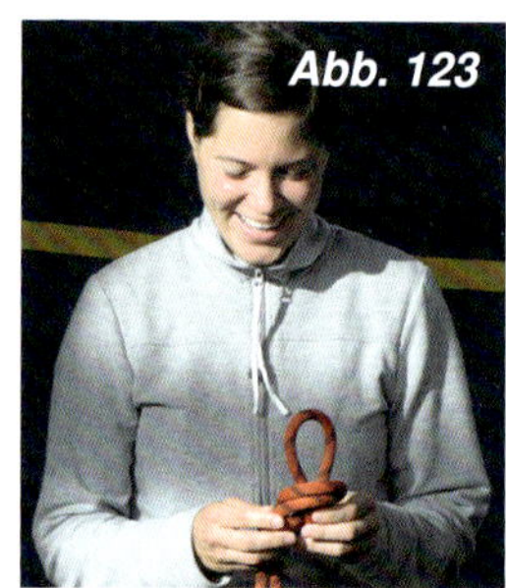

Abb. 123

Eine Person macht einen bekannten Knoten in das Seil. Eine andere Person versucht, diesen zu erraten.

Mögliche Variationen:

- Seildurchmesser erraten
- einfache mit dem Seil gestaltete Zeichen
- Materialien erraten

Rundspanntechnik

Grundtechnik

Die Rundspanntechnik ist sehr mit der Spannleinentechnik[1] verwandt. Sie wird immer dann angewandt, wenn Sie etwas, zum Beispiel zwei Weichbodenmatten mit viel Zug, verbinden wollen.

Material

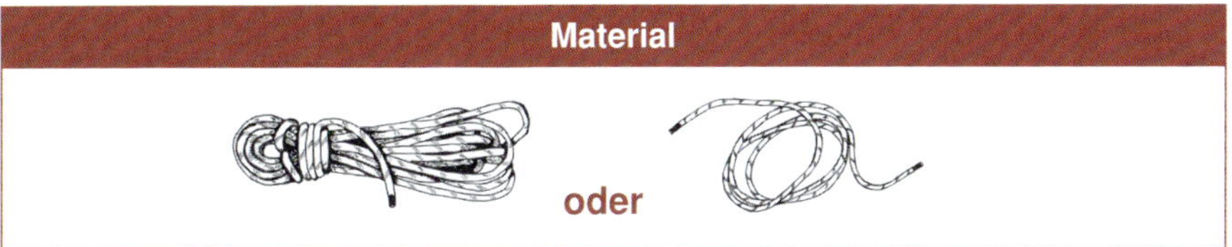

Knoten Sie in das Seilende eine Schlaufe[2]. Nun wird das Seil um die betreffenden Gegenstände herum und das freie Seilende durch die Schlaufe geführt. Jetzt können wir durch Zug in die Gegenrichtung das entstandene große Seilrund spannen und mittels Schleifknoten[3] befestigen.

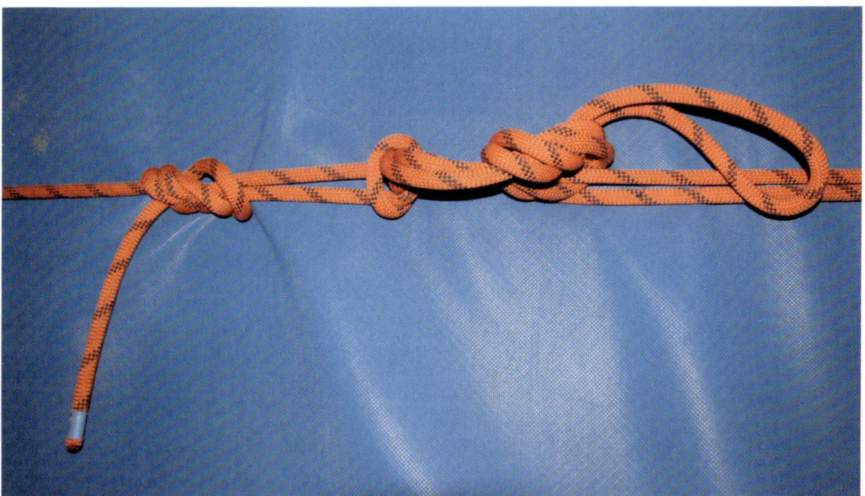

Abb. 124: Rundspanntechnik, von links: Achterknoten, Schleifknoten, Sicherungsschlag

---

[1] siehe Axel Heisel: Schaukeln, Seilbrücken, Hangeln & Co., S. 154 ff.

[2] Sackstich S. 22, Achterknoten, S. 23, Bulin / Prusik S. 24, Schmetterlingsknoten S. 35

[3] S. 31

Flaschenzugtechnik

Um mehr Zugkraft zu bekommen können Sie, bevor Sie das Seilende durch die Schlaufe führen, eine zweite Schlaufe in das Seil knoten und zwar so, dass diese nach dem Einfädeln ca. einen Meter von der ersten entfernt zum liegen kommt.

Nun wird das Seilende auch durch diese Schlaufe gefädelt, es erfolgt wieder ein Richtungswechsel und wir haben einen sogenannten „Expressflaschenzug" mit dem wir recht große Zugkräfte erzeugen können. Das Seil wird in der zweiten Schlaufe fixiert[4].

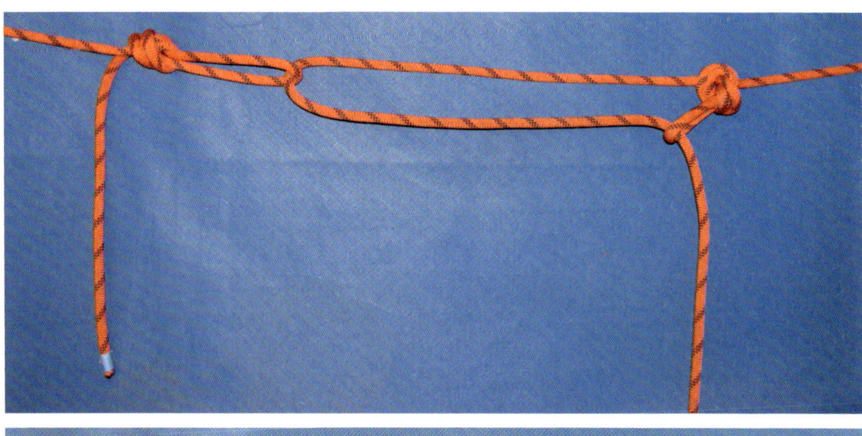

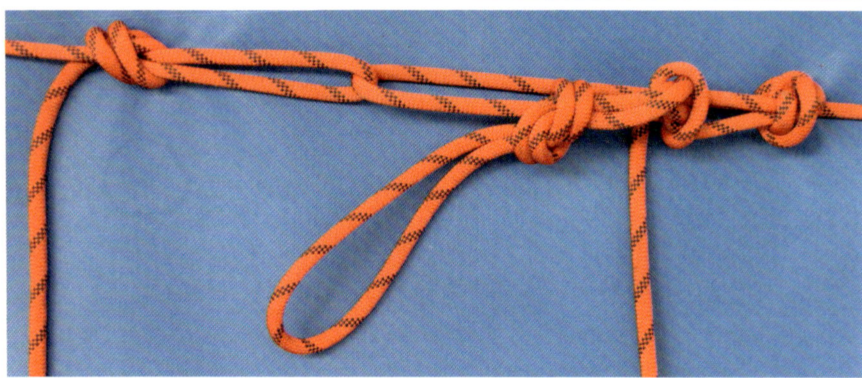

Abb. 125, oben: So sieht der Expressflaschenzug in der Spannleinentechnik vor dem Spannen aus. Beim Spannen geht die Zugrichtung nach links
Abb. 126, unten: Spannleinentechnik mit Expressflaschenzug, durch Schleifknoten fixiert, mit Sackstich als Sicherungsschlag[5] hintersichert

[4] Schleifknoten S. 31
[5] siehe S. 22

Spanngurte

Spanngurte erhalten Sie in verschiedenen Längen, mit äußerst unterschiedlicher Bruchlast und mit zweierlei Verschlüssen:

Einfache Klemmschließe

Sie wird lediglich eingefädelt, der Gurt wird durch Zug am freien Ende gespannt. Die Schnalle klemmt von alleine. Zum Öffnen auf den Klemmmechanismus drücken.

Vorteil der Klemmschließe:

- Ideal um schnell und unkompliziert einfache Rundspannungen zu erzeugen.

Nachteil:

- Die Klemmschnalle rutscht bei zu großer Belastung durch, das gesamte System ist nicht für hohe Lasten geeignet.

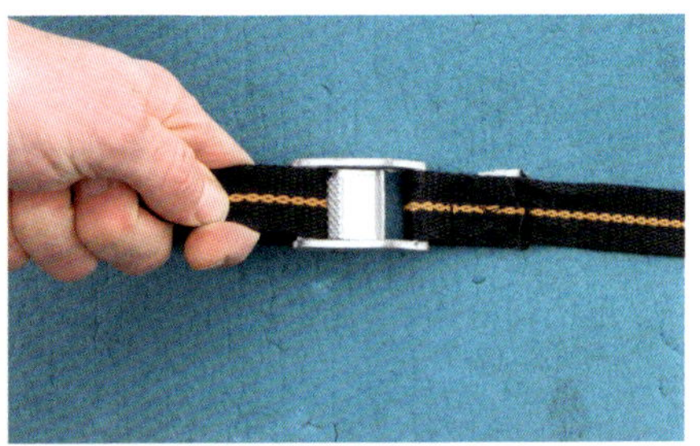

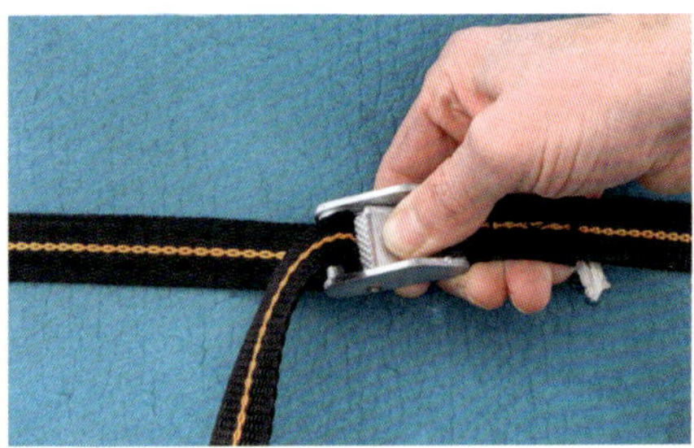

Abb. 127 und 128, von oben nach unten: Spannen des Gurtes mit Klemmschließe, Öffnen der Klemmschließe

Ratschenverschluss

Der Ratschenverschluss ist etwas schwieriger zu bedienen. Doch wenn man es erst mal heraus hat, ist dieser Verschluss an Vielseitigkeit und Zuverlässigkeit kaum zu übertreffen.
Ratschengurte gibt es in unterschiedlichster Bruchlast bis in den Tonnenbereich.

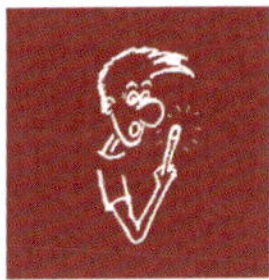

Achtung: Beachten Sie unbedingt den auf den Spanngurten angegebenen Bruchwert. Billige Gurte halten wirklich nicht viel – ich weiß das aus eigener, unangenehmer Erfahrung ...[6]

[6] vgl. Heisel 2008, S. 40

Das Bedienen der Ratsche in Wort und Bild:

1. Legen Sie die Achse der Ratsche mit Hilfe des Hebels so, dass sie das Band von unten einfädeln können.

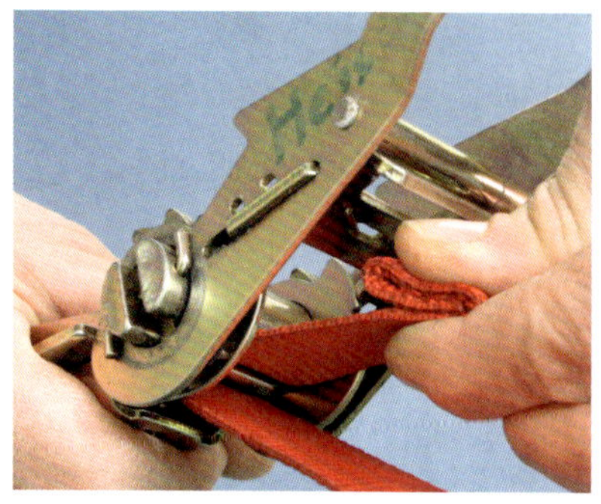

Abb. 129: Einfädeln des Gurtes in eine Ratschschließe

2. Jetzt durch Zug am freien Ende kräftig Vorspannung erzeugen und durch hin und her Bewegen des Ratschhebels den Gurt fixieren und die Spannung erhöhen – das war´s schon.

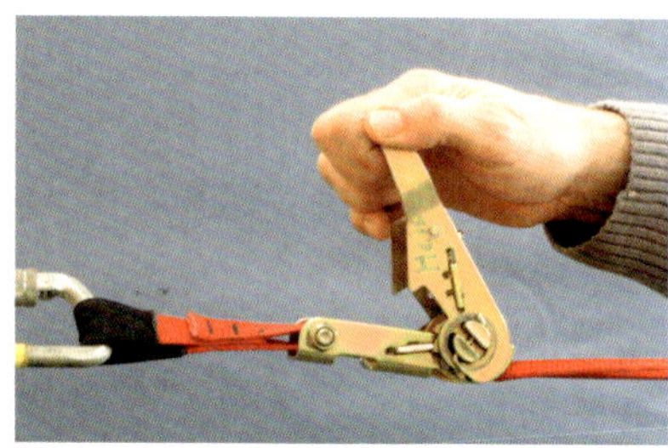

Abb. 130: Spannen des Gurtes durch Hin- und Herbewegen des Ratschengriffes – der Gurt fixiert sich dabei automatisch

und so wird der Ratschengurt wieder geöffnet:

1. Ziehen Sie den Ratschhebel so weit wie möglich nach Außen
2. Jetzt können sie im Innern des Hebels an die Entriegelung greifen.
3. Entriegelung fest nach außen ziehen und den Hebel ganz öffnen bis die Achse der Ratsche durchrutscht und der Gurt entspannt
4. Jetzt einfach den Gurt aus der Ratsche ziehen – fertig!

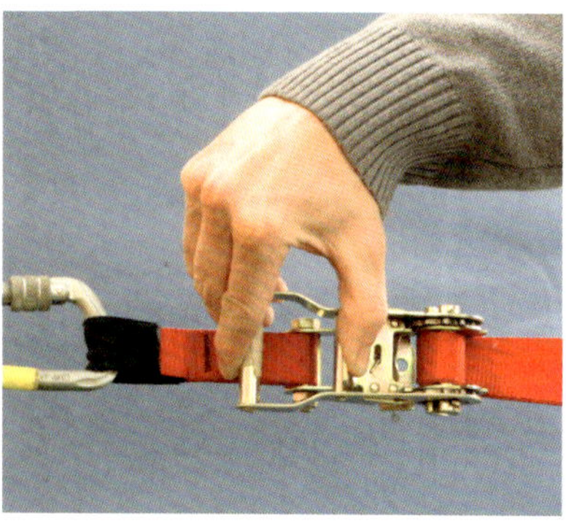

Abb. 131: Öffnen eines Ratschgurtes durch Kräftiges ziehen (im Bild mit dem Daumen) an der Entriegelung und vollständigem Öffnen des Ratschhebels

Gletscherspalte

Material

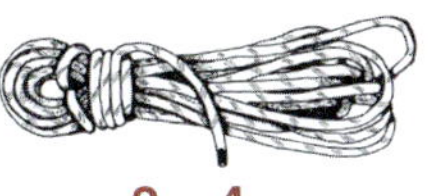

2 – 4

oder Spanngurte

– 2 Weichbodenmatten

Um eine Gletscherspalte zu bauen stellen Sie zwei Weichbodenmatten vor eine Sprossenwand oder eine andere Befestigungsmöglichkeit. Achten Sie darauf, dass die glatten Seiten der Matten nach innen zeigen. Nun werden die Matten mit Hilfe der Rundspanntechnik[7] an der Sprossenwand befestigt und gleichzeitig gegeneinander verspannt.

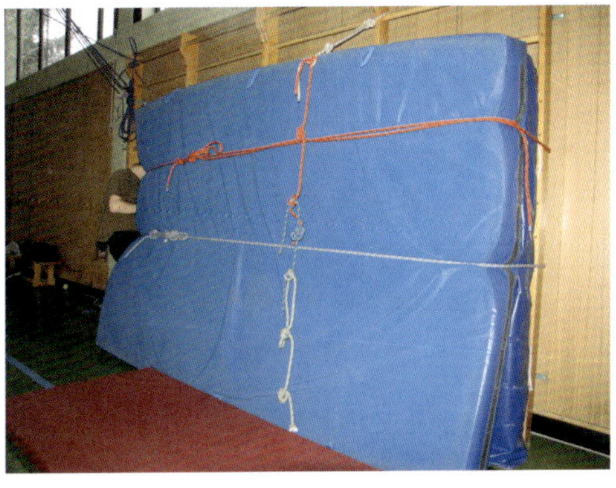

Abb. 132: Gletscherspalte mit Hangelseil

Jetzt können wir uns hindurchzwängen, innen herunterrutschen oder nach oben klettern. Besonders bei engen Gletscherspalten empfiehlt es sich, vorher die Brille abzulegen und ohne Schuhe rutscht es sich besser.

Variationen:

- Mit Hilfe der Seile können Sie den Anpressdruck der Matten regulieren. Wenn wir mit wenig Anpressdruck arbeiten, empfiehlt es sich Turnmatten unter die Weichbodenmatten zu legen, um beim schnellen Hinunterrutschen den Aufprall zu dämpfen.
- Besonders Abenteuerlustige können die Weichbodenmatten hochkant stellen.

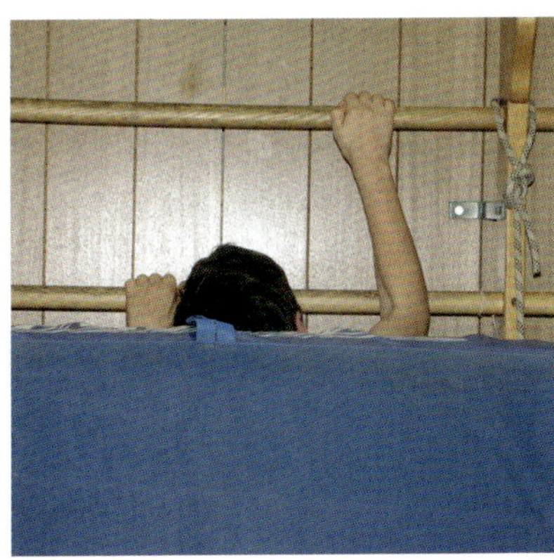

Abb. 133: Aus der Gletscherspalte herausklettern

[7] S. 63f.

Schiefe Ebene

Material

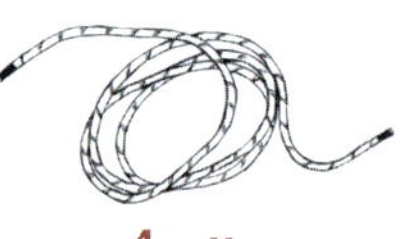

4 – x

- 1 Sprossenwand, 2 – 4 Langbänke
- 2 – 3 Weichbodenmatten oder 4 – 6 Turnmatten

Die Schiefe Ebene ist ein Großgeräteklassiker, der vielfältige Bewegungserfahrungen ermöglicht. Die Seile werden bei diesem Aufbau zur Befestigung der Matten benötigt.

Hängen Sie die Langbänke auf gleicher Höhe nebeneinander in die Sprossenwand ein. Nun werden die Langbänke mit den Matten belegt. Die Matten werden mit Hilfe der Seile nach oben abgespannt[8] und so gegen das Verrutschen gesichert.

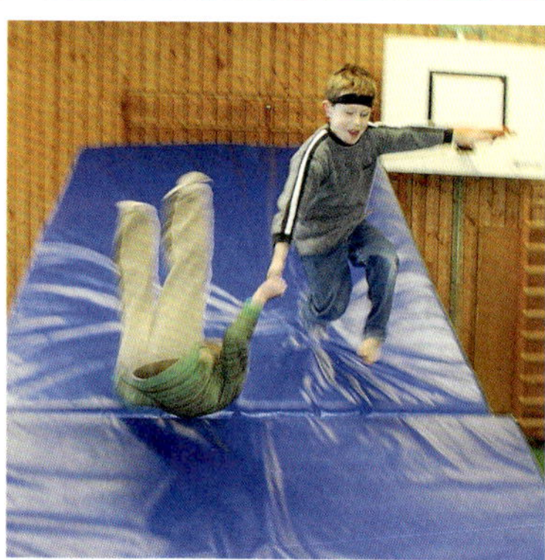

Abb. 134: Schiefe Ebene

Tipp: Oft genügt es wenn nur die unterste Matte schräg nach oben abgespannt wird. Die anderen Matten werden von dieser gehalten. Dadurch können auch Matten ohne Schlaufen eingesetzt werden.

Variationen entstehen durch:

- die verwendeten Mattenarten,
- durch die Anzahl der Langbänke: bei entsprechender Mattensteifigkeit kann bei der Verwendung von nur zwei Langbänken eine Rinne entstehen,
- durch die gewählte Befestigungshöhe,
- durch die Art des Auslaufs: Die Matten bilden einen Übergang zum Boden, oder Sie lassen einen kleinen Absatz und legen eine Weichbodenmatte als Dämpfung auf den Boden.
- Seitliche Aufstiegshilfen durch Kästen und Ähnliches ergeben weniger Gegenverkehr auf der schiefen Ebene.

---

[8] Rundspanntechnik S. 63 oder Kreuzknoten S. 24

Mattenrollen, „Hamsterrolle“

Material

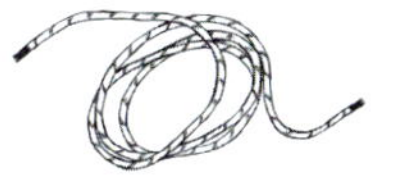

2 – x oder 2 – x Spanngurte

– 1 Bodenturnmatte

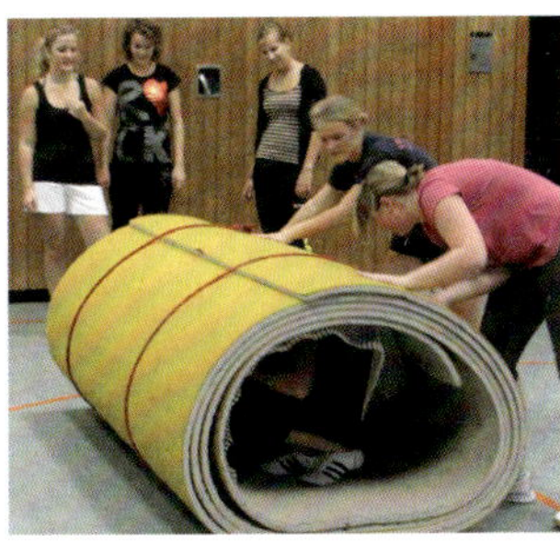

Abb. 134: Hamsterrolle

Die Mattenrolle bietet sehr intensive vestibuläre[9], propriozeptive[10] und taktile[11] Reize. Besonders von sehr aktiven Kindern wird dieses Gerät geliebt.

Die „Hamsterrolle“ wird aus einer langen Bodenturnmatte hergestellt. Der Holzkern wird entfernt und die Matte neu zusammengerollt, so dass in der Mitte ein Hohlraum in der gewünschten Größe bleibt. Nun wird die Mattenrolle mit Hilfe der Seile zusammengebunden. Jetzt können wir uns, je nach Größe in den Hohlraum der Mattenrolle legen, knien oder stellen. Die Matte kann von weiteren Personen durch den Raum gerollt oder durch entsprechende Gewichtsverlagerung selbst in Bewegung gesetzt werden. Die Kombination der Mattenrolle mit einer „Schiefen Ebene[12]“ ist von besonderem Reiz.

Variationen:

- Durch enges oder weites Wickeln der Matte entstehen Rollen mit unterschiedlichem Aufforderungscharakter.
- Airexmatten: diese weichen und dünnen Matten lassen sich besonders gut biegen. Damit kann eine Person sehr eng eingerollt werden. Freiwilligkeit respektieren und „Stopp-Regel“[13] beachten!

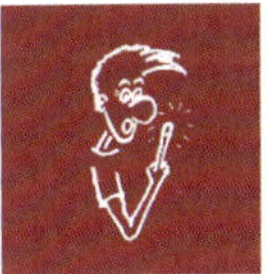

Achtung: Matten, die bei Aufbauten geknickt werden, dürfen nicht mehr zu Sicherungszwecken eingesetzt werden und sind entsprechend zu kennzeichnen.

Tipp: Keine alten Matten wegwerfen. Man kann damit wunderbar bauen und spielen!

---

[9] den Gleichgewichtssinn betreffend, vgl. auch: Lensing-Conrady 2001

[10] Wahrnehmungen aus dem eigenen Körper vermittelnd

[11] die taktile Wahrnehmung ermöglicht das Erkennen von Druck, Berührung und Vibrationen auf der Haut

[12] siehe S. 68

[13] in Heisel 2008, S. 33

Schaukeln

In deinem Alter, mein Kind,
hat jeder Mensch noch Gründe,
anzunehmen,
er könnte
fliegen wie laufen
lernen.

Ich werde mich hüten,
dich aufzuklären.

Vielleicht
bin doch ich es,
der sich irrt.

Heinz Kahlau
(Kahlau 1985, S.68)

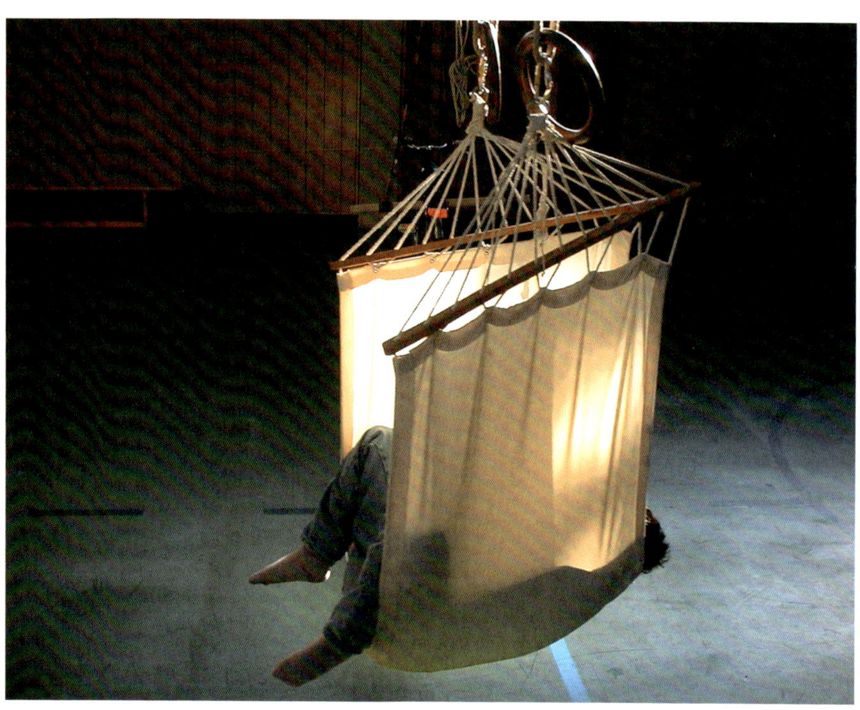

Abb. 136

Aufbautechniken

Aufhängung

- Sie benötigen als erstes eine zuverlässige[1] Deckenbefestigung[2], beziehungsweise geeignete Bäume[3] beim Aufbau in der Natur.
- An diesem Fixpunkt[4] wird ein Seil mit ausreichender Tragkraft[5] befestigt.
- Bei der Befestigung des Seiles ist auf die erhöhte Scheuerbelastung durch das Schaukeln zu achten. Einige Aufhängungen berücksichtigen dies, indem sie bereits ein Gelenk eingebaut haben.
  Bei starren Schaukelhaken empfiehlt es sich einen Stahlkarabiner zwischen Haken und Seil anzubringen. Nun bewegen sich Haken und Karabiner aufeinander, die Scheuerbelastung des Seiles wird deutlich reduziert. Ein wenig Schmierfett zwischen Karabiner und Haken reduziert auch die dortige Abnutzung.

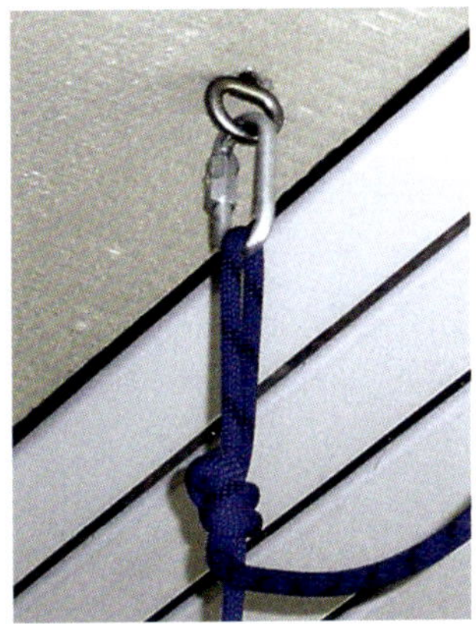

Abb. 137: Schwerlastanker mit Stahlkarabiner

Tipp: Achten Sie bei den Haken auf eine hohe Qualität des verwendeten Stahls. Abgenutzte Stahlkarabiner lassen sich schneller und kostengünstiger auswechseln als abgenutzte Haken.

---

[1] zu den entstehenden Kräften siehe S. 12, zur Traglastberechnung S. 13

[2] Ausführliche Informationen zur Auswahl geeigneter Befestigungspunkte finden Sie in Heisel 2008, S. 115 ff.
Eine Auswahl an Befestigungsmöglichkeiten in Räumen finden Sie auf S. 73 ff.

[3] Verschieden Befestigungstechniken für Schaukeln in der Natur finden Sie auf S. 80 f.
Zur Auswahl geeigneter Schaukelplätze in der Natur siehe: Heisel 2008, S. 118 ff.

[4] Fixpunkt: das Seil wird an diesem Punkt fixiert, also befestigt

[5] ich empfehle Statikseile mit einem Durchmesser von 11 mm

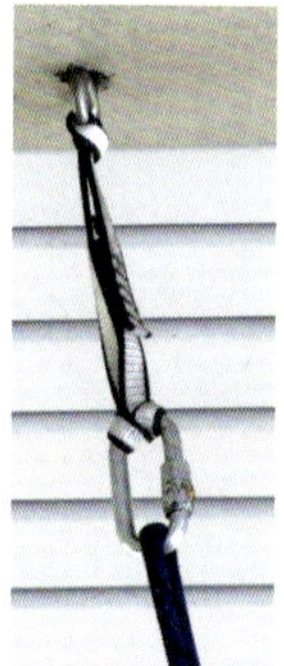

Eine andere Möglichkeit die Abnutzung von Seil und Haken zu verringern, ist das Anbringen einer kurzen Rundschlinge im Haken mittels Ankerstich[6]. In diese wird das Seil mit Hilfe eines Karabiners eingehängt. Der Ankerstich reduziert die Scheuerbewegung im Haken. Eine abgenutzte Rundschlinge lässt sich leicht auswechseln.

Abb. 138: 30 cm lange Rundschlinge mittels Ankerstich in einem Schwerlasthaken befestigt

Höhenverstellung

- Mittels Klemmknoten[7] wird nun eine Rundschlinge[8] oder eine 6 mm starke Reepschnur[9] am Seil befestigt. Eine komfortable Alternative zu den Klemmknoten sind Steigklemmen[10]. In dieses höhenverstellbare System wird nun der eigentliche Schaukelaufbau eingehängt. Zur schnellen Befestigung der Schaukelsitze[11] haben sich Rundschlingen mit einer Länge von ca. 150 cm bewährt.

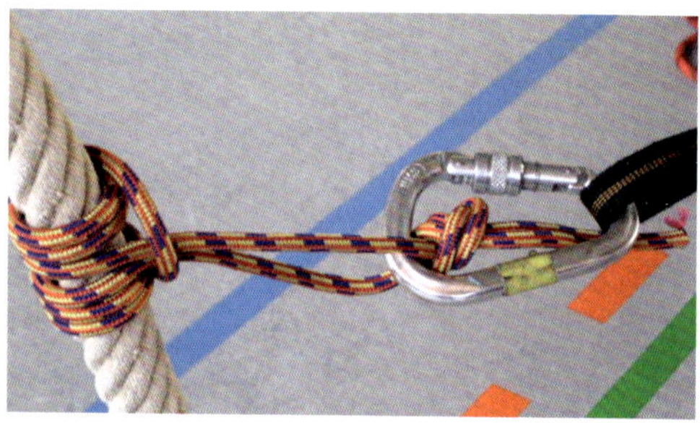

Abb. 139: Reepschnur mit Prusikknoten an einem Klettertau, Karabiner, Rundschlinge

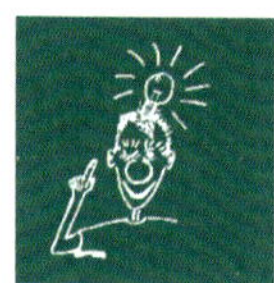

Tipp: Karabiner sind sehr hilfreich, um ohne vielfältige Knotenkenntnisse, Seile und / oder Rundschlingen miteinander zu verbinden. Durch eine ausgefeilte Knotentechnik kann mancher Karabiner eingespart werden. Also: entweder etwas mehr Geld in die Ausrüstung oder etwas mehr Zeit in das Erlernen differenzierter Knotentechniken investieren.

---

[6] siehe S. 23
[7] Prusikknoten S. 23 oder Kreuzklemmknoten S. 27
[8] siehe S. 16
[9] siehe S. 16
[10] siehe S. 18
[11] mit „Schaukelsitz" bezeichne ich alle Gegenstände die als Schaukelplattform, sitzend, liegend oder stehend dienen

Befestigungssysteme Indoor

Bei der Frage „Wie hänge ich am besten eine Schaukel auf?“ steckt meistens die Frage nach der geeigneten Deckenaufhängung dahinter. Leider lässt sich diese Frage nicht so einfach beantworten.

Entscheidend für die Auswahl geeigneter Schaukelbefestigungen sind das Material der Decke und der angestrebte Einsatzzweck.

Eine einfache Kinderschaukel im privaten Bereich ist mit den preiswerten Hakensystemen aus den Baumärkten gut aufgehängt. Bei derselben Schaukel im professionellen Bereich kommen diese Haken aufgrund des meist verhältnismäßig weichen Stahls bei intensiver Nutzung an ihre Grenzen: Sie nutzen sich zu schnell ab. Im schlimmsten Fall brechen sie bei intensiver Nutzung, wenn ihr Schaft zu lang ist.

Erschwert wird die Auswahl geeigneter Befestigungspunkte durch verschiedene Decken und Wandkonstruktionen, vor allem durch deren unterschiedliches Material. In einer stabilen Betondecke lassen sich mit einfachen Mitteln äußerst haltbare Aufhängungen anbringen. Schwierig bis unmöglich wird das ganze bei Altbauten mit unbekanntem Deckenaufbau oder bei abgehängten Deckenelementen, wie sie häufig nach Sanierung von Altbauten zu finden sind. Hier müssen oft Rohr- und / oder Balkenkonstruktionen angebracht werden. Für abgehängte Decken eignen sich besonders die Rohrsysteme. Von einigen Anbietern werden auch spezielle Schaukelhaken für abgehängte Decken angeboten.

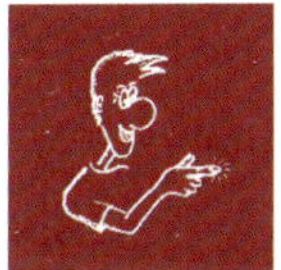

Bei schwierigen baulichen Situationen ist meistens eine konkrete Beratung vor Ort angebracht. Es gibt eine Reihe von Fachfirmen die sich auf diese Problematik spezialisiert haben.[12] Auch manch andere fachlich kompetente Person kann dem ratlos vor der Decke stehenden Pädagogen oder Therapeuten weiterhelfen. Lassen Sie sich in jedem Fall die Belastbarkeit des Systems schriftlich bestätigen. Beachten Sie dabei den Unterschied von Traglast und Bruchlast, einschließlich eines angemessenen Redundanzfaktors[13]. Und: machen Sie sich auch über vom TÜV abgenommene

12 siehe hierzu: Bezugsquellennachweis S. 167
13 siehe hierzu: Heisel (2008), S. 37 ff.

Systeme kritische Gedanken – eine TÜV Abnahme ist keine Garantie auf unbegrenzte Sicherheit![14]

Im Folgenden möchte ich Ihnen einige Deckenaufhängungen vorstellen – ohne Anspruch auf Vollständigkeit.[15]

Deckenaufhängungen

Je nach Untergrundbeschaffenheit kommen unterschiedliche Befestigungstechniken für Schaukelrohre und -haken zur Anwendung. Über die konkrete Auswahl lassen Sie sich am besten im Fachhandel oder von einem Sachverständigen aus dem Baugewerbe beraten.

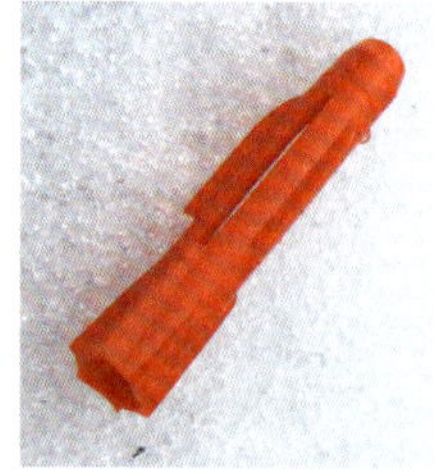

Abb. 140: Universal – Kunststoffdübel für einfache Befestigungslösungen

Kunststoffdübel gibt es für verschiedene Untergründe in sehr unterschiedlichen Größen und Formen – lassen Sie sich in einem Fachgeschäft beraten. Wichtig für die Funktion des Dübels ist die Abstimmung von Schraubenlänge und -durchmesser auf die Dübelgröße. Kunststoffdübel sind keine Schwerlastanker – für den privaten Bereich und ruhig genutzte Hängematten etc. jedoch ausreichend.

Einschlagdübel werden ausschließlich in Beton und Fels verwendet. Eine Gewindehülse wird in ein auf die exakte Tiefe gebohrtes Loch eingeführt. Anschließend wird der in der Hülse angebrachte Spreizkeil mit einem schweren Hammer eingeschlagen. Nun wird mittels einer Schraube hoher Qualität die Hakenlasche aufgeschraubt. Diese Befestigungstechnik erzielt bei einer Belastung quer zur Einschlagrichtung hohe Haltekräfte. Bei Belastungen entgegen der Einschlagrichtung sind die Haltekräfte deutlich niedriger, da der Dübel herausgezogen werden kann. Einschlagdübel für den Schwerlastbereich

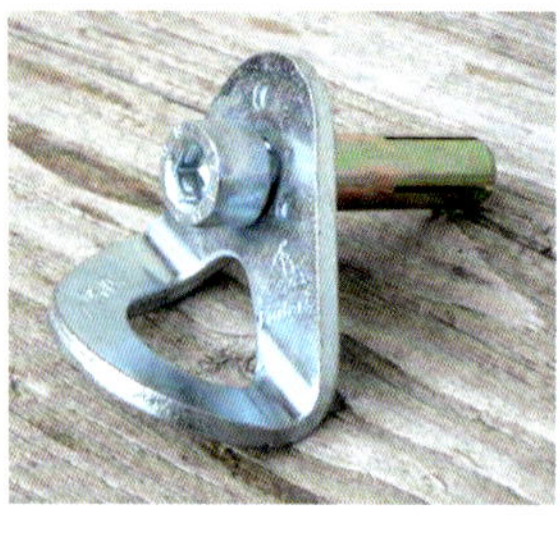

Abb. 141: Einschlagdübel M10, Innensechskantschraube und Bohrhakenlasche aus dem Bergsport

[14] In einer mir bekannten Einrichtung brach drei Wochen nach dem TÜV-Besuch der Schaukelhaken aus der Verankerung. Vermutlich wären im Schaukelbetrieb schon seit langem kleine Bewegungen im Haken zu beobachten gewesen – wenn man sich nicht *blind* auf die TÜV-Abnahme verlassen hätte.

[15] Wenn Sie weitere Befestigungsmöglichkeiten und -systeme kennen oder besonders gute oder schlechte Erfahrungen mit einzelnen Systemen gemacht haben: axelheisel@mitseilundknoten.de – vielen Dank!

sind aus Stahl – nicht aus Messing. Ich verwende die im Bergsport üblichen Größen M10 oder M12.

Einschlaganker funktionieren ähnlich wie die oben beschriebenen Einschlagdübel. Nur wird hier eine Stange mit Spreizkeil und Gewinde eingeschlagen. Einschlaganker gibt es in verschiedenen Längen. Sie erreichen größere Tiefen in der Wand als Einschlagdübel und sind zur Befestigung von Balken gut geeignet.

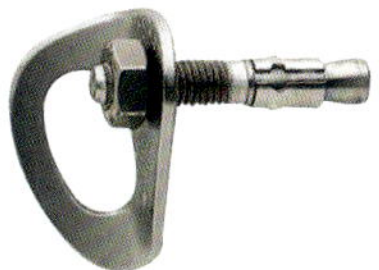

Abb. 142: Einschlaganker mit Hakenlasche

Tipp: So können Sie zwei Bohrhakenlaschen aus dem Bergsport miteinander verbinden – das erhöht die Haltekräfte:

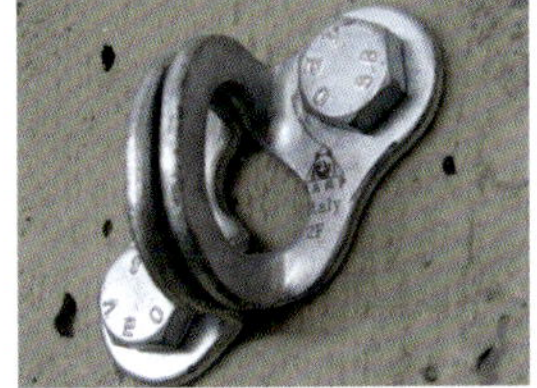

Abb. 143: Bohrhakenkombination

Klebepatronen werden in Beton und im Fels angewandt. Bei korrekter Anwendung erzielt diese Befestigungstechnik in Verbindung mit entsprechenden Gewindestangen oder Haken Haltekräfte von mehr als zwei Tonnen in jede Richtung!

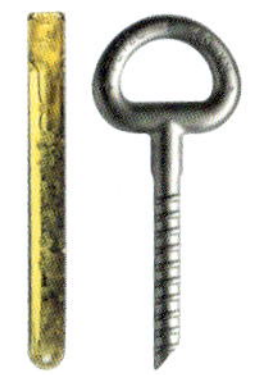

Abb. 144 und 145: Klebepatronen und Schwerlasthaken

Spezialmörtel in Verbindung mit Geflechthülsen.

Der Spezialmörtel entfaltet die gleiche Wirkung wie die oben beschriebenen Klebepatronen. Nur wird dieser mittels einer speziellen Mischkartusche in das Loch eingespritzt. In Verbindung mit der Gewebehülse können auf diese Weise auch Befestigungen auf schwierigen Untergründen realisiert werden. Bei diesem Verfahren bestimmt die Ausreißfestigkeit des jeweiligen Deckenmaterials in der Regel die Belastungsgrenze.

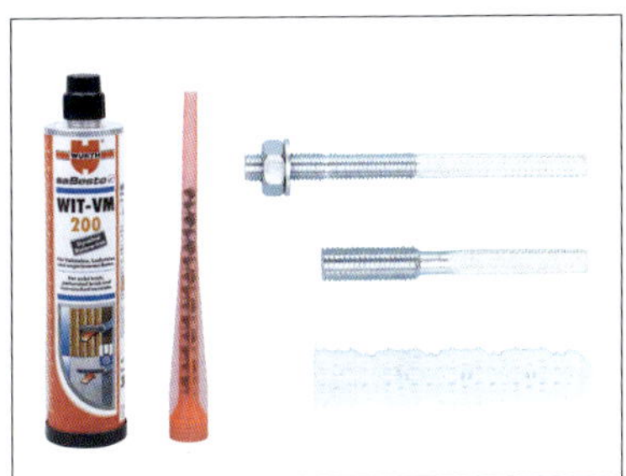

Abb. 146: Chemisches Befestigungssystem für Lochsteine, Porenbeton und Vollsteine

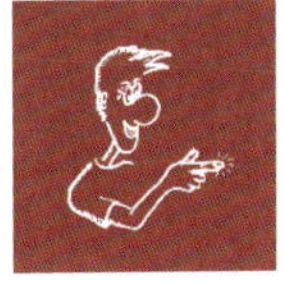

Detailierte Produktinformationen zu diesem System finden Sie unter http://wueko.wuerth.com/Gesamtkatalog/Dübeltechnik/Chemische Befestigungssysteme

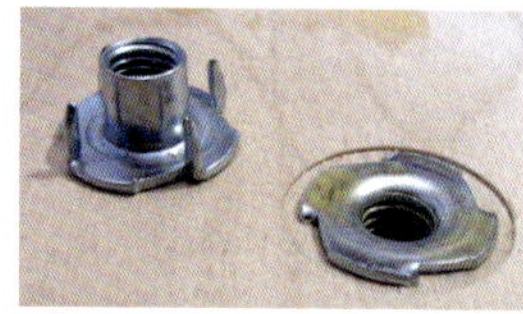

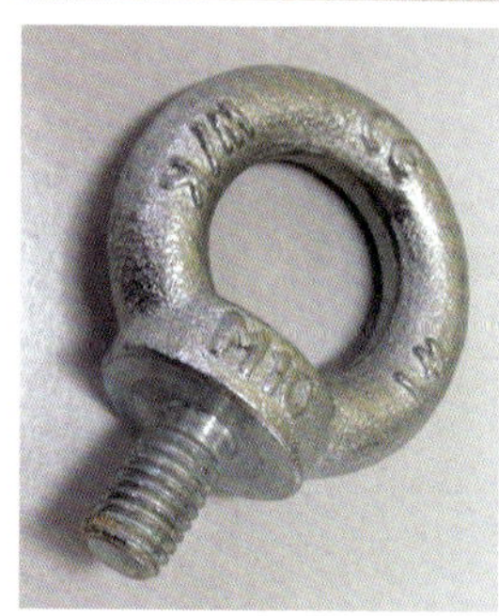

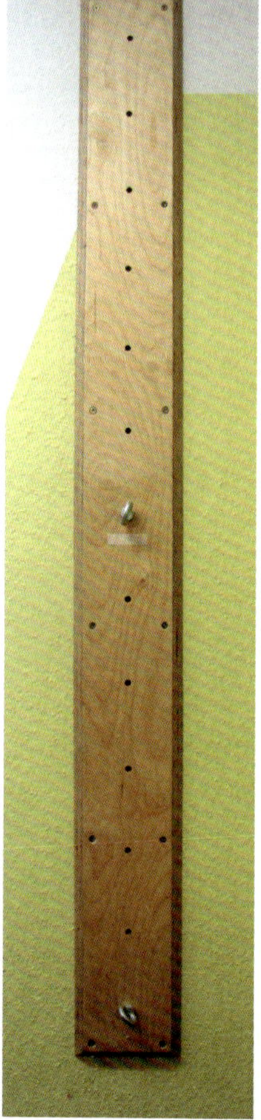

Einschlaggewinde stellen eine Sonderform in der Befestigungstechnik dar. Sie werden von hinten in ca. 22 mm starke Multiplexplatten eingeschlagen. Diese werden mittels einem der obigen Verfahren an der Wand oder Decke verschraubt. Dabei können sehr viele Verschraubungen angebracht werden! Dadurch wird die Last auf viele Befestigungspunkte verteilt, was besonders bei wechselnder Wandbeschaffenheit von Vorteil ist.

Nun werden in den Gewinden nach Bedarf die entsprechenden Ösen befestigt – und ebenso schnell wieder entfernt, damit nichts in den Raum hineinragt, wenn dieser wieder anderen Zwecken dienen soll.

Ursprünglich stammt diese Idee aus der Befestigungstechnik von Klettergriffen an künstlichen Wänden. Das bedeutet: wenn die Platte entsprechend groß gewählt wird, lässt sie sich auch als Kletterwand nutzen.

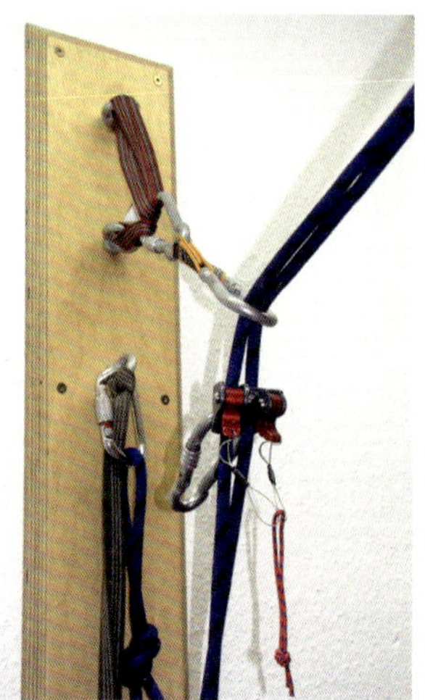

Abb. 147 bis 150:
oben links: Einschlaggewinde
darunter: Einschrauböse
rechts: Wandbefestigung aus Birke Multiplex mit Einschlaggewinden
links: ein Befestigungsbrett lässt sich vielseitig nutzen

Tipp: Die Firma Würth stellt als Spezialist für Befestigungstechnik auf Ihrer Internetseite umfangreiche Informationen zum Setzen von Dübeln zur Verfügung: http://www.wuerth.de/de/produkte/duebel/duebel.html

Speziallösungen Indoor

Das Problem der für Schaukelsysteme unzureichenden Deckenqualität ist weit verbreitet. Deshalb gibt es eine ganze Reihe von Speziallösungen:

Schienensysteme

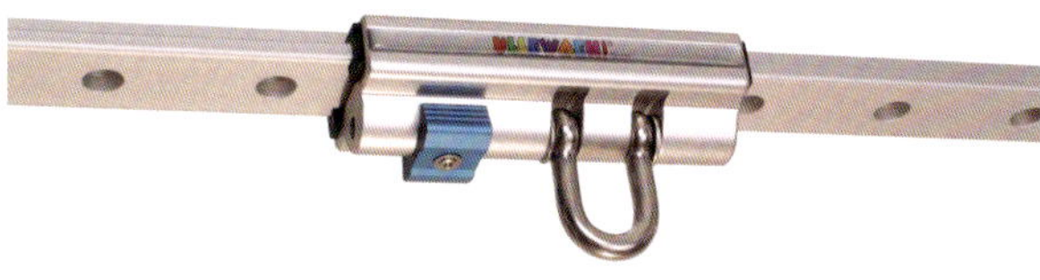

Abb. 151: Schienensystem der Firma ULLEWAEH®

Mit Schienensystemen lassen sich vor allem in kleineren Räumen sehr elegante und vielfältige Befestigungsmöglichkeiten an Wand und Decke schaffen. Manche Systeme bieten sogar die Möglichkeit einer Gleitbahn. Kombiniert mit Balkenkonstruktionen oder Deckenabhängungen können damit in nahezu jedem Raum hochprofessionelle und variable Befestigungslösungen geschaffen werden

Holzkonstruktionen aus dem Fachhandel

Im Fachhandel[16] gibt es eine Reihe freistehender Holzbalkenkonstruktionen. Sie werden in Standardmaßen oder als Maßanfertigungen angeboten. Damit lassen sich in jedem Raum, bei wetterfesten Konstruktionen auch im Freien, unabhängig von der Wand und Deckenkonstruktion, Schaukelaufhängungen realisieren. Zum Teil sind damit auch Seilbrückenaufbauten möglich.

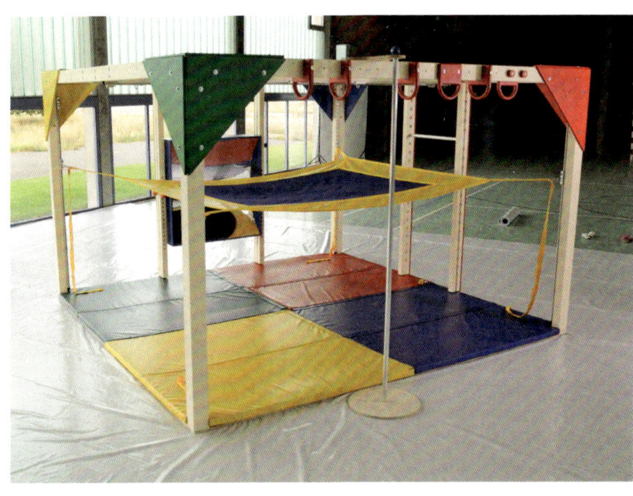

Abb. 152: Freistehende Holzkonstruktion aus dem Fachhandel

[16] siehe Bezugsquellen S. 167

Loquito Rohrsystem

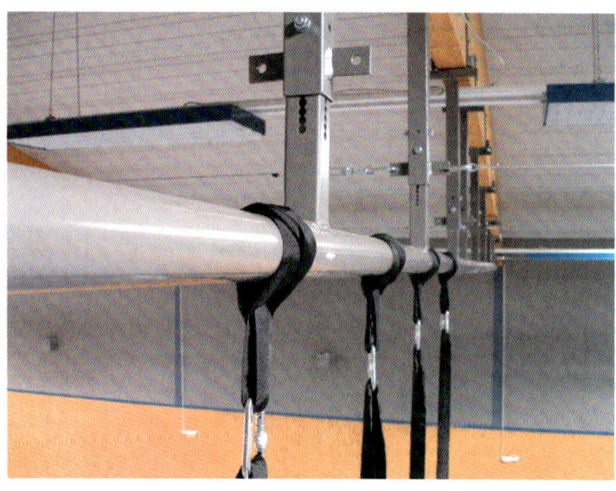

Abb. 168: Rohrsystem der Firma Hagedorn, Bewegungsbaustelle LOQUITO, Foto: Gebr. Hagedorn, Bad Essen

Das Rohrsystem der Firma Hagedorn ist ein genial einfaches aber äußerst variables und stabiles Befestigungssystem. Die runden Stahlrohre mit einem Durchmesser von 80 mm können nahezu beliebig angeordnet werden, auch über Kreuz. Mittels Rundschlingen werden die Schaukelseile an jeder beliebigen Stelle der Konstruktion angebracht. „Mit der Loquito Schaukelanlage werden die technischen Anforderungen der DIN 18 032 und DIN EN 1176 mehr als erfüllt." (Hagedorn 2009, S. 32) Planung und Ausführung können individuell abgesprochen werden – auch mit der Unterstützung durch heimische Handwerker.

Balkenkonstruktionen

Durch das Einziehen zusätzlicher Balken können in Räumen mit ungeeigneter Decke Schaukelaufhängungen geschaffen werden. Diese Balken werden entweder in Balkenschuhen an der Wand verschraubt[17] oder auf senkrechten, bei entsprechender Wandqualität auch auf quer angebrachten Balken, abgestützt. An den Balken werden nun entsprechende Schaukelhaken befestigt.

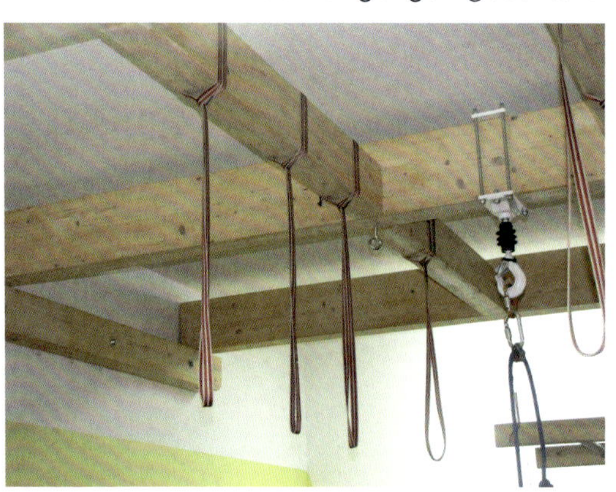

Abb. 169: Balkenkonstruktion und Rundschlingen

Oder besser, weil variabler: Wenn der Balken Abstand zur Decke hat, können Sie an jeder beliebigen Stelle mittels Rundschlingen Schaukelaufhängungen anbringen. Die Kanten der Balken müssen dazu etwas abgerundet sein. Bei der Planung und Ausführung ziehen Sie am besten eine örtliche Zimmerei hinzu.

---

[17] das sieht aus wie die Kleiderstange im Kleiderschrank – nur größer

Auch vorhandene Deckenbalken können für eine Schaukelaufhängung genutzt werden, mittels Rundschlingen sogar ohne die Balken zu verletzen – sofern diese frei verlaufen.

Rohrkonstruktionen

Als Alternative zu den doch recht wuchtigen Balkenkonstruktionen können Sie sich auch von einer örtlichen Metallbaufirma Stahlrohre in den Raum einziehen lassen. Diese wirken filigraner. Berechnen Sie die gewünschte Traglast und rechnen Sie einen großzügigen Redundanzfaktor hinzu[18].

Abgehängte Decken

Abgehängte Decken bestehen meist aus einer leichten Unterkonstruktion und Sichtblenden aus leichtem Material. Abgehängte Decken haben eine sehr geringe Stabilität und sind daher für Schaukelbefestigungen ungeeignet.
Schaukelbefestigungen müssen bei dieser Deckenkonstruktion direkt an der darunterliegenden Originaldecke angebracht werden. Dies geschieht mit Hilfe einer stabilen Konstruktion aus Vierkantstahl. Wenn der Abstand zwischen Originaldecke und Abgehängter Decke sehr groß ist braucht es hinter der Deckenverkleidung Querverstrebungen, um der Konstruktion ausreichende Steifigkeit zu geben. Auch das Loquido Rohrsystem ist für abgehängte Decken geeignet.

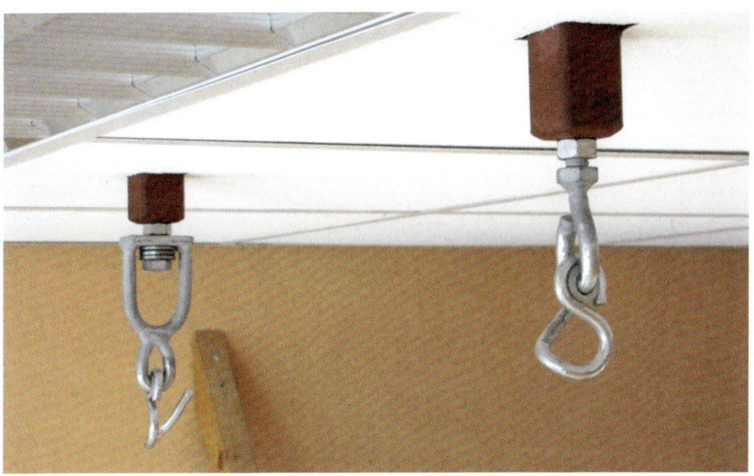

Abb. 170: Schaukelbefestigung bei abgehängten Decken

---

[18] zu den auftretenden Kräften beim Schaukeln siehe S. 12, zum Redundanzfaktor siehe S. 13

Befestigungssysteme Outdoor

Ausschlaggebend für die Belastbarkeit von Schaukelbefestigungssystemen in der Natur ist die Qualität der verwendeten Bäume.[19] Es lassen sich drei verschiedene Systeme unterscheiden.

1. Ein Seil wird in entsprechender Höhe zwischen zwei Bäume gespannt.[20] Nun werden an diesem Seil mittels Klemmknoten[21], je nach Bedarf eine oder zwei Reepschnüre oder Rundschlingen befestigt. An dieser Abzweigung wird nun das Tragseil für die Schaukeln verknotet[22]. Der weitere Grundaufbau erfolgt wie auf S. 72ff. beschrieben.

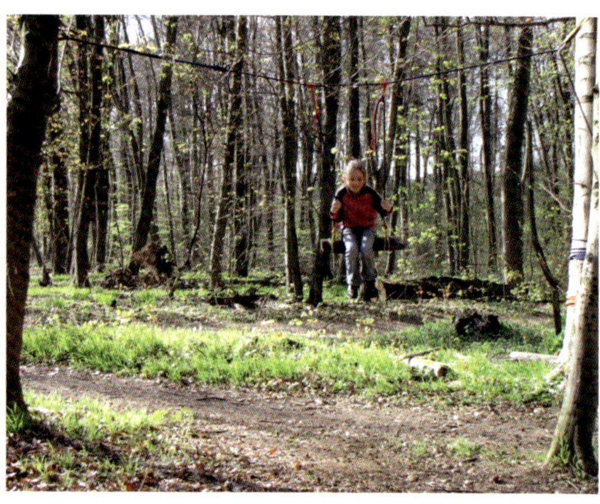

Abb. 171: Schaukel an einem Querseil

Tipp: Es ist einfacher die Abzweigungen vor dem Befestigen des Haupttragseils anzubringen, vor allem wenn dieses recht hoch befestigt werden soll.

2. An zwei Bäumen im geeigneten Abstand wird jeweils ein Tragseil befestigt.[23] Der weitere Grundaufbau erfolgt wie auf S. 72ff. beschrieben.

Die Tragseile laufen bei dieser Technik schräg nach außen, was oft als störend empfunden wird. Abhilfe schafft hier eine deutlich oberhalb des

---

[19] siehe hierzu Heisel 2008, S. 118ff.

[20] Befestigungs- und Spannsysteme siehe S. 117ff.

[21] siehe S. 23 und S. 27, alternativ mit Abseilachter S. 37

[22] Sackstich S. 22, Achterknoten, S. 23, bei der Verwendung einer Rundschlinge mittels Karabiner oder der gesteckten Varianten: Heisel S. 75ff. oder Palstek / Bulin S. 24, eventuell mit Sicherungsschlag S. 22 und S. 25

[23] Entweder mittels Rundschlinge im Ankerstich und Karabiner oder direkt am Baum verknotet (siehe hierzu die Befestigungstechniken bei Seilbrücken auf S. 118ff.) oder mit der in Heisel 2008 auf S. 120ff. beschriebenen Wurftechnik

Schaukelsitzes angebrachte Querverbindung. Dazu knoten Sie mittels Prusikknoten[24] in jedes Tragseil eine 6 mm Reepschnur ein. Der Prusikknoten setzt dabei etwa in der Mitte der Schnur an. Die vier Enden der Reepschnur werden nun gleichzeitig miteinander verknotet.[25] Sollte die Querverbindung zu kurz sein, können Sie eine kurze Rundschlinge oder eine weitere, dop-

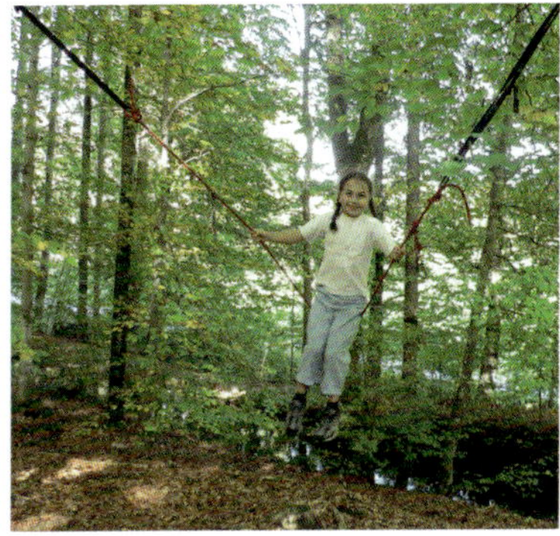

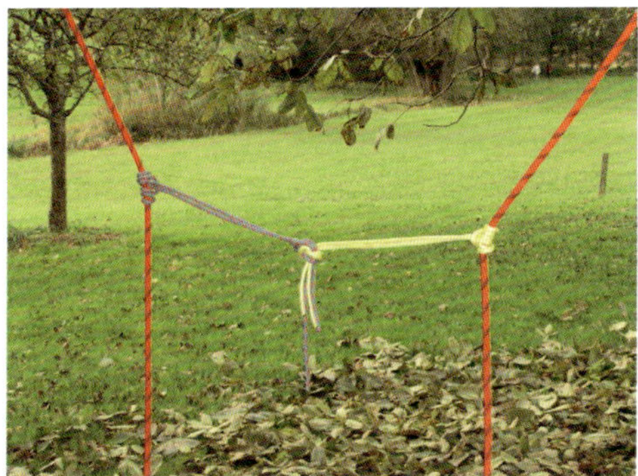

Abb 172 und 173: links: Einfache Schaukel an zwei Bäumen
rechts: So werde die Tragseile zusammengezogen

pelt genommene Reepschnur einknoten.

3. An einem geeigneten Ast bringen Sie eine kurze Rundschlinge an[26] und klinken in diese einen Karabiner ein. Nun wird das Tragseil durch den Karabiner geführt und weiter oben am Baumstamm befestigt[27]. Dabei gilt die Regel: Befestigung des Seiles mindestens so weit oberhalb des Karabiners wie dieser vom Hauptstamm entfernt ist.

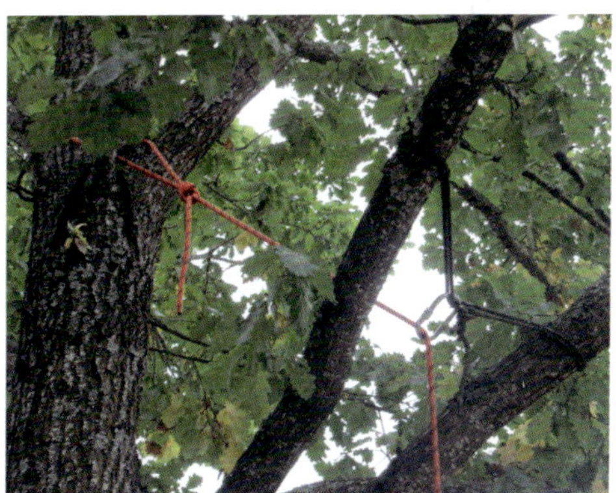

Abb. 174: Befestigung eines Schaukelseils am Hauptstamm danach mittels Schlinge und Karabiner an zwei Ästen nach ausen gelenkt

[24] S. 23
[25] Sackstich oder Achterknoten als Seilverbindungsknoten, S. 22 und S. 23
[26] mittels Ankerstich S. 23
[27] Geeignete Befestigungsmethoden finden Sie im Kapitel „Seilbrücken“ auf S. 117 ff.

Variationen bei der Schaukelaufhängung

Durch Variationen in der Schaukelaufhängung können Sie den Schaukeln unterschiedlichen Charakter geben. In der Regel haben wir an einer Schaukel vier Befestigungsschlaufen. Je nachdem, wie Sie diese Schlaufen am Tragseil befestigen, entstehen sehr unterschiedliche Variationen.

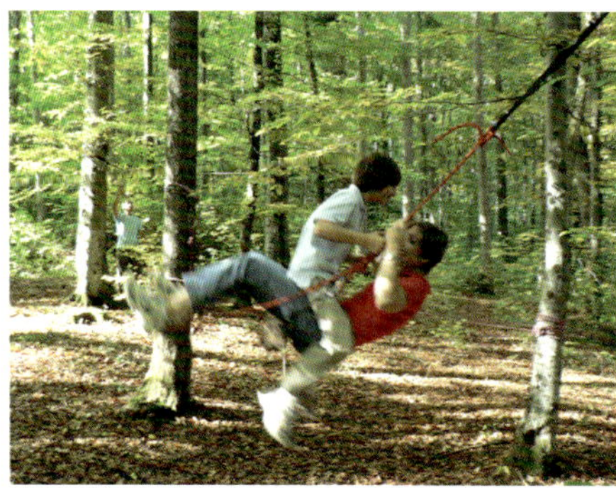

Standardbefestigung

Bei der Standardbefestigung werden die beiden Schlaufen der linken und die zwei Schlaufen der rechten Seite an je einem Tragseil befestigt.

Abb. 175: Zwei Personen auf einer Zweipunktschaukel im Wald

Schaukelrichtung

Eine Veränderung der Schaukelrichtung erhalten Sie, wenn Sie die beiden vorderen und die zwei hinteren Schlaufen einer Schaukelplattform[28] an je einem Tragseil befestigen.

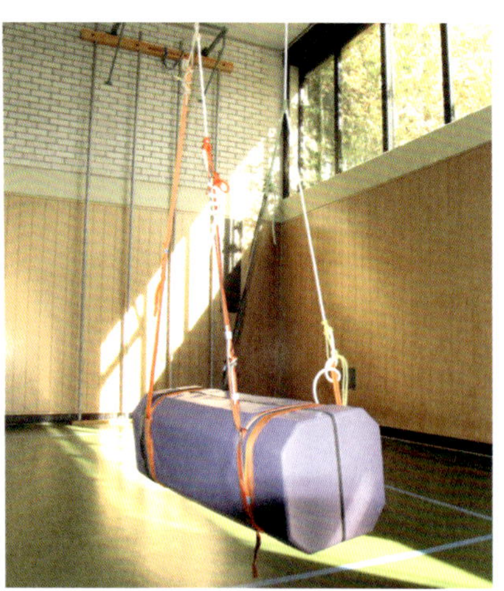

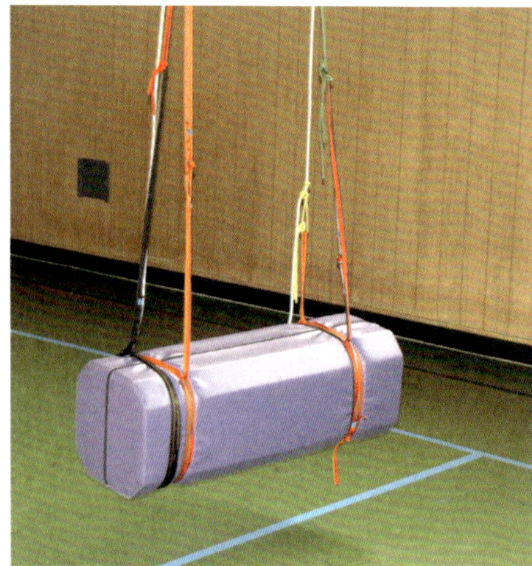

Abb. 176 und 177: Zwei mal dieselbe Schaukel, links längs, rechts quer aufgehängt

[28] sofern diese nicht symmetrisch ist

Kippschaukel

Kippschaukeln erhalten Sie, indem der jeweiligen Schaukelsitz mit Hilfe einer besonders langen Rundschlinge oder entsprechender Seile bzw. Reepschnüre so in einem Karabiner an der höhenverstellbaren Aufhängung am Tragseil[29] befestigt wird, dass die Schaukel bei entsprechender Gewichtsverlagerung kippen kann[30].

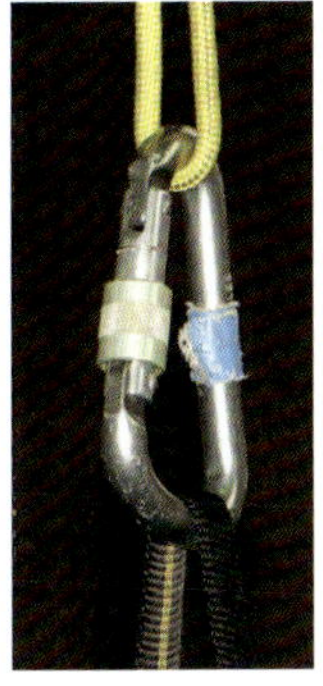

Abb. 178: So kann die Schlinge im Karabiner verrutschen und die Schaukel kippen

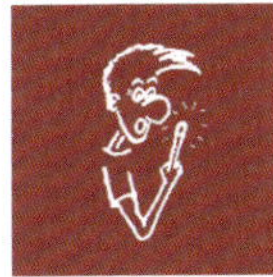

Achtung: Diese Schaukel kippt plötzlich – genau dies macht den Reiz dieser Konstruktion aus. Damit die Sicherheit gewährleistet bleibt, darf mit solch einer Aufhängung keine große Höhe erreicht werden – die Verwendung von Ausschlagbegrenzern (siehe unten) ist unter Umständen notwendig. Dies ist eine der wenigen Schaukeln, unter die ich Matten lege – Weichbodenmatten ermöglichen einen besonders lustvollen Absturz. Der Schaukelsitz sollte aus weichem Material bestehen.

Karussellschaukel

Eine karussellähnliche Schaukel bekommen wir durch das Zusammenfassen der vier Schaukelschlaufen an einem Tragseil.
Die Verwendung eines Schwerlastwirbels[31] erhöht die Drehgeschwindigkeit und schützt die Seile vor Verdrehungen.

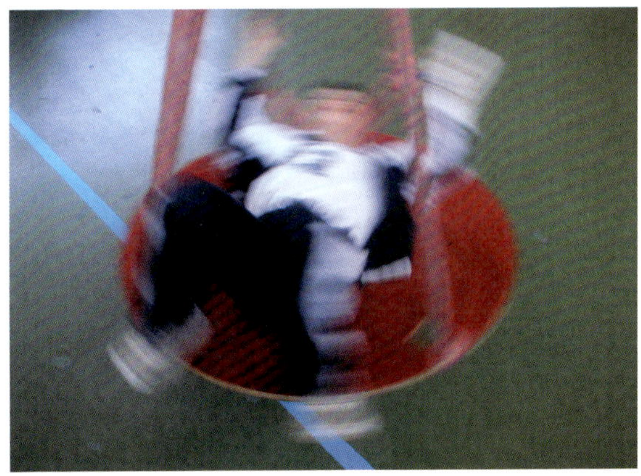

Abb. 179: Von wilden Kindern heiß geliebt: Karussellschaukel mit Drehwirbel

---

[29] siehe S. 72
[30] in der Rodeoschaukel auf S. 91 finden Sie ein Beispiel hierzu
[31] siehe S. 18

Hüpfschaukel

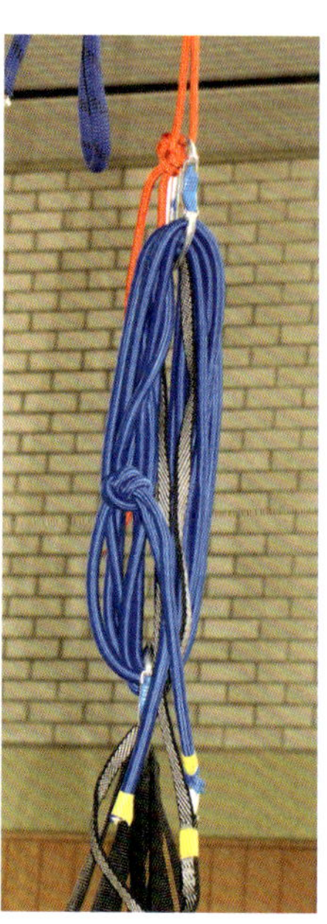

Sie können Gummiseile[32] zwischen Seil und Schaukelschlaufen befestigen. Dadurch erhält die Schaukel eine zusätzliche Bewegungsrichtung nach oben und unten. Ich nehme die Gummiseile bei dieser Konstruktion achtfach! Erst dann entfalten sie den gewünschten Widerstand.
Im Fachhandel gibt es für diesen Einsatzzweck spezielle Federn mit Schutzhülle

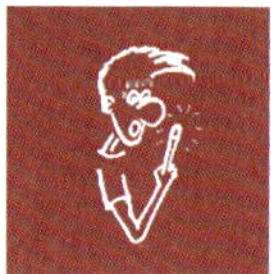

Achtung: Gummiseile haben keine genormte Bruchlast. Zur Sicherheit empfehle ich die Hintersicherung der Aufhängung mit einer entsprechend langen[33] Rundschlinge.

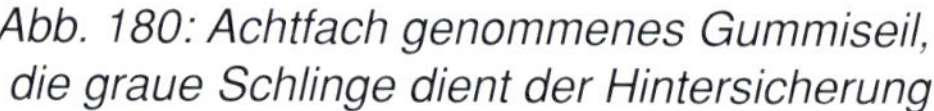

Abb. 180: Achtfach genommenes Gummiseil, die graue Schlinge dient der Hintersicherung

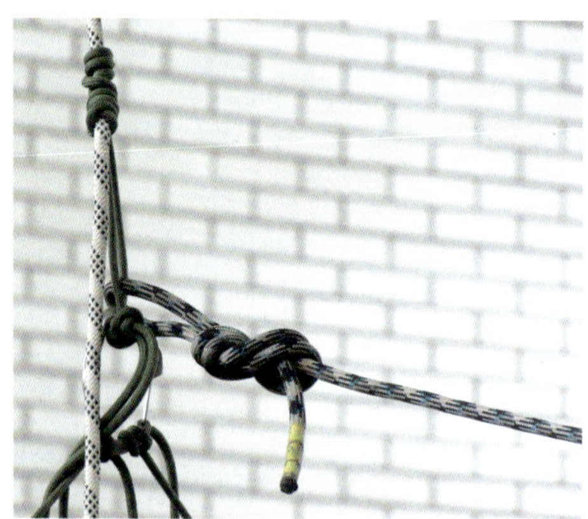

Abb. 181: Befestigung eine Seiles zur Ausschlagbegrenzung

Ausschlagbegrenzung

Ausschlagbegrenzer sind Seile, die oberhalb einer Schaukel angebracht werden und quer zu einer entsprechenden Befestigungsmöglichkeit hin gezogen und an dieser befestigt werden. Damit lässt sich der Schaukelausschlag in die der Spannrichtung entgegengesetzte Richtung begrenzen. Gleichzeitig wird der Schaukelcharakter deutlich verändert. Durch den Einsatz mehrer Ausschlagbegrenzer lässt sich die Schaukelhöhe in hohen Räumen einschränken. Bringen Sie die den Schaukelausschlag begrenzenden Seile so hoch wie möglich an, damit sich niemand in diesen verheddern kann.

[32] verwenden Sie möglichst dicke Gummiseile – sie erhalten diese z. B. in Baumärkten
[33] die Länge der Schlinge ist abhängig vom Gewicht der Schaukelnden, der Zugkraft der verwendeten Gummiseile und der gewünschten Hüpfhöhe

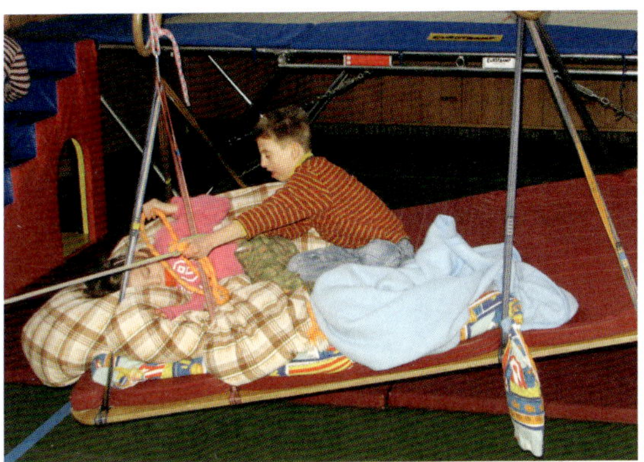

Abb. 182: Damit lassen sich auch große Schaukeln selbständig in Schwingung versetzen: Zugseil

Zugseile

Zugseile sehen auf den ersten Blick wie die oben beschriebenen Ausschlagbegrenzer aus. Nur wird hier das eine Ende des Seiles entweder in Greifhöhe an der Schaukel befestigt oder nur lose auf dieser abgelegt. Nun können sich die Schaukelnden durch Zug an diesen selbstständig in Bewegung setzen.

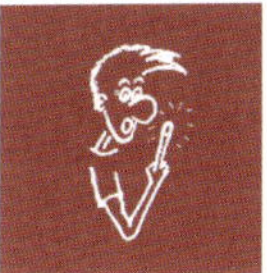

Achtung: In den losen Zugseilen kann man sich leicht verheddern – das ist besonders kritisch, wenn das Seil im Halsbereich geführt wird. Ebenso gilt es, das Risiko von Verbrennungen zu beachten, wenn jemand ein Seil schnell durch seine Hand rutschen lässt.

Vier Tragseile

Die Befestigung einer Schaukel an vier Tragseilen verändert deren Charakter erheblich. Werden die vier Tragseile an einem Punkt befestigt, dreht sich die Schaukel. An vier Punkten aufgehängt, geschehen je nach Abstand dieser Punkte zueinander unterschiedliche Dinge, die eine entsprechende Anpassungsleistung der Schaukelnden erfordert. Die Schaukel wird sehr stabil oder bei besonders weiten Abständen der Befestigungspunkte zueinander, extrem kippelig – und alles was dazwischen liegt.[34]

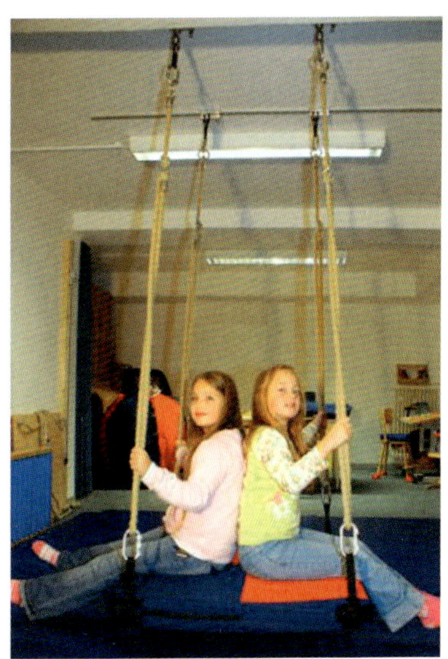

Abb. 183: Vierpunktschaukel

[34] Detaillierte Informationen zu dieser Befestigungstechnik finden Sie bei der „Magic Plate" auf S. 95

Mehrfachschaukeln

In der Natur können Sie bei der Verwendung eines quer gespannten Haupttragseils[35] mehrere Schaukeln nebeneinander an diesem befestigen. Die Schaukeln werden sich beim Schwingen gegenseitig beeinflussen. Je lockerer das Haupttragseil gespannt ist, desto größer ist der Effekt. In einem Raum benötigen Sie dazu besonders stabile Wandbefestigungen und eine große Deckenhöhe.

Achtung: Sorgen Sie für ausreichend großen Abstand der Schaukeln zueinander, damit es nicht zu Kollisionen kommt.

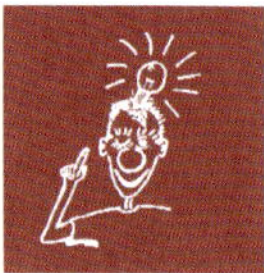

Tipp: Eine gute, ausreichend hohe Haushaltsleiter erleichtert den Aufbau von Schaukeln sehr – manche Aufbauten sind erst damit zu realisieren[36].

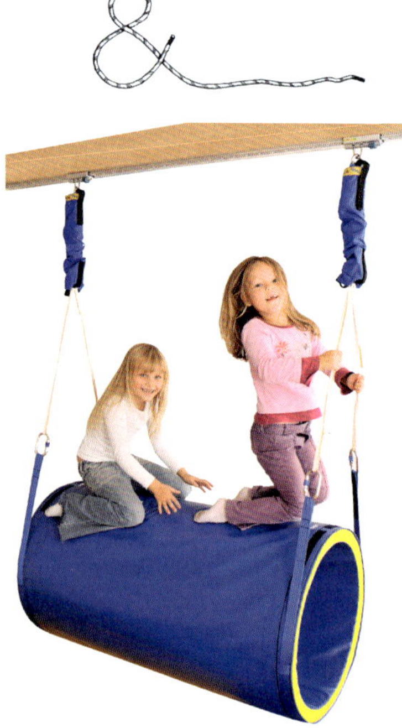

Abb. 184: Schaukeln macht Spaß

[35] siehe S. 80

[36] und für manche benötigen Sie sogar eine Bockleiter die bis zur Decke reicht

neue Schaukeln

Die folgenden Seiten zeigen Ihnen einige neue Schaukelaufbauten. Auf detaillierte Materialangaben wie im ersten Band habe ich dieses Mal verzichtet, da es meistens mehrere Aufbaumöglichkeiten gibt. Anhand der Fotos, der Kurzbeschreibung und mit Ihren Erfahrungen durch den Nachbau der Schaukeln des ersten Bandes[1] finden Sie sicher die für Sie passende Aufbaumethode.

Peters Aktivschaukel

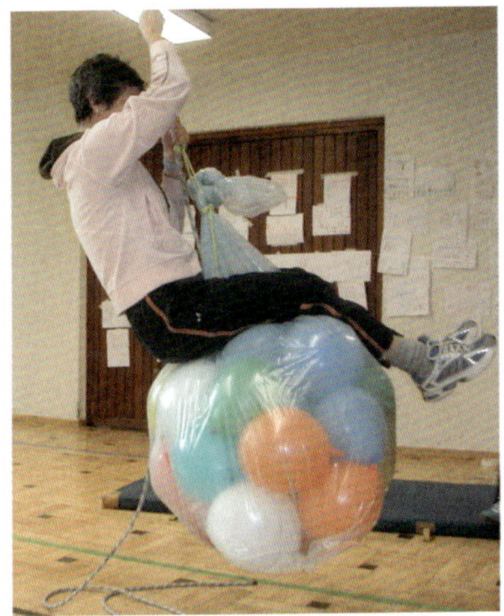

Abb. 185: Mit Luftballons gefüllter, sehr stabiler Kunststoffsack

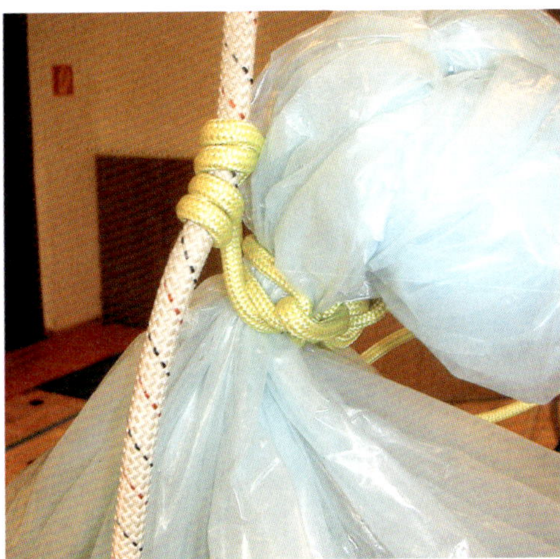

Abb. 186: Befestigung der Reepschnur

Füllen Sie einen stabilen Sack[2] mit weichem Füllmaterial[3]. Nachdem die Reepschnur am Tragseil befestigt wurde, werden deren beide Enden entgegengesetzt um den oberen Teil des Sackes geschlungen und miteinander verknotet.

Tipp: besuchen Sie einen Fachhandel für Verpackungsmaterial. Dort finden Sie unter anderem stabile Kunststoffsäcke und Füllmaterialien.

1 siehe: Axel Heisel: Schaukeln, Seilbrücken, Hangeln & Co., S. 113ff.

2 großer, stabiler Plastiksack, Rupfensack, Bettbezug

3 Luftballons, zerknülltes Zeitungspapier, Bälle aus dem Kugelbad, Klopapierrollen, Dämmmaterial aus der Verpackungsindustrie, Schaumstoffreste usw.

Minitrampschaukel

Das Trampolin wird mit am Rahmen befestigten Rundschlingen aufgehängt.

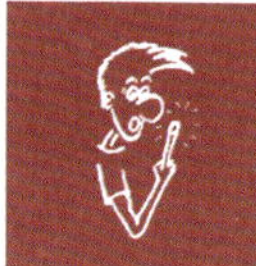

Achtung: Das Minitrampolin ist, vor allem wenn mehrere Personen auf diesem sitzen, sehr schwer:

- Möglichst hoch aufhängen, damit eine aus der Schaukel gestürzte Person nicht von dieser getroffen wird.
- Fitnesstrampoline sollten wegen ihrer spitzen Rohrfüße nicht verwendet werden.

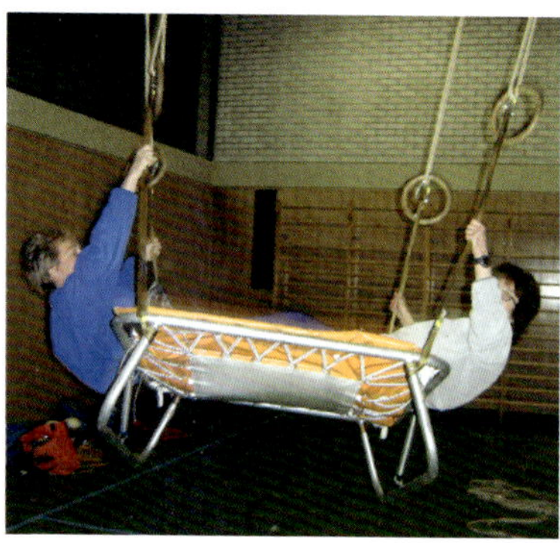

Abb. 187: Minitrampolinschaukel

Schaukelstuhl

Die Rundschlingen werden mittels Ankerstich[4] an je einem Stuhlbein befestigt. Nun werden diese in die am Seil befestigten Reepschnüre eingeknotet. Dadurch lässt sich der Stuhl in jede gewünschte Richtung justieren.

Achten Sie darauf, dass der verwendete Stuhl ausreichend stabil ist und möglichst keine scharfen Kanten aufweist.[5]

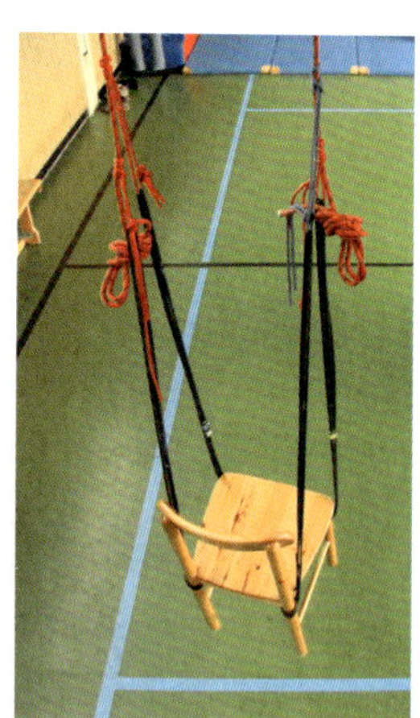

Abb. 188: Schaukelstuhl

---

[4] S. 23

[5] die Fußenden des Stuhls stellen allerdings immer eine Gefahr dar – weisen Sie darauf hin!

Schaukeltuch

Schaukeltücher sind fest vernähte Tücher aus stabilem Stoff. An jeder Ecke des Tuches ist eine stabile Schlaufe angenäht. Es gibt sie in verschiedenen Größen. Die Schlaufen des Tuches werden direkt in die Prusikschlingen eingeknotet.

Variationen:

- Je nachdem ob 1, 2 oder 4 Tragseile verwendet werden, entstehen unterschiedliche Schaukelcharaktere.
- Liegen die vier Befestigungspunkte sehr weit auseinander, entsteht eine Art Riesenhängematte. Diese kann auch als Ruheplattform in einen Seilgarten[6] eingebunden werden.
- Mit einer eingelegten Weichbodenmatte bekommt das Schaukeltuch eine ganz neue Qualität.

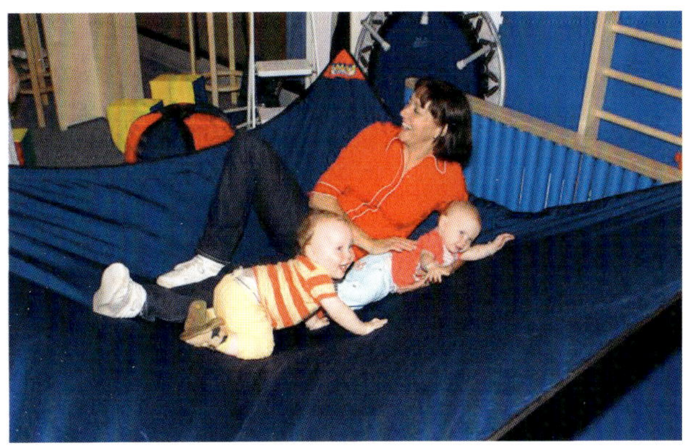

Abb. 189: Schaukeltuch als Riesenhängematte

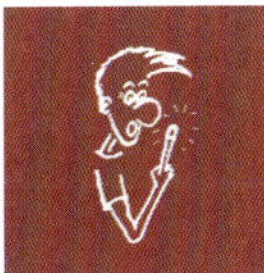

Achtung:

- In große Tücher passen viele Personen auf einmal hinein. Die Befestigungspunkte müssen auf diese Last ausgelegt sein[7].
- Bei einem Aufbau als Plattform entsteht in der Mitte eine Kuhle, in die alle hineinrutschen. Ohne Schuhe ist die Verletzungsgefahr geringer.

---

[6] vgl. hierzu Heisel 2008 S. 188ff.

[7] zu den Kräften siehe S. 12, Schwerlastanker und –systeme siehe S. 74ff.

Transportsackschaukel

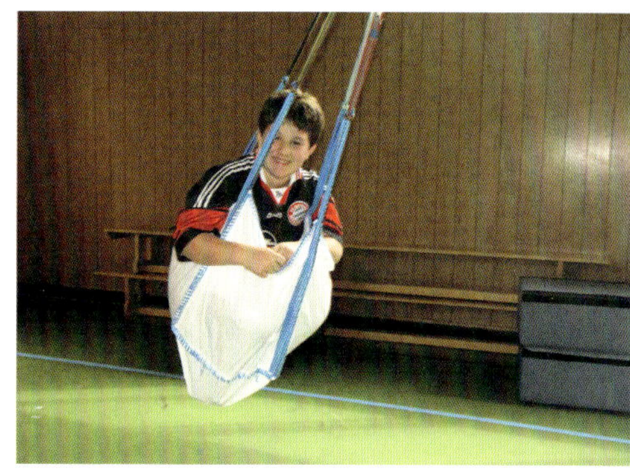

Abb. 190: eine Transportsackschaukel gibt viel Halt

Transportsäcke aus dem Baugewerbe sind sehr stabil. Der Transportsack wird an seinen Befestigungsschlaufen aufgehängt.

Variationen:

- Sackschleuder: Alle Schlaufen werden an einem Seil befestigt. Ein Drehwirbel sorgt für noch mehr Schwung.[8]
- Bodenplatte: Durch das Einlegen einer entsprechend großen Bodenplatte[9] wird die Schaukel in sich stabiler.
- Hochplattform: wenn Sie die vier Ecken des Transportsackes an vier möglichst weit entfernten Fixpunkten befestigen, erhalten Sie eine stabile Hochplattform mit Rand, welche als „Hochhaus“ zu vielfältigen Spielen anregt.

Höhlenschaukel

Zwei lange Rundschlingen werden als Ankerstich[10] um die „Hamsterrolle“ (S. 69) gelegt und diese in das Justiersystem eingeknotet[11].

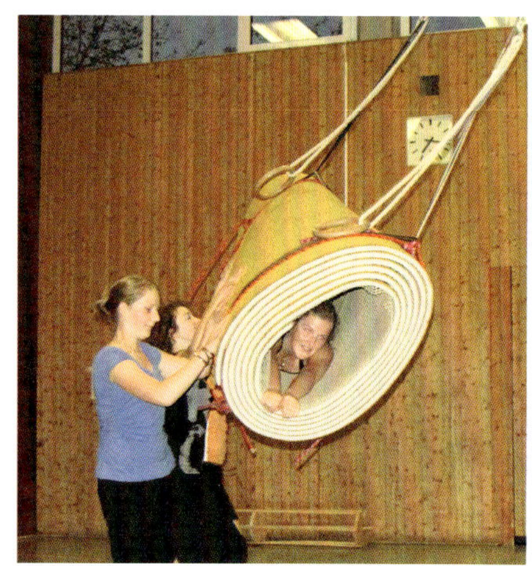

Abb. 191: Höhlenschaukel

---

[8] siehe Karussellschaukel, S. 83

[9] diese können Sie aus einer 21 mm Multiplexplatte selbst herstellen. Mit entsprechenden Löchern versehen erhalten Sie gleichzeitig eine Schaukelplattform – siehe hierzu auch: Heisel 2008, S. 124f.

[10] S. 23

[11] siehe S. 72

Rodeoschaukel

Die Rodeoschaukel ist eine der wenigen Schaukeln, unter die Sie unbedingt Matten legen müssen: eine Weichbodenmatte in die Mitte und außen herum Turnmatten – denn Herunterfallen ist hier der Reiz.
Die Rolle[12] wird mittels Rundschlingen so in die Karabiner eingehängt, dass sich die Rundschlingen in diesen bewegen können.

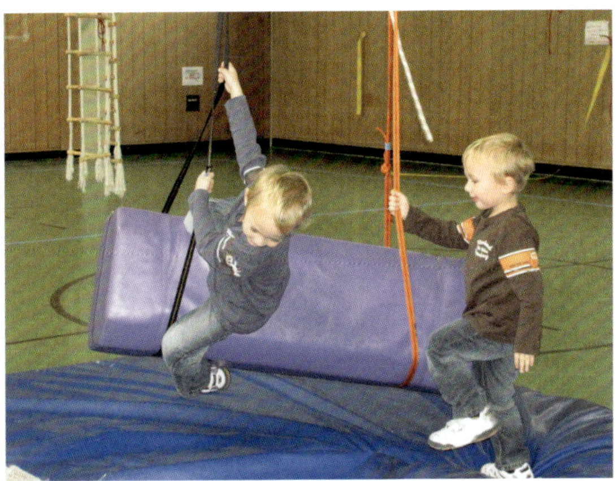

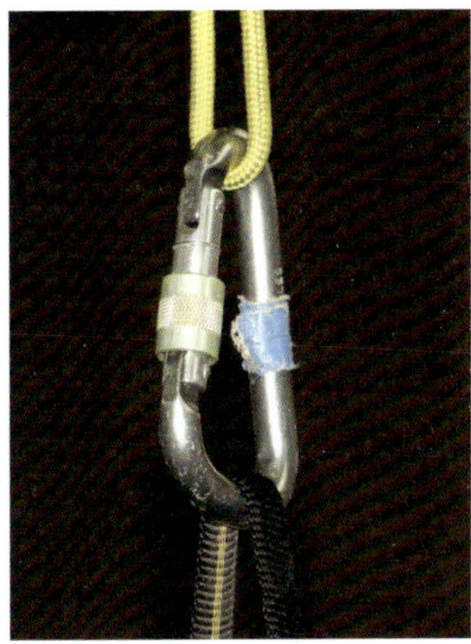

Abb. 192 und 193: links: Rodeoschaukel, rechts: Verrutschen der Schlinge gewollt

Fahrradschaukel

Zuerst befestigen Sie ein ca. ein Meter langes und ausreichend stabiles Rundholz am Rahmen des Fahrrades, etwa im Bereich hinter und unterhalb des Sattels. Hierzu verwenden Sie eine Reepschnur: Einfach wickeln und die Enden mit einem Kreuzknoten[13] oder mehreren Halben Schlägen[14] sichern. Jetzt werden die Rundschlingen an den beiden Enden des Rundholzes und neben den Griffen des Fahrradlenkers befestigt. Der Prusikknoten[15] hält die Rundschlingen sicher an der gewünschten Position. Nun müssen Sie die Rundschlingen noch in die Reepschnüre am Tragseil einknoten und die Höhe justieren.

---

[12] ideal ist eine gepolsterte und ausreichend steife Rolle aus dem Therapiebedarf. Alternativ kann ein großes Abwasserrohr aus Kunststoff (Baumarkt) mit Isomatten oder ähnlichem umwickelt werden – Kanten müssen unbedingt gepolstert sein! Tipp: Versuchen Sie es einmal mit einem aufgewickelten alten Läufer (ich meine hier den langen Teppich und stelle mich, obwohl begeisterter Jogger, für anderweitige Experimente nicht zur Verfügung ;-)).

[13] S. 24

[14] S. 25

[15] S. 23

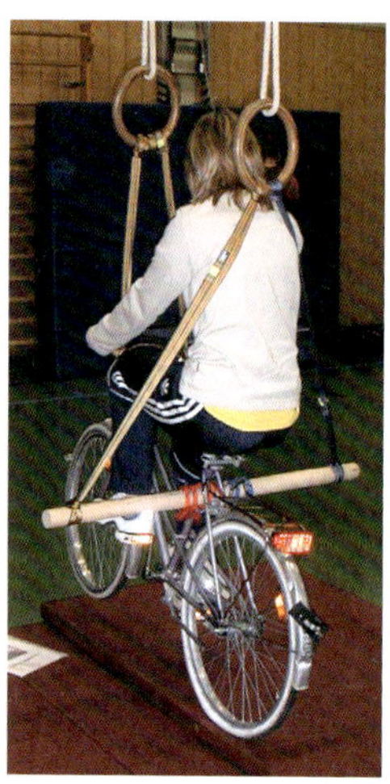

Wenn das Hinterrad des Fahrrads die untergelegten Matten gerade berührt kann man durch kräftiges Treten der Pedale die Schaukel in Bewegung setzten[16].

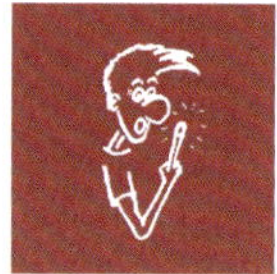

Achtung: Durch den Lenkerausschlag kann das Fahrrad plötzlich kippen – deshalb lege ich bei dieser Schaukel ausnahmsweise Matten unter.

Abb. 194: Fahrradschaukel

Rundlauf

Für den Rundlauf hängen Sie einen Drehwirbel entweder direkt oder mit Hilfe einer Rundschlinge in die Deckenaufhängung[17] ein.

Im Wirbel werden 4 Seile eingeknotet, eventuell sind zusätzliche Karabiner erforderlich, um genug Platz in der Öse zu schaffen.

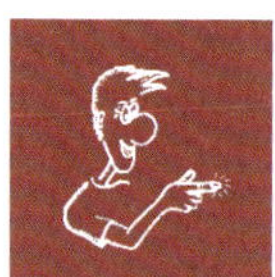

Tipp: Bei langen Seilen machen Sie den Knoten in der Mitte und hängen diesen mit Karabinern in die große Öse des Wirbels ein.

Jetzt können Sie in die Seile dicke Knoten machen, welche das Halten erleichtern, oder Sie bauen nach dem bekannten Prinzip Halte- oder Sitzmöglichkeiten ein.

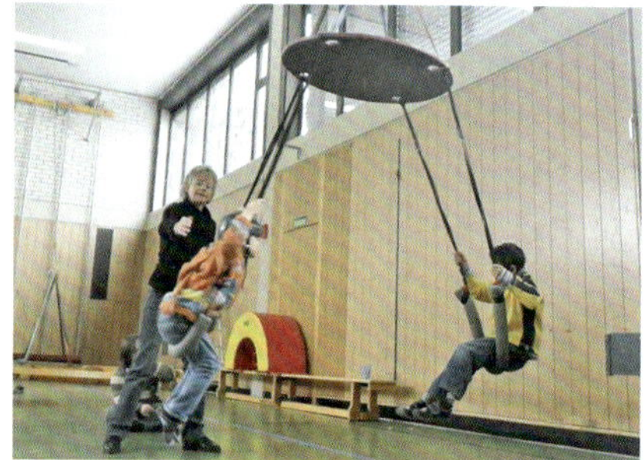

Abb. 195: Rundlauf als Karussel

Variation:

- Vor allem bei nicht ganz so hohen Räumen empfiehlt sich das Einbinden einer Schaukelplattform in großer Höhe, diese wirkt als Spreize.

[16] die Fahrradreifen werden dabei allerdings schwarze Spuren auf den Matten hinterlassen
[17] diese muss besonders stabil sein, da beim Rundlauf hohe Kräfte entstehen

Partnerschaukel nach Kükelhaus

„Das Leben ist Schwingung“

Hugo Kükelhaus

Die Partnerschaukel ist eine der vielen von Hugo Kükelhaus entwickelten Schaukelmöglichkeiten. Charakteristischerweise werden die beiden Tragseile zweier sich gegenüberliegender Schaukeln mit Hilfe zweier Seile miteinander verbunden. Dadurch beeinflussen sich die beiden Schaukeln gegenseitig.

Für die Partnerschaukel benötigen Sie zwei, in einem Abstand von einigen Metern parallel gegenüber liegende Schaukelbefestigungsmöglichkeiten. Zuerst bauen Sie an diese jeweils eine einfache Schaukel Ihrer Wahl.

Nun müssen die sich jeweils gegenüberliegenden Tragseile der einen Schaukel – etwa in der oberen Hälfte – mit denen der anderen verbunden werden. Am einfachsten geht dies mit zwei entsprechend langen Reepschnüren (6 mm). Diese Knoten Sie mit dem gesteckten Prusikknoten an die Tragseile der Schaukeln ein[18]. Dadurch können Sie Befestigungshöhe und Vorspannung der Verbindungsschnüre stufenlos verstellen.

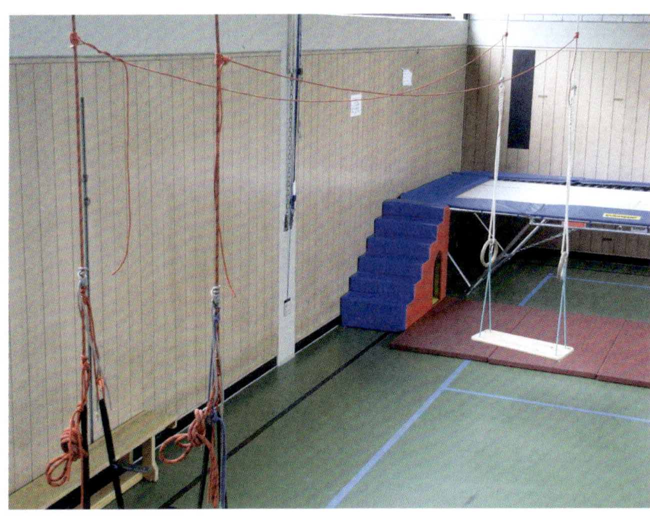

Abb. 196: Partnerschaukel nach Kükelhaus

[18] der Knoten muss hintersichert werden, siehe S. 22 oder 25

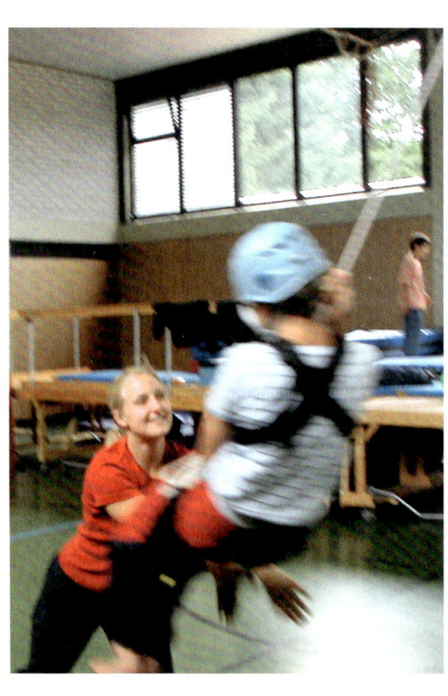

Gurtschleuder

Der oder die Schaukelnde zieht sich einen Klettergurt[19] an. Die Prusikschlinge des Tragseils wird in die Anseilschlaufe des Klettergurtes eingeknotet.[20] Nun stellen Sie die gewünschte Höhe ein, dabei ist ein Schemel oder ähnliches sehr hilfreich. Mit dem Ende des Tragseiles[21] können Sie den Schaukelnden nun mehr oder weniger wild herumschleudern.

Abb. 197: Schaukel für die wilden …, der Helm ist nicht wirklich nötig …

Mauerläufer

Für den Mauerläufer benötigen Sie eine möglichst hohe Wand. Die Aufhängung ist idealerweise ca. 20 – 30 cm von der Wand entfernt an der Decke angebracht.[22] Die Wand muss hindernisfrei sein, es dürfen sich auf keinen Fall Fensterscheiben in der Reichweite des Mauerläufers befinden.

Der oder die zu Schaukelnde zieht sich einen Klettergurt[23] an. Die Prusikschlinge des Tragseils wird in die Anseilschlaufe des Klettergurtes eingekno-

[19] bei der alleinigen Verwendung eines Sitzgurtes muss der Körper mit reiner Muskelspannung aufrecht gehalten werden – für Menschen, die damit Mühe haben (z. B. kleine Kinder), empfiehlt sich die zusätzliche Verwendung eines Brustgurtes (oder ein Kinderkomplettgurt)

[20] – ein Karabiner mit Verschluss erspart das ständige Ein- und Ausknoten.
– statt der Reepschnur können Sie ein Gri-Gri (siehe S. 18) verwenden, dieses erleichtert den Ablauf enorm

[21] falls das Seil dazu nicht lang genug ist, knoten Sie einfach ein kurzes Seil an

[22] bei hohen Räumen (Turnhallen) kann die Befestigung auch an der Wand erfolgen

[23] bei der alleinigen Verwendung eines Sitzgurtes muss der Körper mit reiner Muskelspannung aufrecht gehalten werden – für Menschen die damit Mühe haben (z. B. kleine Kinder) empfiehlt sich die zusätzliche Verwendung eines Brustgurtes (oder ein Kinderkomplettgurt) – achten Sie beim Mauerläufer auf einen tiefen Anseilpunkt, damit die Füße zur Wand gezogen werden

tet.[24] Nun stellen Sie die gewünschte Höhe ein, dabei ist ein Schemel oder ähnliches sehr hilfreich.

Nun kann der Mauerläufer an der Wand entlang laufen![25]

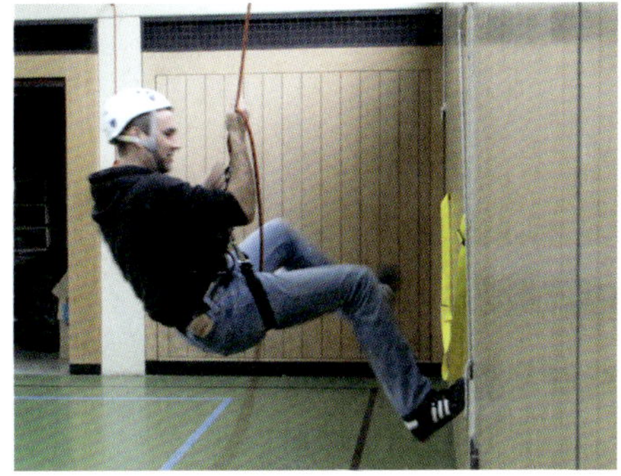

Abb. 198: Mauerläufer

Magic Plate

Die „Magic-Plate" zeichnet sich durch ihre besonders hohe Variabilität aus. Durch unterschiedliche Aufhängetechniken bekommt diese Schaukel immer wieder einen anderen Charakter. Dies erfordert differenzierte Anpassungsleistungen von Seiten des Schaukelnden.

Die Schaukelplatte selbst wird aus einer „Multiplexplatte" der Stärke 19 – 22 mm hergestellt. Stimmen Sie die Größe auf Ihre Zielgruppe ab.[26] Vorsicht: große Platten sind sehr schwer, dadurch steigt die Verletzungsgefahr wenn jemand nach einem Sturz von dieser getroffen wird. Die Platte bekommt an jeder Ecke ein Loch mit einem Durchmesser von ca. 60 mm. An diesen werden die Rundschlingen zur Aufhängung befestigt.[27]

Um die „Magic-Plate" in ihrer ganzen Variation einzusetzen zu können, benötigen Sie ein Aufhängesystem, welches vier Aufhängemöglichkeiten in unterschiedlichen Abständen zueinander ermöglicht.[28] Je nach Wahl des Abstandes der Befestigungspunkte zueinander, erhalten Sie entweder eine stabile Plattform, eine Plattform, die bei Belastung in den Randbereichen plötzlich kippt, eine Schaukel, ein Karussell – oder, bei stufenlosen Verstellmöglichkeiten, jegliche Art dazwischen.

Durch die Auflage einer Anti-Rutsch-Matte, wie sie im Haushalt unter Teppiche gelegt wird, können Sie die glatte Oberfläche der Platte rutschfest

---

[24] – ein Karabiner mit Verschluss erspart das ständige Ein- und Ausknoten.
– statt der Reepschnur können Sie ein Gri-Gri (siehe S. 18) verwenden, dieses erleichtert den Ablauf enorm

[25] da sich hierbei oft unerwünschte Drehungen ergeben, empfehle ich die Verwendung eines Helmes um den Kopf zu schützen

[26] ich verwende für Kinder und Jugendliche im Schulalter eine Platte der Größe 80 x 80 cm

[27] vgl. hierzu auch: Heisel 2008, S. 124 f.

[28] ein kreuzförmig angebrachtes Rohrsystem ist hier ideal, es ermöglicht die stufenlose Variation der Befestigungspunkte, siehe hierzu: S. 78

machen – allerdings: für manche Menschen hat gerade die rutschige Oberfläche ihren besonderen Reiz.

Wenn die Deckenbefestigungen bei einer Vierpunktschaukel weiter auseinander liegen als die Befestigungspunkte an der Schaukelplatte wird das System zunehmend kippelig. Mit Hilfe von Reepschnüren, welche an den Tragseilen mittels Prusikknoten befestigt und untereinander verknotet werden, haben Sie zusätzlichen Einfluss auf den Charakter der Schaukel. Durch unterschiedliches Verknoten der Enden der Reepschnüre haben Sie die Möglichkeit die Tragseile an einer bestimmten Stelle zueinander zu ziehen – was wiederum den Charakter der Platte verändert.

Der Reiz der Magic-Plate liegt in ihrer nahezu unendlichen Variationsmöglichkeit. Dadurch werden immer wieder neue Anpassungsreaktionen gefordert, welche durch ausschließliches Betrachten des Systems kaum vorherzusagen sind. Das Erlernen der notwendigen psychomotorischen Reaktionen erfolgt hier in hohem Maße durch Versuch – Erfolg bzw. Irrtum.

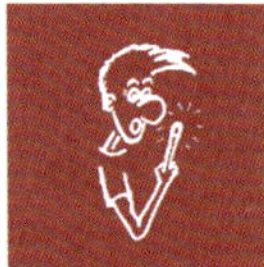

Irrtum bedeutet in diesem Fall: Sturz von der Platte. Deshalb gehören unter diese Schaukel ausnahmsweise Matten – und zwar gute! Und denken Sie daran: Je höher die Schaukelplatte hängt, desto geringer ist die Gefahr nach einem Sturz von ihr getroffen zu werden.

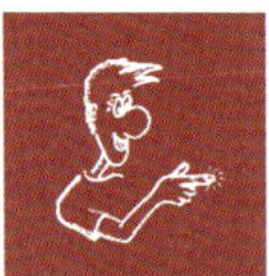

Tipp: Bekleben Sie bei Bedarf die Ränder der Platte mit Isolierrohren[29] aus dem Baumarkt. Durch die weiche Polsterung sind Treffer weniger schlimm.

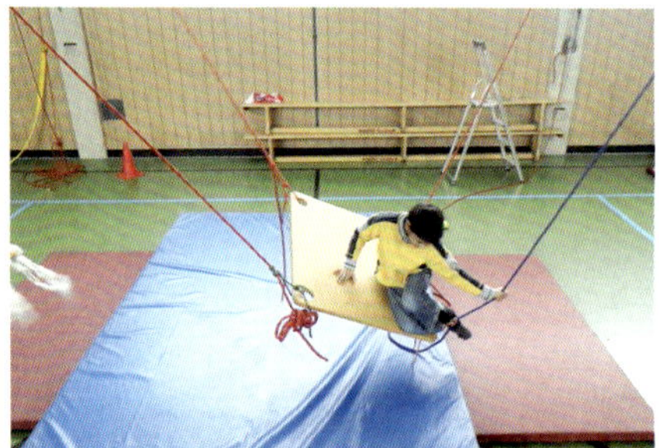

Abb. 199: eine sehr instabile Platte

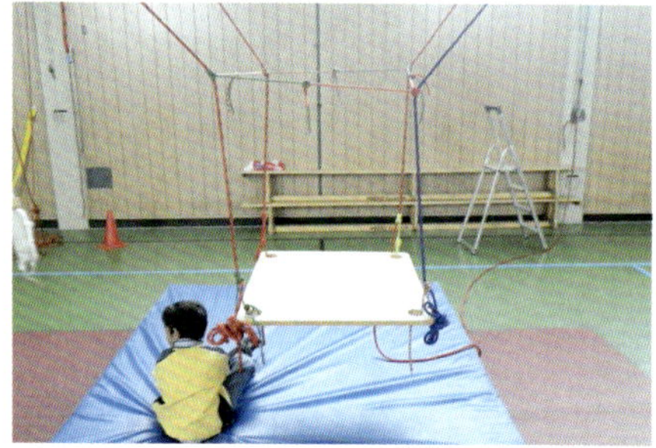

Abb. 200: duch die Querverbindungen hängt die Platte deutlich stabiler

[29] Diese Isolierrohe sind aus dichten Schaumstoff gefertigt. Es gibt sie in unterschiedlichen Stärken in einer Länge von einem Meter. Dieses preiswerte Material lässt sich nicht nur zur Polsterung von Schaukeln einsetzen … (ich liebe Schwertkämpfe ;-))

Baumstammreitschaukel

– eine Schaukel für Draußen[30]

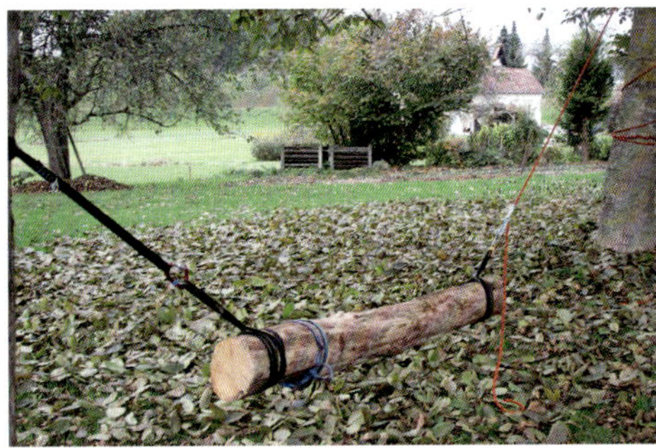

Abb. 201: Baumstammreitschaukel

Zuerst sägen Sie den Baumstamm auf die erforderliche Länge zu: Abstand der Befestigungsbäume minus 1 bis 2 Meter.
Die Tragseile werden in niedriger Höhe (ca. 1 – 1,5 Meter) an den Bäumen fixiert und die kurzen Schlingen zur Höhenjustierung an den Seilen befestigt[31].
Jetzt die langen Schlingen an den Enden der Baumstämme mittels Prusikknoten anbringen und diese in die Befestigungsschlingen einhängen.
Zuletzt das ganze System justieren.

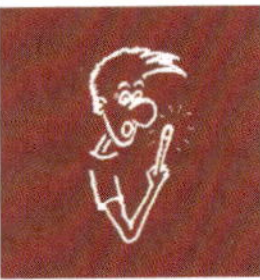

Achtung: Es dürfen keine großen Ausschläge möglich sein![32] Das System dient eher dem kleinräumigen hin und herwippen als dem Schaukeln. Auf keinen Fall darf der Baumstamm den Baum berühren oder diesem so nahe kommen, dass Einklemmgefahr besteht! Hierzu muss die Befestigungshöhe am Baum so niedrig wie möglich gewählt werden.

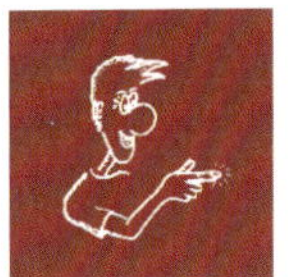

Tipp: Wenn Sie die Baumstammschaukel immer wieder an der gleichen Stelle aufbauen, lohnt es sich statt der Seile, zwei auf die örtlichen Verhältnisse abgestimmte Rundschlingen zu verwenden. Der Aufbau geht damit bedeutend schneller!
Die Arbeitslänge der jeweiligen Rundschlingen ermitteln Sie folgendermaßen: Baumumfang in der gewünschten Befestigungshöhe + Strecke zwischen Karabiner und Fixierung am Baum.
Sollte keine vernähte Rundschlinge in dieser Länge erhältlich sein, können Sie diese aus offenem Bandmaterial selbst knoten.[33] Hierzu nehmen Sie die errechnete Länge mal zwei und geben noch einen Meter für den Knoten hinzu.

---

[30] bei den Schaukeln für Draußen wurden die notwendigen Tragseile in die Materialliste aufgenommen

[31] Kreuzklemmknoten S. 27 oder Prusikknoten S. 23

[32] Verbot von großen, schwingenden Geräten durch die Unfallkassen, vgl. hierzu: Heisel 2008, S. 147 und Bundesverband der Unfallkassen 1996, S. 17 ff.

[33] Bandschlingenknoten S. 26, zur Problematik der selbst geknoteten Rundschlingen siehe: Heisel 2008, S. 45 f.

Stockdreieck

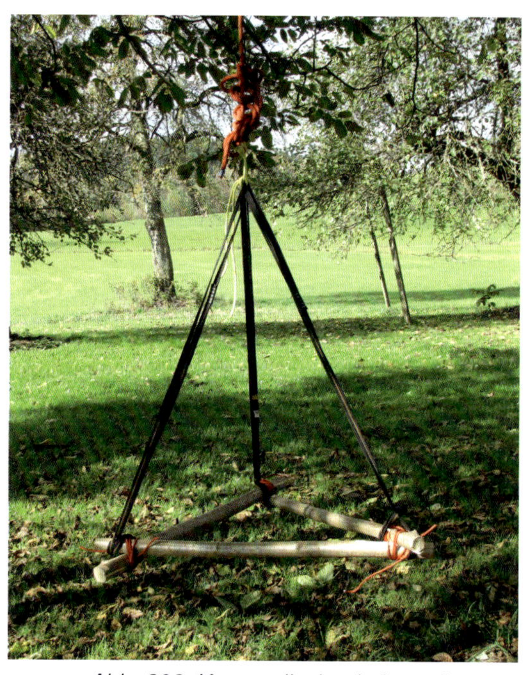

Abb. 202: Karussellschaukel aus Stöcken

Legen Sie die Stöcke so zu einem Dreieck, dass sich deren Enden deutlich überschneiden. Nun fixieren Sie die Stöcke aufeinander, indem Sie die Reepschnur um die Überkreuzungen wickeln. Wenn etwa die Hälfte der Reepschnur verbraucht ist, wird die Wickelrichtung um 90° verändert. Die Enden werden mittels Kreuzknoten[34] miteinander verbunden. Diesen Vorgang wiederholen Sie bis das Dreieck zusammengefügt ist. Nun werden an den Ecken die Rundschlingen befestigt und durch eine Reepschnur am Tragseil fixiert.[35]

Das Stockdreieck kann von drei Personen gleichzeitig benutzt werden. Ein Wirbel erhöht den Karussellcharakter[36].

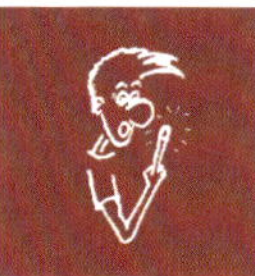

Achtung: Die Enden der Hölzer müssen stark abgerundet sein um die Verletzungsgefahr zu minimieren. Bei Bedarf können diese auch mit alten Lappen und ähnlichem umwickelt werden.

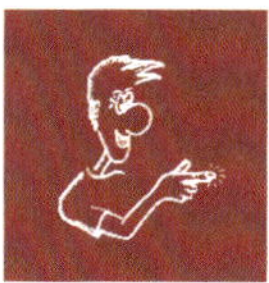

Tipp: Die Verbindung der Stöcke wird stabiler, wenn Sie deren Enden mit Hilfe einer Säge oder eines Beils auf der einen Seite oben, auf der anderen unten etwas abflachen.

[34] S. 24
[35] Grundaufbau siehe S. 72
[36] siehe S. 83

Improvisierte Hängematte

Sie benötigen ein ausreichend großes und stabiles Tuch oder eine entsprechende Gewebeplane[37]. Machen Sie in die beiden kurzen Seiten jeweils einen Knoten. Sollte die Plane dazu zu groß oder das Tuch zu kurz sein, können Sie jeweils einen Tennisball oder einen entsprechenden Stein in die Mitte der kurzen Seite legen und diesen damit einschlagen. Nun wird hinter der entstandenen Verdickung jeweils eine Reepschnur eingeknotet[38] – immer in der Mitte der Reepschnur beginnen, damit Sie zwei etwa gleichlange Enden erhalten.

In die vorher an den gewünschten Befestigungspunkten angebrachten Seile knoten Sie das Verstellsystem[39] ein. Nun werden auf jeder Seite die vier Enden der Reepschnüre gleichzeitig miteinander verknotet[40]. Höhe einstellen: viel Vergnügen.

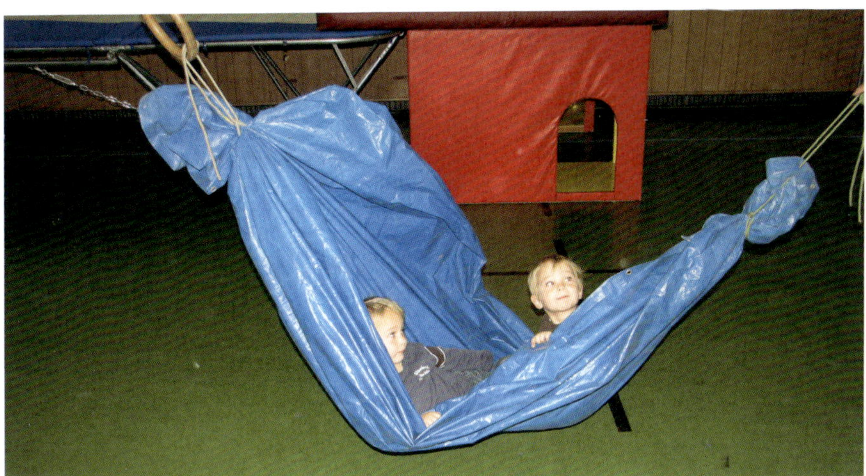

Abb. 203: Imporvisierte Hängematte aus einer Abdeckplane

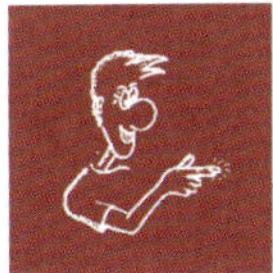

Tipp: Hängematten sind bequemer wenn sie stärker durchhängen. Dazu müssen die Seile sehr weit oben befestigt werden.

[37] Informationen zu Planen und Tarps finden Sie in: Heisel 2008, S. 157f.
[38] Wickeltechnik (S. 24) oder Mastwurf / Weblein (S. 24) oder Ankerstich (S. 23)
[39] siehe S. 72
[40] Sackstich als Seilverbindungsknoten, S. 22

Naturhängematte

– eine Schaukel für Draußen[41]

Für die Naturhängematte sägen Sie zuerst einige ausreichend stabile Äste auf die gewünschte Länge. Diese werden nun mittels Blindschlag[42] in die Seile eingeknotet. Legen Sie die Äste so eng wie möglich, da die Seile sich bei Belastung dehnen und die Abstände zwischen den Ästen wieder größer werden. Kurze Äste kommen an den Anfang und an das Ende der Hängematte, lange in die Mitte.
Die Seilenden werden gemeinsam zu einer Achterschlaufe verknotet.

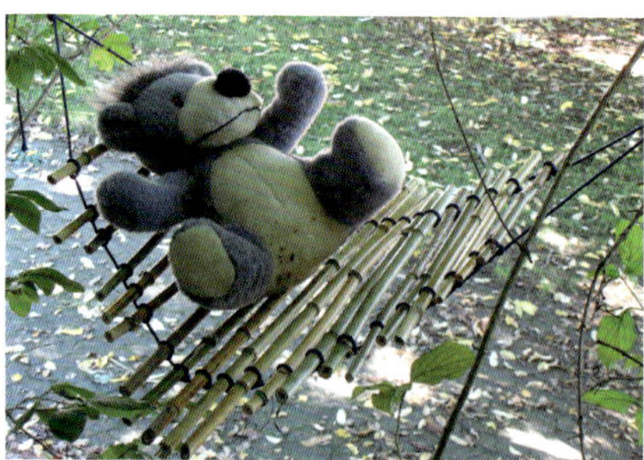

Abb. 204: auch für Puppen oder als Waldregal geeignet

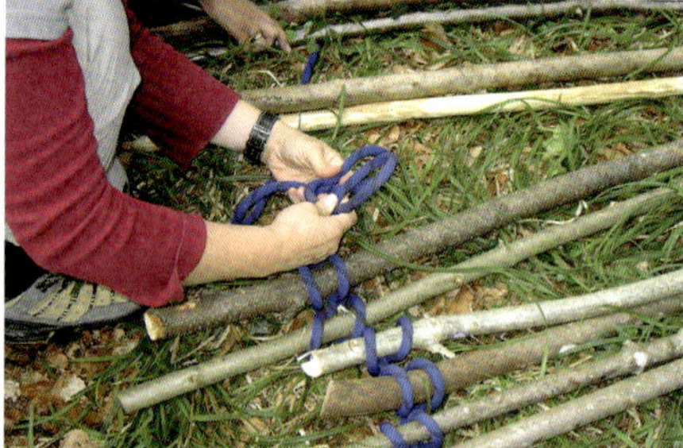

Abb. 205: Knoten einer Naturhängematte

Nun werden die Tragseile, so hoch wie es vom Boden aus möglich ist an den Bäumen befestigt. Jetzt befestigen Sie die Reepschnüre als Justierungsmöglichkeit an den Tragseilen und knoten die Achterschlaufen der Hängematte in diese ein.

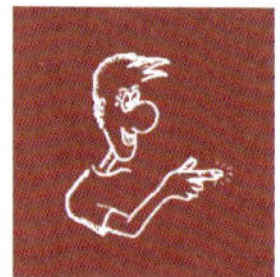

Tipp: Wenn Sie mit sehr langen Seilen arbeiten, können Sie in ein Seil in der Mitte eine Achterschlaufe[43] einknoten und nun beide Enden für je eine Hängemattenseite verwenden.

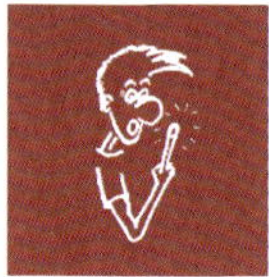

Achtung: Bauen Sie die Hängematte nicht zu groß. Eine Riesenhängematte würde, mit vielen Personen besetzt, die Tragfähigkeit der Seile an ihre Grenze bringen. Auch Bäume können brechen und schwerste Schäden anrichten.

---

[41] bei den Schaukeln für Draußen wurden die notwendigen Tragseile in die Materialliste aufgenommen

[42] S. 36

[43] S. 23

Zwischenstützen für Hängematten

Sie möchten eine Hängematte aufhängen? Aber die Bäume bzw. Wandhaken sind zu weit auseinander – oder fehlen ganz? Hier finden Sie eine Lösung:

Umwickeln Sie zwei Pfosten ca. 30 cm unterhalb des oberen Endes fest mit einer Reepschnur. Die Enden werden mittels Kreuzknoten[44] verknotet. Nun können Sie die unteren Enden der Pfosten auseinanderziehen, es entsteht eine Stütze.

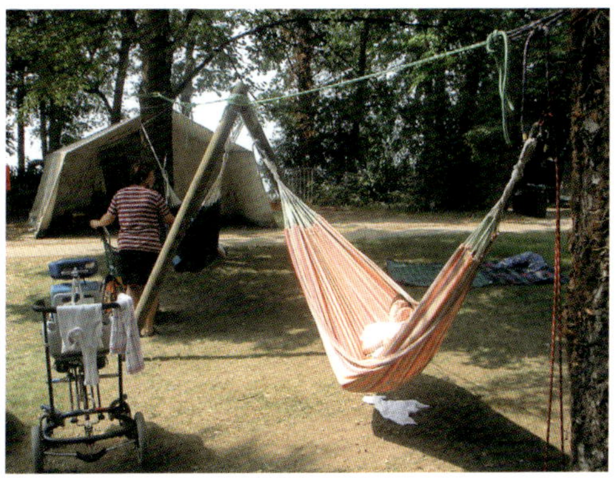

Abb. 206: Hängematte mit Zwischenstütze bei zu großem Baumabstand

Befestigen Sie das Ende eines Seiles an einem stabilen Erdanker oder im unteren Bereich eines geeigneten Baumes. Jetzt können Sie die Stütze mit Hilfe dieses Seils an der gewünschten Stelle in eine Richtung fixieren. Dazu befestigen Sie das Seil durch einen gelegten Mastwurf[45] dort wo sich die beiden Pfosten kreuzen. Jetzt installieren Sie zum justieren der Hängematte die Reepschnur am Seil und knoten die Matte darin ein.

Bei Bedarf gehen Sie am anderen Ende entsprechend vor oder befestigen dort die Hängematte direkt in ein vorhandenes System[46].

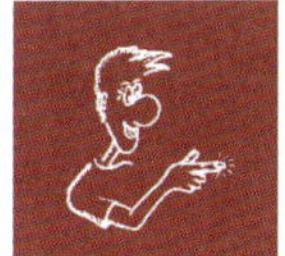

Tipps:

- Wenn Sie die Stütze häufiger verwenden, können Sie die beiden Pfosten auch mit einer stabilen Schraube und Mutter[47], plus Unterlegscheiben verbinden.
- Befestigen Sie am unteren Ende der Pfosten eine stabile Anti-Rutsch-Matte, wenn Sie das System in Räumen verwenden wollen.

---

[44] S. 24

[45] S. 24

[46] am besten auch justierbar, siehe: Heisel 2008, S. 132f.

[47] M 10

Holy-Wood-Schaukel

– eine Schaukel für Draußen[48]

Für die „Holy-Wood"-Schaukel sägen Sie zuerst die Äste auf die gewünschte Länge. Diese werden nun mittels Blindschlag[49] in die Seile eingeknotet. Legen Sie die Äste so eng wie möglich, da die Seile sich bei Belastung dehnen und die Abstände zwischen den Ästen wieder größer werden. In die Seilenden knoten Sie jeweils eine Achterschlaufe ein. Die Achterknoten dürfen ruhig etwa einen Meter von den Ästen entfernt sein, dadurch wird die Schaukel bequemer.

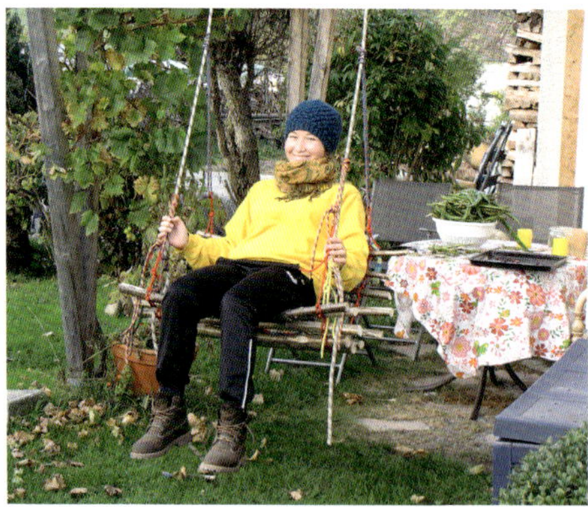

Abb. 207: Auch im heimischen Garten beliebt: „Holy-Wood"-Schaukel

Nun werden die Tragseile so hoch wie möglich an den Bäumen befestigt.[50]

Jetzt befestigen Sie an je einem Tragseil zwei Reepschnüre als Justierhilfe. Die hinteren Achterschlaufen der Schaukel werden in die oberen Reepschnüre, die vorderen in die unteren eingeknotet. Nun justieren Sie Höhe und Rückenlehne der Schaukel.

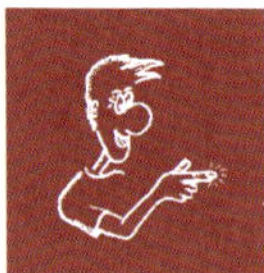

Tipps:

- Je länger die Verbindungen zwischen Schaukel und Tragseil, desto offener und bequemer wird der Sitz. Die Erreichbarkeit der Prusikknoten muss jedoch gewährleistet sein.
- Das Einknoten eines Astes als Spreize zwischen vorderer und hinterer Befestigung erhöht die Bequemlichkeit[51].
- Sie können mit Hilfe von Rundschlingen und weiteren Reepschnüre beliebig viele Justiermöglichkeiten einbauen und damit ein geradezu orthopädisch angepasstes Sitzmöbel bauen.

---

[48] bei den Schaukeln für Draußen wurden die notwendigen Tragseile in die Materialliste aufgenommen

[49] S. 36

[50] siehe hierzu S. 80 ff. und Heisel 2008, S. 118 ff.

[51] Einknoten von Spreizen siehe S. 142

Tarzan: Schwingen und Fallen

oder: die Kunst des Loslassens

Am einfachsten ist dieses Bewegungsangebot in einer Turnhalle mit vorhandenen Tauen zu realisieren:

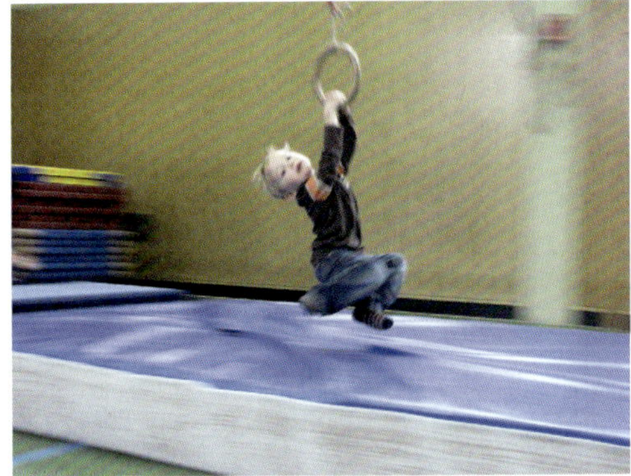

Abb. 208: Schwingen macht spaß und schult die Zeit-Raum-Wahrnehmung

- Anfänger ziehen das Tau aus der Falllinie, hängen sich daran und lassen an einer beliebigen Stelle wieder los.
- Als nächstes kann hinter einer bestimmten Linie gestartet und hinter einer zweiten Linie gelandet werden.
- Auf den Boden gelegte Reifen als Start und Landemöglichkeit fordern mehr Genauigkeit.
- Langbänke, kleine Kästen und ähnliches erweitern um die Dimension „Höhe".
- Wenn wir zur Landung eine Weichbodenmatte[52] anbieten, kommt der Aspekt des „Fallens" hinzu. Die Erfahrung zeigt, dass der Startpunkt bei dieser Übung nicht besonders hoch sein muss: Die Mutigen lassen sich auf den Rücken fallen, die noch Ängstlichen wagen ihre ersten Versuche – eine einfache Form der Differenzierung.

Schwingen an Kletter- bzw. Statikseilen

Kletter- und Statikseile sind zu dünn, um sich daran festhalten zu können. Am einfachsten binden Sie einen dicken Knoten in das Seil. Oberhalb des Knotens kann das Seil nun direkt gegriffen werden.

Komfortabler wird die Sache, wenn sie ein kurzes Rundholz einbinden. Hierzu befestigen Sie eine 6 mm Reepschnur mittels Prusikknoten[53] in der Mitte des Holzes. Beginnen Sie den Knoten in der Mitte der Schnur. Nun wird eine zweite Reepschnur mit der Grundtechnik[54] am Seil befestigt – alle

[52] Achtung: keine Drehsprünge in Weichbodenmatten! Zum Einsatz von Matten siehe auch: Heisel 2008, S. 30 und Bundesverband der Unfallkassen 2002: „Matten im Sportunterricht"

[53] S. 23

[54] S. 72

vier Schnurenden gleichzeitig miteinander verknoten[55] und Sie haben ein höhenverstellbares System.

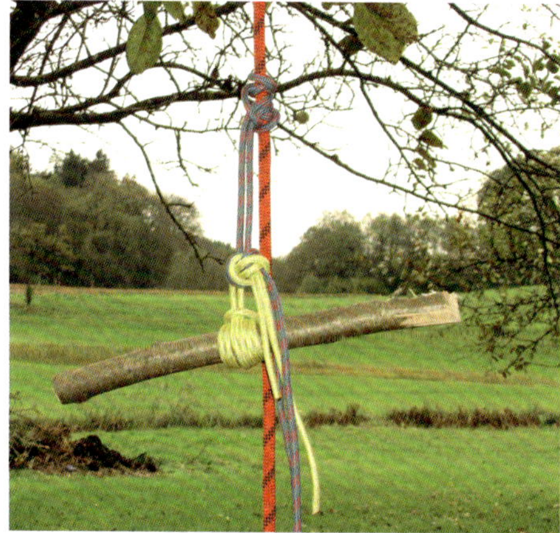
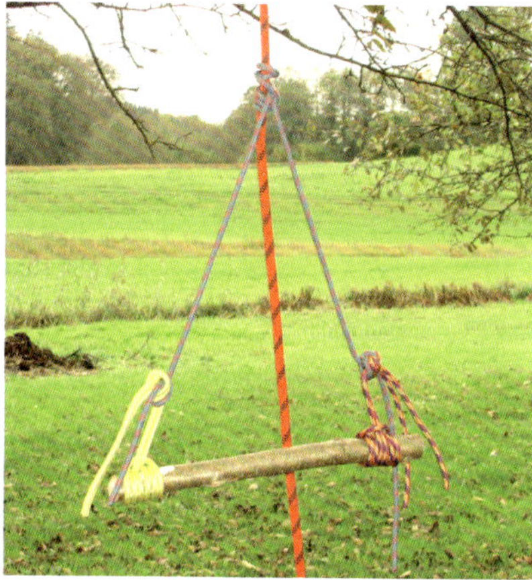

Abb. 209 und 210:
links: Greifholz höhenverstellbar, rechts: improvisierter Trapezgriff

Wenn das Rundholz leichter zu halten sein soll benötigen Sie eine zusätzliche Reepschnur. An jedem Ende der Stange wird, wie oben beschrieben, je eine Schnur befestigt. Nun alle sechs Schnurenden miteinander verknoten – fertig.

Achtung: in einem langen Seilende kann man sich beim loslassen leicht verheddern – unter Umständen mit dramatischen Folgen[56]. Also: binden Sie das lose Seilende weg – es lohnt sich!

Schwingen in der Natur

Zum Schwingen in der Natur benötigen Sie zuerst einen wirklich stabilen Ast oder einen entsprechend geneigten Baum[57] an dem Sie das Seil in ausreichender Höhe[58] befestigen können[59]. Der mögliche Sturzraum muss frei von

[55] Sackstich als Verbindungsknoten, S. 22
[56] siehe hierzu auch: Heisel 2008, S. 52f.
[57] zur Problematik der Haltekraft von Ästen und Bäumen siehe: Heisel 2008, S. 118ff.; Lösungen, wie das Seil auf den Baum kommt, finden Sie an gleicher Stelle
[58] je höher der Befestigungspunkt desto größer ist die Strecke welche beim Schwingen zurückgelegt werden kann
[59] eine Lösung wie das Seil auf den Baum kommt ohne dass Sie selbst hinauf müssen finden Sie in Heisel 2008, S. 120ff.

Hindernissen sein[60]. Dicke, kurze Baumstämme und Baumstammscheiben können reizvolle Start- und Landepunkte sein.

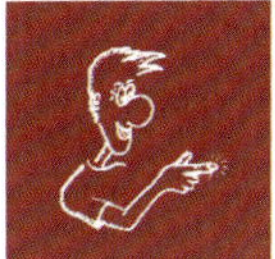

Tipp: Oft ist es schwierig an der richtigen Stelle geeignete Bäume zu finden. Sie können aber auch senkrechte Bäume ohne ausladende Äste verwenden: Hierzu benötigen Sie zwei Bäume mit einem geeigneten Abstand[61] zueinander. Befestigen Sie an jedem, so hoch wie möglich ein Seil. Diese Seile werden an gewünschter Stelle[62] miteinander verknotet. Nun können Sie an den beiden herunterhängenden Seilen in gewohnter Weise das höhenverstellbare Haltesystem anbringen.

Ein besonderes Highlight ist das Schwingen mit Landung im Wasser. Dazu muss das Wasser ausreichend tief[63] und wirklich frei von Hindernissen sein.

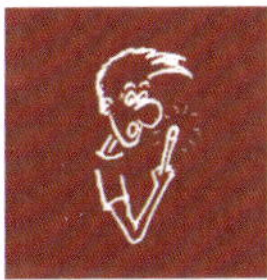

Achtung: Um die Hindernisfreiheit zu gewährleisten müssen Sie nachschauen! Dazu benötigen Sie eine Taucherbrille und Wasser mit ausreichender Sichtweite.

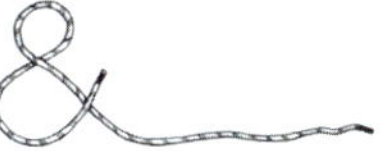

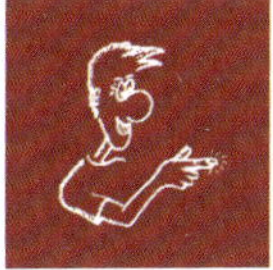

Tipp: Sie interessieren sich für die „Physik des Schaukelns"? Das alles und noch mehr finden Sie unter: http://de.wikipedia.org/wiki/Schaukel

[60] ausführliche Informationen hierzu finden Sie in: Heisel 2008, S. 28 ff.

[61] je höher Sie die Seile an den Bäumen anbringen können, desto größer darf der Abstand derselben zueinander sein

[62] durch die Position des Knotens können Sie die Schwungbahn beeinflussen, seitliches Abweichen von der Flugbahn ist bei der Zweiseiltechnik nicht möglich

[63] mindestens 180 cm

Hangeln für Fortgeschrittene

Beim Hangeln ziehen wir uns mit den Händen an einem Seil entlang, um eine Schräge zu überwinden. Der Hangelnde ist dabei *nicht* gesichert, das Seil dient lediglich der Fortbewegung. Im ersten Band dieser Reihe habe ich Ihnen hierzu einige grundsätzliche Überlegungen vorgestellt.[1]
Im vorliegenden Buch möchte ich Ihnen nun die Antwort auf die Frage: „Und wie komme ich wieder an das Seil, nachdem ich mich im Gelände über einen Hang hinuntergehangelt habe?“ geben, sowie eine spezielle Technik als Variation zur Hangeltechnik vorstellen.

Wie kommt das Seil den Berg herunter, ohne dass ich selbst wieder hoch muss?

Hierzu gibt es zwei Techniken, welche aus den Abseilmethoden des Alpinismus und des Industriekletterns stammen: Die Doppelseiltechnik und die Einseiltechnik.

Doppelseiltechnik

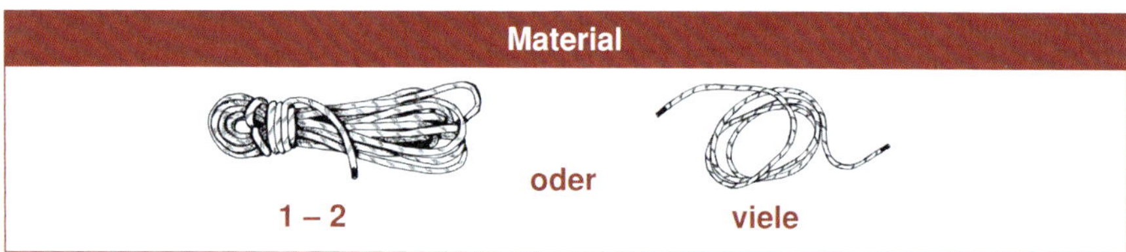

Bei der Doppelseiltechnik legen Sie ein Seil in der Mitte um einen Baum und werfen beide Enden nach unten. Nun können Sie an beiden Seilenden *gleichzeitig* nach unten hangeln. Dort angekommen ziehen Sie das Seil an einem Ende herunter.

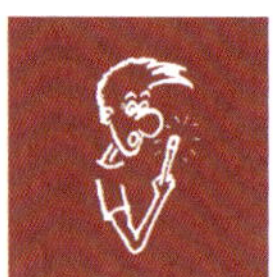

Achtung: Wenn Sie bei der Doppelseiltechnik eines der beiden Seilenden verlieren stürzen Sie ab.

[1] Heisel 2008, S. 149 ff.

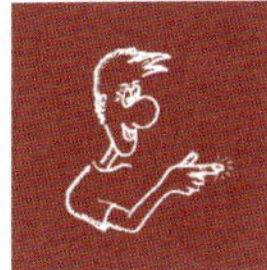

Tipp: Nehmen Sie unterhalb des Baumes beide Seilstränge in die Hand und knoten in diese eine Sackstichschlaufe[2]. Damit haben Sie die beiden Seilstränge miteinander verbunden und können gefahrlos auch an einem Strang hangeln. Bevor das Seil abgezogen werden kann muss dieser Knoten wieder gelöst werden – der oder die Letzte muss beim Hangeln entsprechend vorsichtig sein.

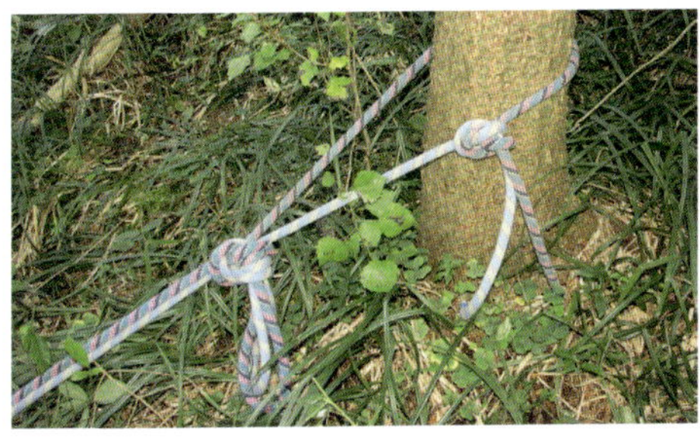

Abb. 211: Zwei Seile sind miteinander verknotet. Der linke Knoten schützt das Seil gegen versehentliches abziehen

Einseiltechnik

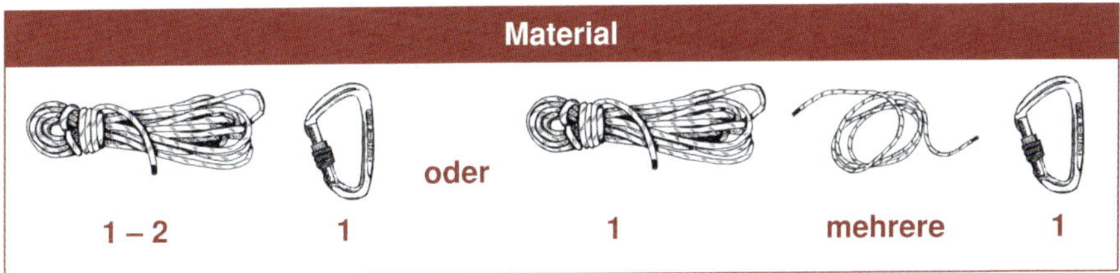

Wenn Sie mit nur einem langen Seil arbeiten, legen Sie dieses in der Mitte um den gewählten Baum[3]. Jetzt knoten Sie auf einer Seite eine Sackstichschlaufe[4] in das Seil. Der Karabiner wird in diese und das gegenüberliegende Seil eingehängt.

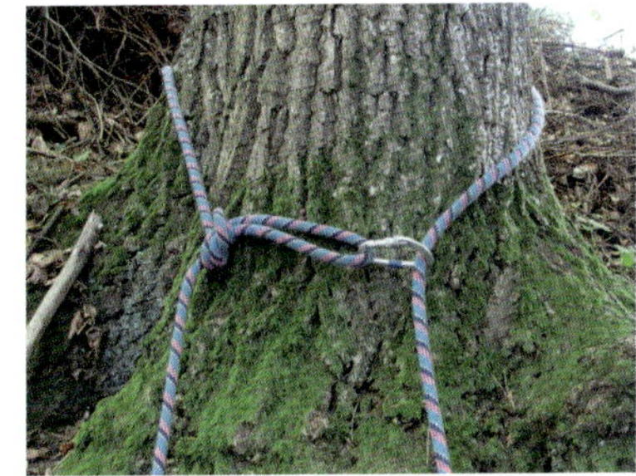

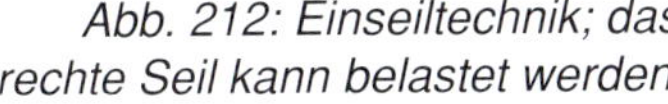

Abb. 212: Einseiltechnik; das rechte Seil kann belastet werden

---

[2] S. 22

[3] wenn Sie Haken oder Ähnliches als Fixpunkt wählen, wird das Seil in diese eingefädelt – Haken dürfen nicht scharfkantig sein: Verwenden Sie im Zweifelsfall einen Karabiner; bei der Verwendung von Rundschlingen oder Seilschlaufen als Fixpunkt kann es beim Abziehen des Seils zu Schmelzverbrennungen kommen: Auch hier ist die Verwendung eines Karabiners zu empfehlen

[4] S. 22 oder Achterschlaufe S. 23

Jetzt können Sie sich am Seil ohne Knoten (siehe Abb. 212) nach unten Hangeln und das Seil anschließend am anderen Ende wieder abziehen.

Achtung:

- Wenn Sie sich beim Hangeln in das falsche Seilende hängen, fallen Sie mitsamt dem Seil herunter.
- Es dürfen beim Abziehen unterhalb des Karabiners keine Knoten im Seil sein – diese müssen, wenn sie zum besseren Halt vorhanden waren durch den letzten der sich nach unten hangelt wieder entfernt werden. Darauf müssen Sie auch bei der Verwendung mehrerer miteinander verknoteter Seile achten![5]
- Achten Sie darauf, dass keine Knoten am Baum anliegen. Diese könnten sich daran selbständig öffnen.

Dülfersitz

Der Dülfersitz, benannt nach seinem Entwickler, dem Bergsteiger Hans Dülfer ist eine alte Abseilmethode aus der Zeit, als es beim Klettern und Bergsteigen keine Klettergurte gab.[6]
Sie wird heute nur noch in Notfällen oder zur Überwindung kurzer steiler Passagen in geneigtem Hanggelände eingesetzt – oder in Turnhallen als reizvolle und materialsparende Abseiltechnik.

Der Dülfersitz ist mit allen beschriebenen Hangelaufbauten anwendbar. Es ist kein zusätzliches Material erforderlich.

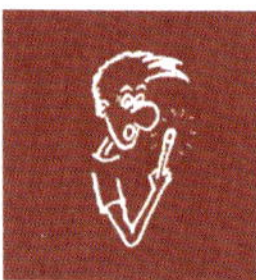

Achtung!

- Der Dülfersitz ist eine funktionelle, aber veraltete Abseilmethode.
- Im erlebnispädagogischen und psychomotorischen Kontext darf er
  - nur in Situationen angewandt werden, die *keine echte Absicherung* erfordern[7] – das heißt, ein möglicher Sturz hat keine unakzeptablen Folgen[8];
  - oder in begründeten Notsituationen.

---

[5] Sie benötigen bei dieser Technik immer mindestens ein langes Seil

[6] siehe hierzu auch: http://de.wikipedia.org/wiki/Dülfersitz

[7] der sogenannte Niederseilbereich, siehe hierzu: Heisel 2008, S. 28 ff.

[8] Darf nichts passieren? ...: Heisel 2008, S. 12 ff.

- Die Bremswirkung des Dülfersitzes beruht auf der Reibung des Seils auf der Kleidung – diese muss strapazierfähig sein und den Körper vor Abschürfungen und Reibungsverbrennungen durch das Seil schützen – vor allem im Halsbereich.

Technik

Wenn Sie mit der rechten Hand bremsen wollen, gehen Sie wie beschrieben vor. Soll die linke Hand Bremshand werden, vertauschen Sie einfach links und rechts.

- Sie führen das Seil[9] zwischen Ihren Beinen hindurch und legen es hinten über Ihren rechten Oberschenkel.
- Nun führen Sie das Seil über Bauch und Brust zur linken Schulter.
- Legen Sie das Seil über ihre linke Schulter und führen es über den Rücken zu ihrer rechten Hüfte.
- Dort nehmen Sie das Seil in Ihre rechte Hand. Mit dieser Hand (= Bremshand) bestimmen Sie die Bremswirkung. Diese können Sie erhöhen indem Sie die Bremshand in Richtung Brust bewegen – und das Seil fester halten. Die andere Hand greift an das nach oben führende Seil und trägt zur Stabilisierung des Oberkörpers bei.

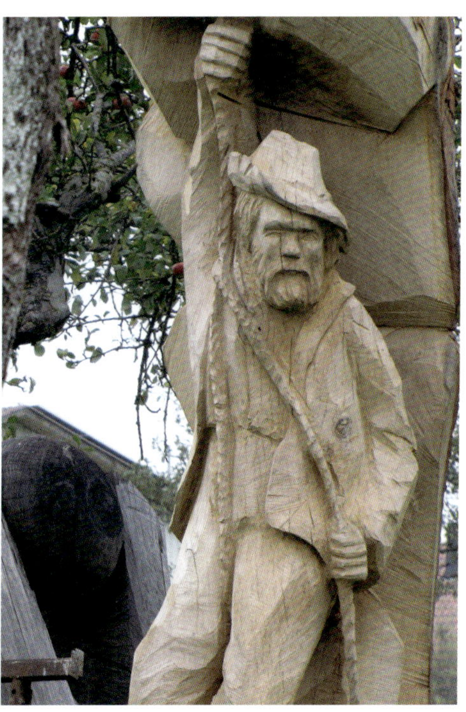

Abb. 213: Abseilen mit dem Dülfersitz, der Herr ist Linkshänder

[9] bei entsprechendem Aufbau (siehe S. 106 f.): das doppelt genommene Seil

Strickleitern

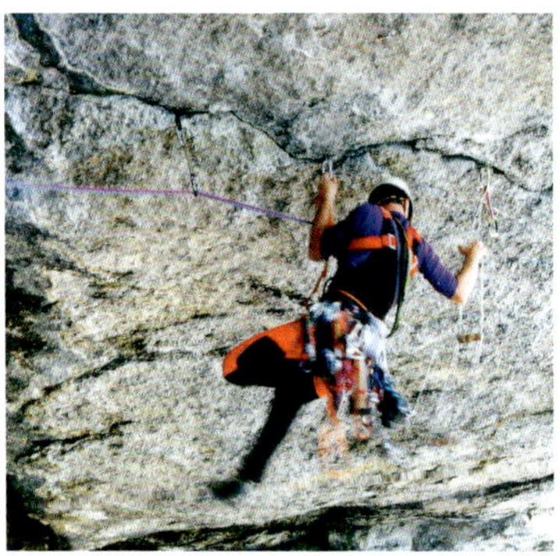

Abb. 214: Der Autor beim Klettern mit Strickleitern

Strickleitern sind ein prima Hilfsmittel um kleine Absätze zu überwinden oder um an einem Baum ein Seil oberhalb der Reichweite zu befestigen[1]. Strickleitern sind gar nicht so einfach zu begehen. Sie stellen vor allem an die Wahrnehmung und Ausrichtung des Körperschwerpunktes hohe koordinative Anforderungen – entsprechend hoch ist deren Fördermöglichkeit mit diesem Gerät.

Sie können im Handel verschiedene Modelle kaufen, bei denen die Sprossen fest verknotet sind. Interessant sind in dieser Hinsicht auch die besonders leichten Modelle aus dem Bergsport. Oder Sie können ihre ganz persönliche Strickleiter bauen!

Improvisierte Aststrickleiter

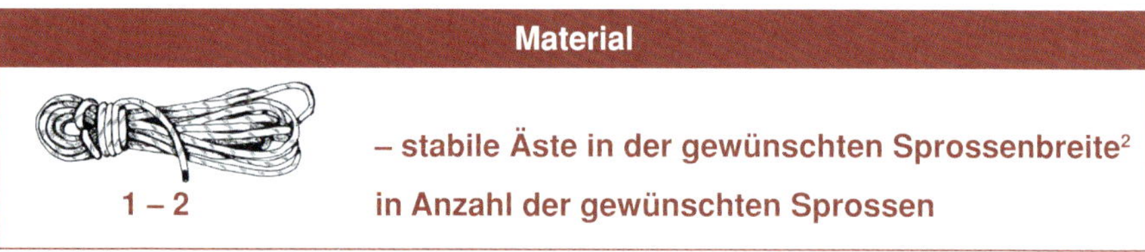

Material	
1 – 2	– stabile Äste in der gewünschten Sprossenbreite[2] in Anzahl der gewünschten Sprossen

Die Äste werden in etwas kürzeren Abständen als der gewünschte Sprossenabstand mittels Mastwurf[3] in die Seile eingeknotet. Am oberen Ende werden die beiden Seile miteinander zu einer Sackstichschlaufe[4] verknotet.

Wenn Sie mit einem Seil arbeiten, beginnen Sie in dessen Mitte und knoten dort eine Sackstich- oder Achterschlaufe[5] ein.

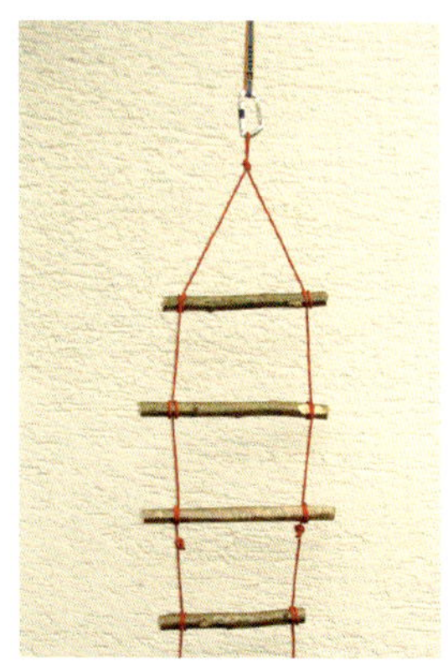

Abb. 215: Schnell und einfach zu bauen, dazu vollverstellbar: Improvisierte Aststrickleiter

[1] siehe hierzu S. 129 ff.
[2] es können auch ausreichend stabile Rundstäbe aus dem Rhythmikbereich verwendet werden
[3] siehe S. 24
[4] S. 22
[5] S. 23

Dauerhafte Holzstrickleiter

Material

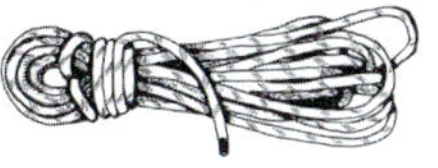

oder

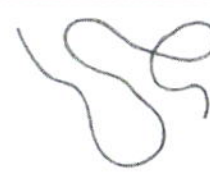

1 – 2 **1 – 2 sehr lange**

– **stabile Hölzer in der gewünschten Sprossenbreite, Durchmesser auf das verwendete Seil abgestimmt**

Die Hölzer werden an ihren Enden durchbohrt. Bohrdurchmesser = Seildurchmesser + 2 mm. Auf ausreichende Restmaterialstärke achten! Jetzt die Sprossen nacheinander auf das Seil fädeln und jeweils mit einem einfachen Achterknoten oder Sackstich als Stopperknoten[6] sichern. Auf exakten Sprossenabstand achten, da dieser nach großen Belastungen nicht mehr justiert werden kann.
Wenn Sie mit einem Seil arbeiten beginnen Sie in dessen Mitte und knoten dort eine Sackstich- oder Achterschlaufe[7] ein.

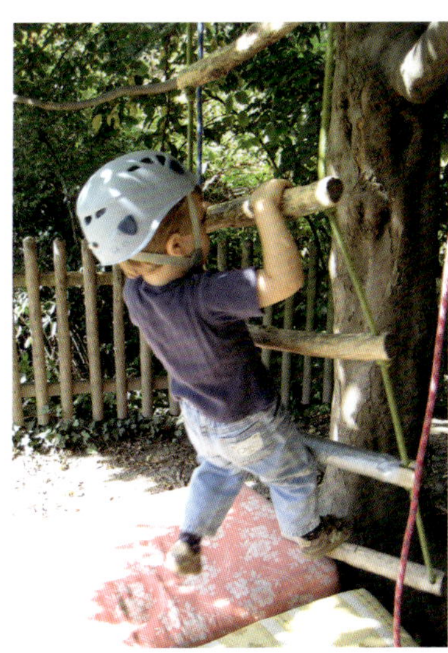

Abb. 216: Klettern an einer Strickleiter aus Aststücken – der Helm dient mehr dem Ambiente …

[6] einfacher Knoten auf S. 22
[7] S. 23

Verstellbare Strickleiter

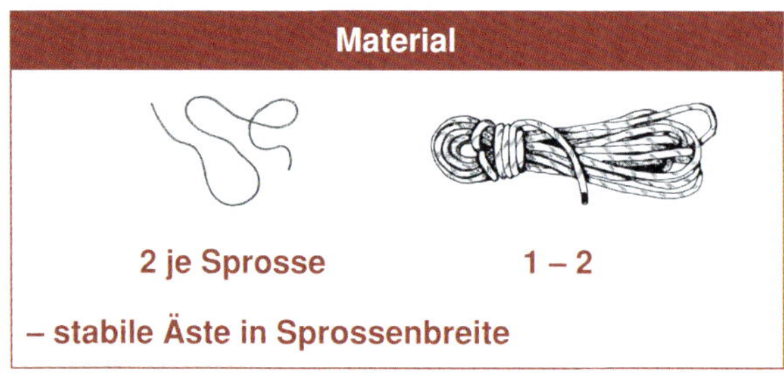

Material

2 je Sprosse — 1 – 2

– stabile Äste in Sprossenbreite

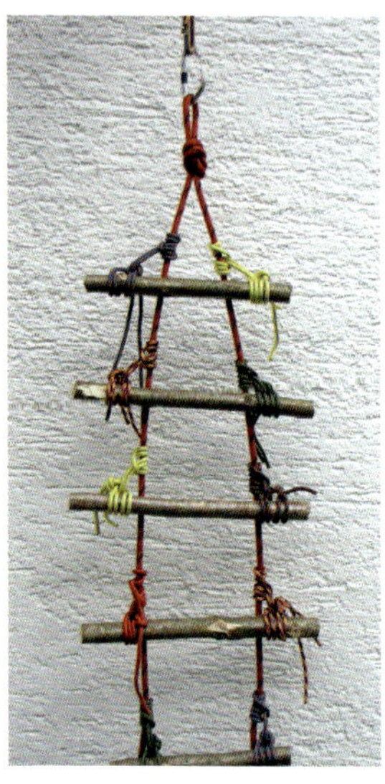

Abb. 217

Zuerst legen Sie die Seile aus und verknoten diese an einem Ende zu einer Sackstichschlaufe[8]. Wenn Sie mit einem Seil arbeiten, knoten Sie die Schlaufe in dessen Mitte ein.
Jetzt befestigen Sie die Reepschnüre, von deren Mitte beginnend, mittels Prusikknoten[9] an den Seilen. Die Sprossen werden möglichst eng an den Prusikknoten mit den Reepschnüren verknotet[10]. Nun können Sie diese stufenlos verstellen.

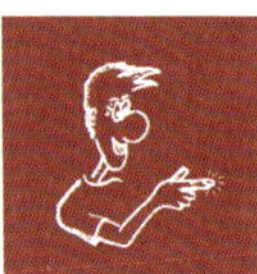

Tipp: Die Sprossen sind stabiler mit den Seilen verbunden, wenn Sie diese auf die Seile auffädeln. Hierzu müssen Sie in deren Enden Löcher bohren: min. 2 mm größer als der Seildurchmesser.

Seilstrickleiter

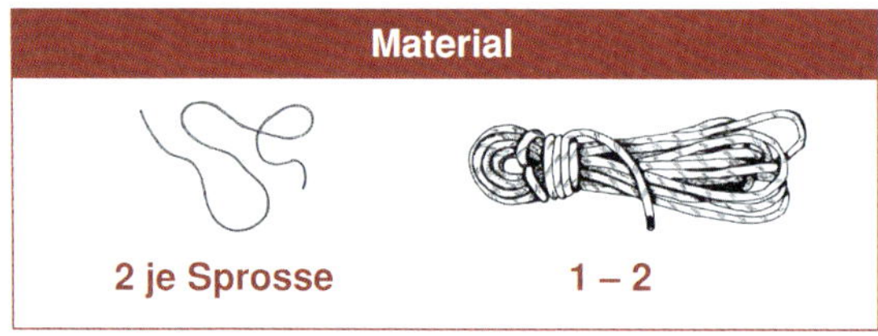

Material

2 je Sprosse — 1 – 2

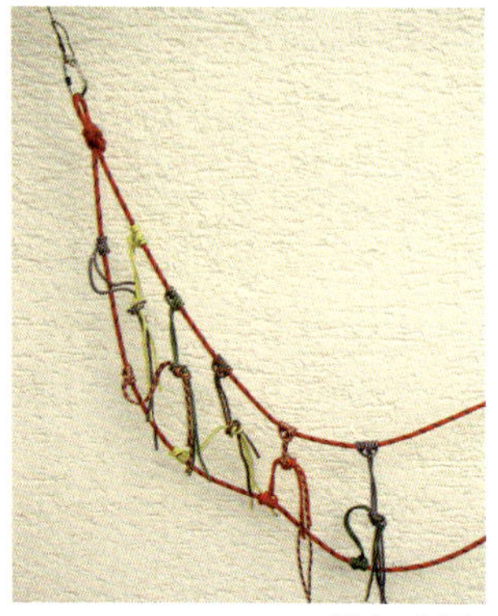

Abb. 218

Die Reepschnüre werden an den Seilen mittels Prusikknoten befestigt und jeweils paarweise miteinander verknotet.

---

[8] S. 22

[9] S. 23

[10] Wickeltechnik (S. 24) mit Sicherungsschlägen (S. 22 und S. 25) oder gelegter Mastwurf / Weblein (S. 24) mit Sicherungsschlägen oder gesteckter Prusikknoten (S. 29) mit Sicherungsschlägen

Kleine Himmelsleiter

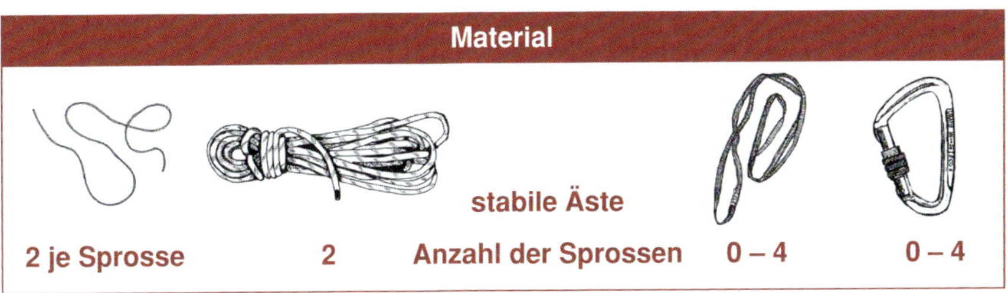

Die kleine Himmelsleiter ist eine Art Klettergerüst an langen Rundhölzern[11].

Die Befestigungstechnik ist dieselbe wie bei der „Verstellbaren Strickleiter“ (auf S. 112 beschrieben).

Variationen:

- Sie können die unteren Enden der Himmelsleiter auch an in der Nähe stehenden Nachbarbäumen abspannen – dadurch erhalten sie Schrägvariationen.
- Sie können an den seitlichen Enden der Himmelsleiter weitere Rundhölzer anbringen und diese mit der beschriebenen Technik an im geeigneten Winkel benachbarte Bäume spannen – so erhalten Sie mit der Zeit einen kleinen Klettergarten.

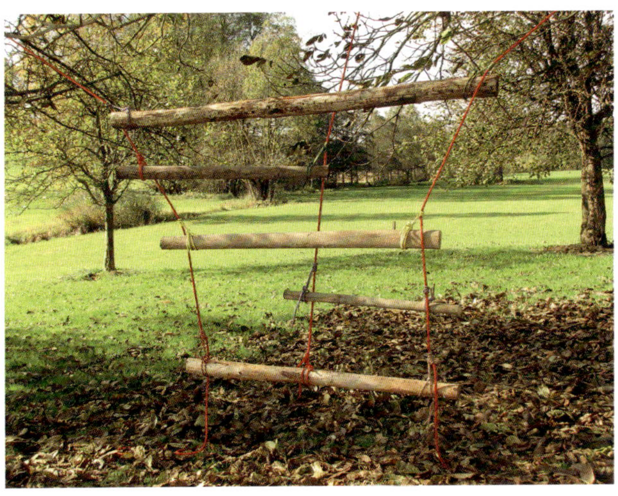

Abb. 219: Kleines, verstellbares Klettergerüst aus Rundhölzern, Statikseil und Reepschnur

[11] beachten Sie, dass mit zunehmender Länge der Rundhölzer diese auch stabiler sein müssen

Klettern

Klettern an Stangen

Mit kurzen Seilen können Sie einfache Klettermöglichkeiten an den in vielen Turnhallen vorhandenen Stangen[1] schaffen. Die Seile werden mittels Prusikknoten[2] an den Stangen befestigt und sind damit jederzeit in der Höhe verstellbar. Das einbinden weiterer Gegenstände erweitert die Klettermöglichkeiten.

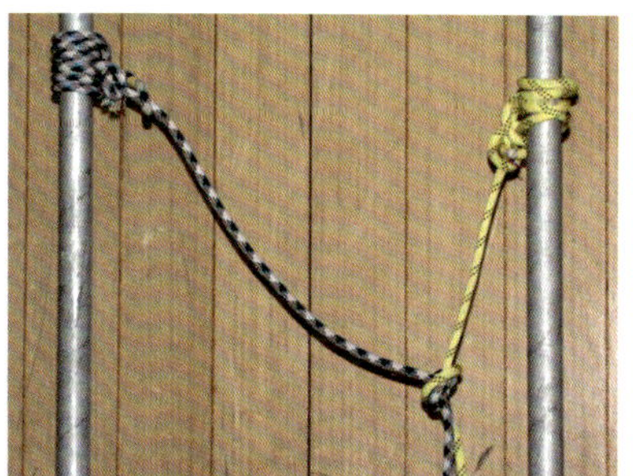

Abb. 220 oben links: Tritt aus zwei kurzen Seilen, der Prusikknoten ist mit Zwei Halben Schlägen hintersichert

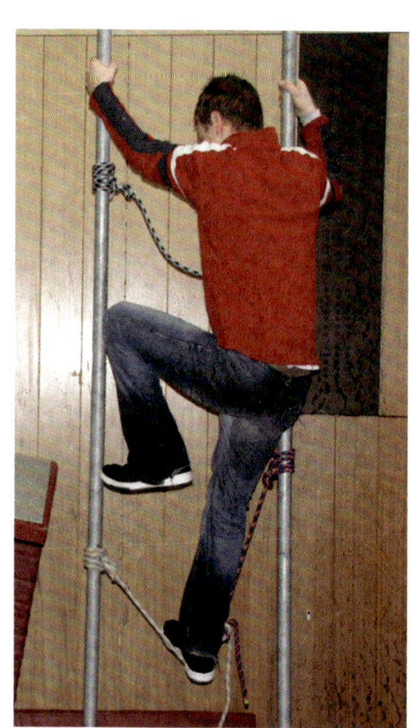

Abb. 221: oben rechts: Klettern mit Trittschlingen

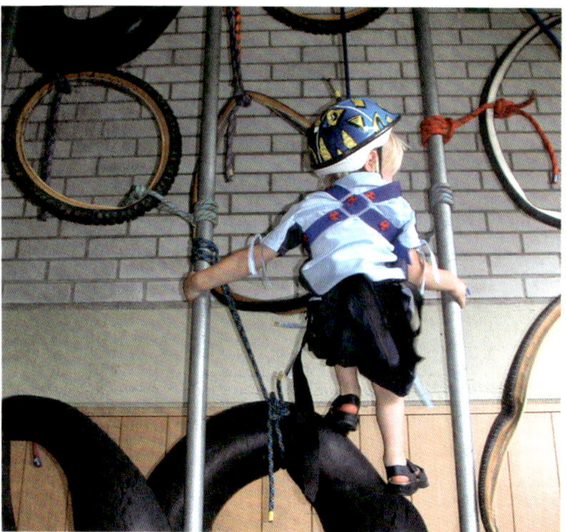

Abb. 222: unten: Zusätzliche Trittmöglichkeiten aus Fahrradreifen und Autoschläuchen. Für größere Höhen empfehle ich die Verwendung der Top-Rope Sicherung aus dem Klettersport

[1] oder an anderen Stangen, oder dünnen Bäumen
[2] siehe S. 23

Kletternetz

An mehreren übereinander gespannten Seilen kann wunderbar geklettert werden. Die Variationen reichen von ganz kurzen Strecken zwischen zwei Bäumen die eher an eine Strickleiter erinnern, bis zu mehrfach übereinander angeordneten Seilbrücken. Besonders bei den langen Konstruktionen empfiehlt es sich zusätzliche senkrechte Verstrebungen anzubringen.[3] Dadurch entstehen Kletternetze, die auch schräg oder horizontal angebracht werden können.

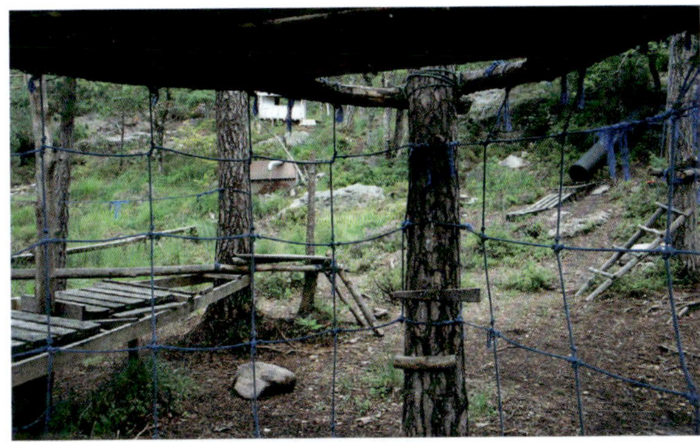

Abb. 223 und 224: Schwedische Kletterlandschaft aus Seilen und Hölzern

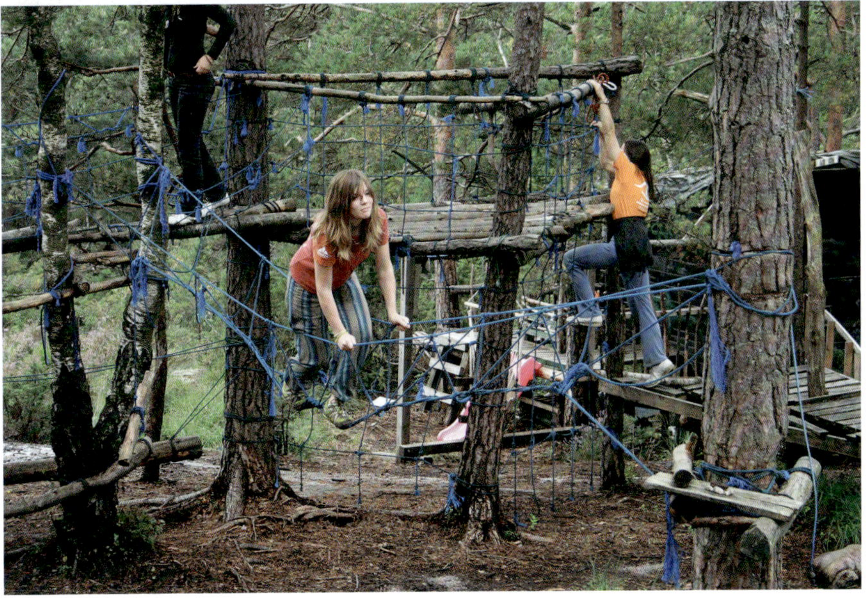

[3] zur Anbringung von Verstrebungen siehe S. 137

Seilbrücken

Das Leben liebt das Gleichgewicht

Laotse

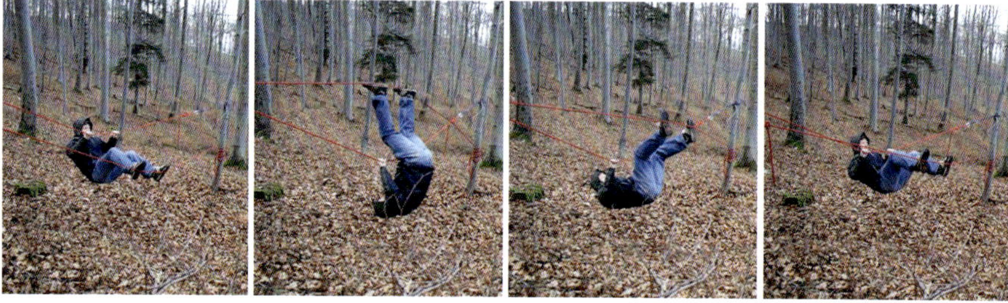

Abb. 225 – 228: Turnen an einer Seilbrücke

Seilbrücken sind faszinierende Spielelemente. Meistens werden sie im Freien an geeigneten Bäumen befestigt.[1] Zu den grundlegenden Überlegungen bei der Auswahl des geeigneten Geländes[2], der möglichen Abstände und Höhen[3], verweise ich auf meine Ausführungen im ersten Band dieser Buchreihe. Hinweise zu den entstehenden Kräften bei der Begehung von Seilbrücken finden Sie auf S. 12.

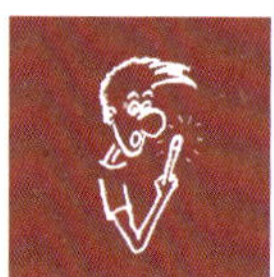

Achtung: Alle Aufbauvorschläge sind ausschließlich für den mobilen Niederseilbereich[4] konzipiert und können ohne weitere differenzierte Kenntnisse nicht auf den Hochseilbereich oder stationären Niederseilbereich übertragen werden!

---

[1] ab Seite 143 finden Sie einige Ideen wie Seilbrücken in Räumen aufgebaut werden können

[2] siehe: Heisel 2008, S. 165f.

[3] siehe: Heisel 2008, S, 167

[4] zur Definition des Begriffes „Niederseilbereich“ und den dort relevanten Sicherheitsüberlegungen siehe: Heisel 2008, S. 28ff.

Aufbautechniken

alles was man kann
ist einfach
alles was man noch nicht kann
ist schwer

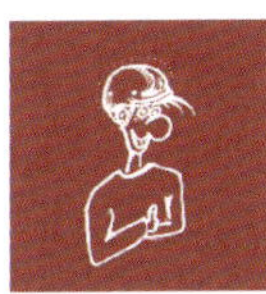

Die folgenden Überlegungen zu Befestigungs- und Spannvariationen richten sich an den erfahrenen Anwender, um situativ die passenden Techniken auswählen zu können. Alle vorgeschlagenen Brückenaufbauten können auch weiterhin mit der einfachen Wickeltechnik aufgebaut werden. Einzig bei hoch anzubringenden Seilen stößt die Wickeltechnik an ihre Grenzen. Hier erscheint eine Erweiterung der Möglichkeiten sehr sinnvoll. Auch im Hinblick auf besondere Situationen und Anforderungen bieten die erweiterten Techniken eine Reihe von Vorteilen.

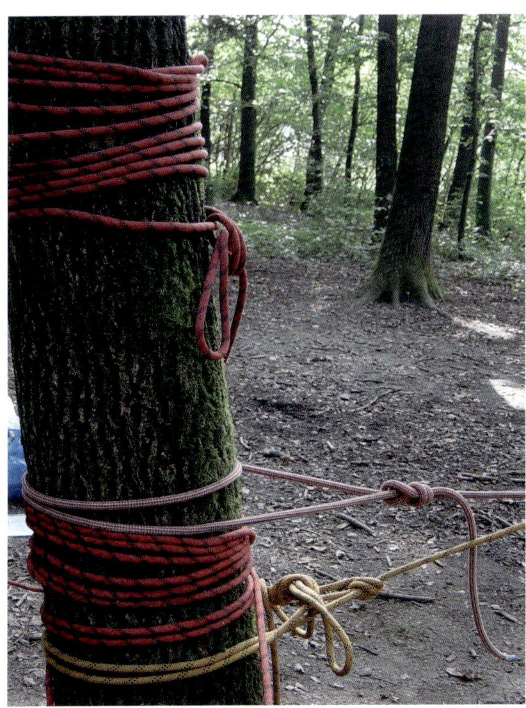

Abb. 229

Befestigungsvariationen – Seil pur

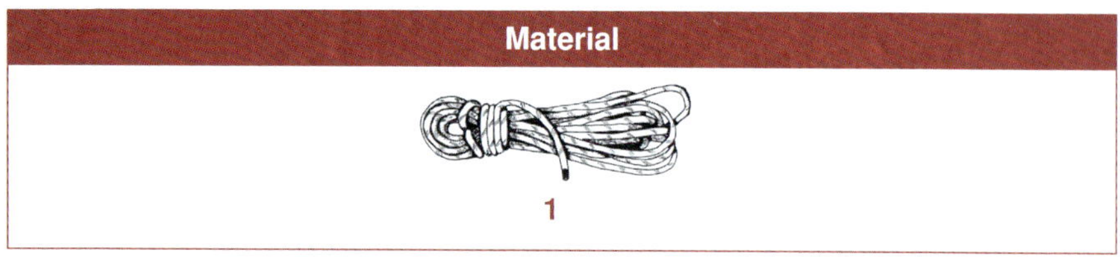

Wickeltechnik

Das Seil wird so lange an der gewünschten Stelle um den Baum gewickelt bis es hält.[1] Alternativ kann die sogenannte „Professionelle Wickeltechnik“[2] angewendet werden. Die Seilenden werden in beiden Fällen mittels Zimmermannsschlag[3] oder einer Sicherungsschlaufe[4] verwahrt.

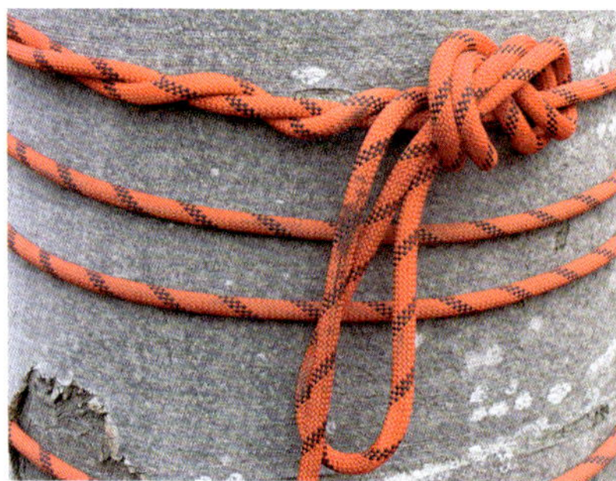

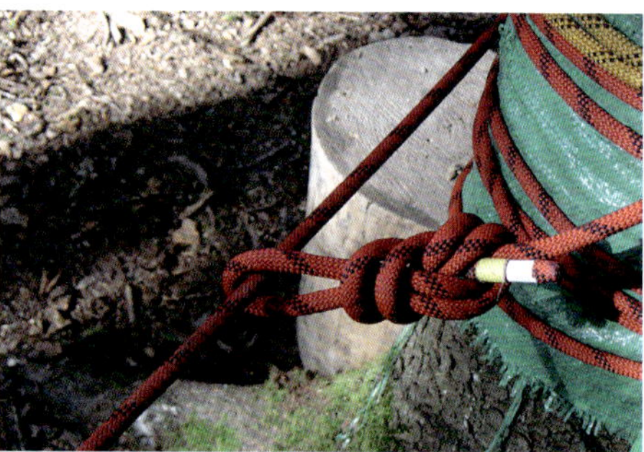

Abb. 230 und 231, links: Wickeltechnik mit Zimmermannschlag und Sicherungsschlag im doppelt genommenen Seil, rechts: Wickeltechnik mit gestecktem Achterknoten hintersichert

Vorteile der reinen Wickeltechnik:

- Der geringe Materialbedarf.
- Das Seil kann gezielt auf der einen oder anderen Seite des Baumes geführt werden.
- Die Technik ist sehr schnell zu erlernen.
- Auch kleine Kinder können beim Befestigen der Seile sofort mithelfen.

Nachteile:

- Die Wickelung rutscht unter Belastung oft ein wenig nach und kann dabei Rindenverletzungen verursachen[5].

---

[1] siehe S. 24
[2] S. 24
[3] S. 24
[4] Sackstich oder Achterknoten, entweder gesteckt oder mit Karabiner befestigt
[5] Baumschutz verwenden!

- Bei ungünstiger Seilführung kann es in seltenen Fällen innerhalb der Wickelung zur Verletzung des Seilmantels kommen.
- Es sind längere Seile notwendig.

Gesteckter Achterknoten mit einer ganzen Umschlingung des Baumes

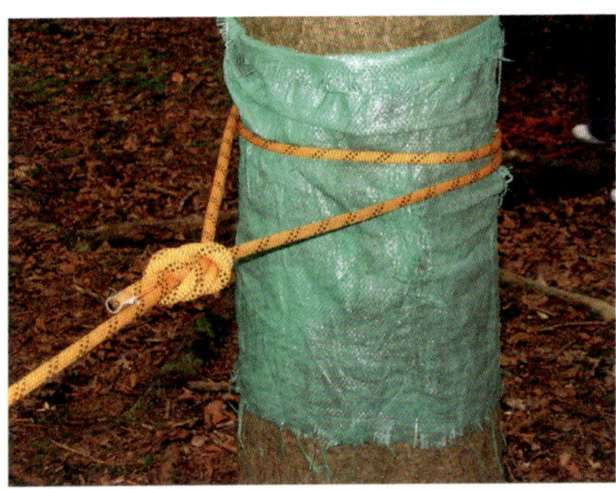

Bei dieser Technik wird das Seil mittels eines gesteckten Achterknotens[6] und einer gesamten Umschlingung des Baumes an diesem befestigt.

Abb. 232: Gesteckter Achter mit ganzer Umwicklung, Baumschutz aus Gewebeplane

Vorteile der Methode:
- Kletterer kennen den Knoten bereits vom Einbinden in das Seil.
- Geringer Materialbedarf.
- Durch die Umschlingung rutscht das Seil nicht so leicht nach unten.

Nachteile:
- Nach starken Belastungen lässt sich der Knoten nur schwer wieder öffnen.
- Durch die Umwicklung des Baumes wird das Seil an einer Stelle über Kreuz geführt, dies führt in der Regel zu einer ungleichmäßigen Kraftverteilung in der Knotenschlaufe, was wiederum den Knoten zusätzlich zuzieht.

Palstek, Bulin[7] mit einer ganzen Umschlingung des Baumes

Der Aufbau ist wie beim gesteckten Achterknoten (siehe oben).

Vorteile der Methode:
- Segler und manche Kletterer kennen diesen Knoten bereits.
- Der Knoten lässt sich nach einer Belastung verhältnismäßig leicht wieder öffnen.

---

[6] S. 23
[7] S. 24

Nachteile:

- Wenn der Knoten nicht unter Zug steht kann er sich öffnen. Ein Sicherungsschlag[8] löst dieses Problem.
- Der Seilring selbst darf nicht belastet werden, z.B. durch das Einhängen einer weiteren Seilbrücke mittels Karabiner in diesem. Der Knoten könnte sich dadurch lösen.

Doppelter Palstek, doppelter Bulin

Dieser Knoten zeichnet sich durch hohe Sicherheit aus und lässt sich immer wieder wunderbar leicht öffnen. Allerdings würde ich diesen Knoten nicht mit einer gesamten Umwicklung des Baumes kombinieren – der hohe Seilbedarf ließe sich kaum noch abschätzen. Als Konsequenz muss der Baum bei dieser Technik eine leichte Neigung in Zugrichtung der Seilbrücke aufweisen, damit die Befestigung bei Belastung nicht nach unten rutscht.[9]

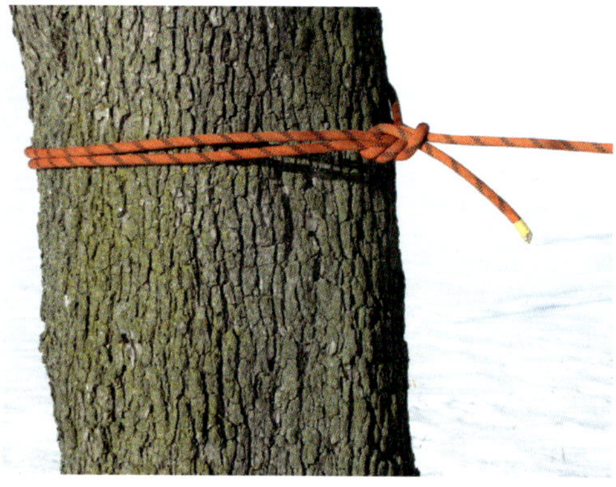

Abb. 233: Der doppelte Bulin ist durch seine größere Auflagefläche baumschonend

Der Grundaufbau ist wie beim gesteckten Achterknoten.

Vorteile der Methode:

- Der Knoten lässt sich auch nach großen Belastungen leicht wieder öffnen.
- Durch die doppelte Auflagefläche am Baum wird dessen Rinde geschont.
- Der Ring des Knotens darf belastet werden[10].

Nachteile:

- Der Knoten ist nicht ganz einfach zu knüpfen.
- Es wird verhältnismäßig viel Seil benötigt.
- Der Knoten ist etwas zeitaufwändig.

---

[8] siehe S. 22 und S. 25

[9] siehe hierzu auch: Heisel 2008, S. 165

[10] Karabiner für weitere Brücke, u. ä.

Befestigungsvariationen – mit Rundschlinge und Karabiner

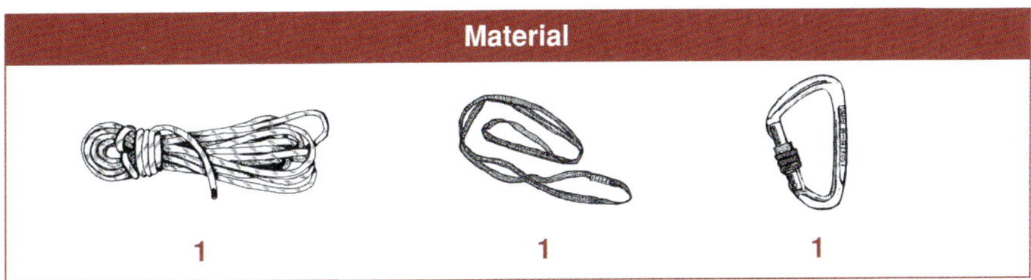

Material		
1	1	1

Die Rundschlinge wird durch einen Ankerstich (S. 23) am Baum befestigt. Der Karabiner wird in die Rundschlinge geklinkt und umgedreht. Nun knoten Sie in das Seilende eine Schlaufe[11] und hängen diese im Karabiner ein. Alternativ können Sie zur Befestigung des Seiles im Karabiner auch den HMS-Knoten mit Schleifknoten[12] verwenden. Dieser lässt sich bei Bedarf sogar unter Last wieder öffnen.

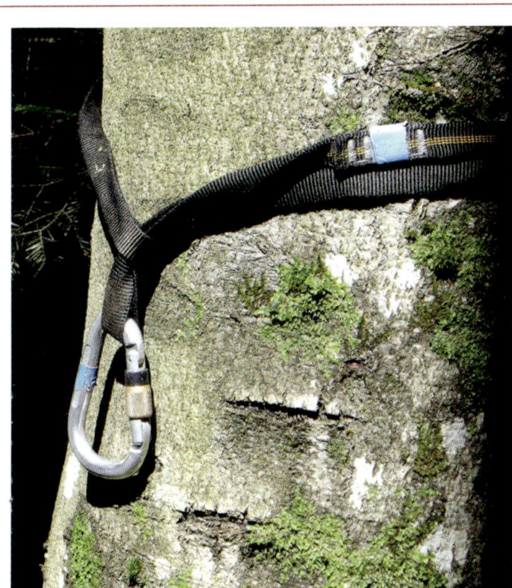

Abb 234: Rundschlinge mittels Ankerstich befestigt, Karabiner in Arbeitsposition – jetzt kann das Seil mit einem geeigneten Knoten befestigt werden

Vorteile der Methode:

- Der schnelle Aufbau.
- Die Schlinge wird durch den Ankerstich gegen ein Herunterrutschen gesichert.
- Geringer Seilbedarf.
- Durch die breite Auflagefläche der Rundschlingen werden die Bäume geschont.

Nachteile:

- Außer den Seilen für die Seilbrücke wird je Seil noch eine entsprechend lange Rundschlinge und ein Karabiner benötigt.

[11] Achterknoten S. 23 oder Bulin / Palstek S. 24 oder doppelter Bulin / Palstek, S. 30

[12] S. 33

Spanntechniken im Vergleich

Wie kann das Seil mit der gewünschten Spannung am gegenüberliegenden Baum befestigt werden? Hierzu gibt es viele unterschiedliche Methoden mit den entsprechenden Vor- und Nachteilen.

Wickeltechnik

Für die meisten Seilbrücken im Niederseilbereich ist die Wickeltechnik[13] die effizienteste Technik. Sie ist gleichzeitig die einfachste.

Wickeltechnik kombiniert mit Spannleinenmethode[14]

Immer wenn ein Seil in größeren Höhen gespannt werden soll, stößt die Wickeltechnik an ihre Grenzen. Das Seil lässt sich nur noch schlecht oder überhaupt nicht unter Spannung um den Baum herumführen. Die einfachste Lösung für dieses Problem besteht darin, dass ca. 1 – 2 Meter vom Baum entfernt ein Auge[15] in das Seil geknotet wird. Das Seil wird nun am Baum umgelenkt. Die zweite Umlenkung erfolgt mittels Karabiner[16] am Auge. Von dort wird das Seil in einer erreichbaren Höhe wieder zum Baum geführt, durch Mannschaftszug gespannt[17] und mit der bewährten Wickeltechnik fixiert.

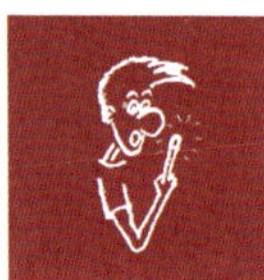

Achtung: Für große Belastungen empfehle ich ausschließlich den Schmetterlingsknoten von S. 35 oder den Mercedesknoten von S. 37. Der Achterknoten würde an dieser Stelle die Bruchlast des Seiles um bis zu 70% reduzieren. Der Sackstich ist für Seilbrücken nicht geeignet!

Vorteile der Methode:

- Sie baut auf der bekannten Wickeltechnik auf.
- Der geringe zusätzliche Materialbedarf.
- Seile können auch in etwas größeren Höhen gespannt werden.

---

[13] S. 24, Ausführliche Informationen zum Spannen mit der Wickeltechnik finden Sie in: Heisel 2008, S. 168ff.

[14] die Spannleinenmethode finden Sie in: Heisel 2008, S. 154f. ausführlich beschrieben

[15] siehe Kasten auf S. 123 – die Sackstichschlaufe (S. 22) ist für den Bau von Seilbrücken nicht geeignet, sie würde sich unter Belastung zu sehr zuziehen

[16] ein Karabiner schont das Material und gewährleistet verträgliche Umlenkradien

[17] maximal drei Personen, siehe hierzu: Heisel 2008, S. 169f. und S. 34ff.

Nachteile:

- Bei ungünstig geneigten Bäumen[18] kann das gespannte Seil nach unten rutschen.
- Das schräg nach unten geführte Seil wird unter Umständen im Betrieb mitbenutzt. Auf Einklemm- und Strangulationsgefahr achten.

Drei Methoden ein Auge in das Seil zu Knoten:

Gelegter Achterknoten[19]

Vorteil:

- Wird auch bei anderen Anwendungen benötigt.

Nachteil:

- Verliert bei dieser Anwendung bis zu 70% seiner Bruchlast!

Schmetterlingsknoten[20]

Vorteil:

- Lässt sich auch nach größeren Belastungen leicht öffnen.
- Große Radien: ca. 70% der Bruchlast des Seiles werden *erhalten*!

Nachteil:

- Wird selten benötigt und ist nicht ganz leicht zu erlernen.

Abseilachter mit Mercedesknoten[21]

Vorteil:

- Schnell installiert
- Auch nach größeren Belastungen gut zu lösen.
- Durch die zweite Öse des Abseilachters kann das Seil auch direkt gefädelt werden, damit wird ein Karabiner eingespart.

Nachteil:

- Es wird ein Abseilachter benötigt.

---

[18] der Stamm neigt sich von der Seilbrücke weg, siehe auch: Heisel 2008, S. 165

[19] siehe S. 23

[20] siehe S. 35

[21] siehe S. 37

Alpinmethode

Mit der Alpinmethode lassen sich vor allem längere Seilbrücken[22] mit verhältnismäßig geringem Materialaufwand sicher spannen und fixieren. Auch dort, wo nicht mehr mit der Wickeltechnik gearbeitet werden kann, kommt die Methode zum Einsatz.[23]

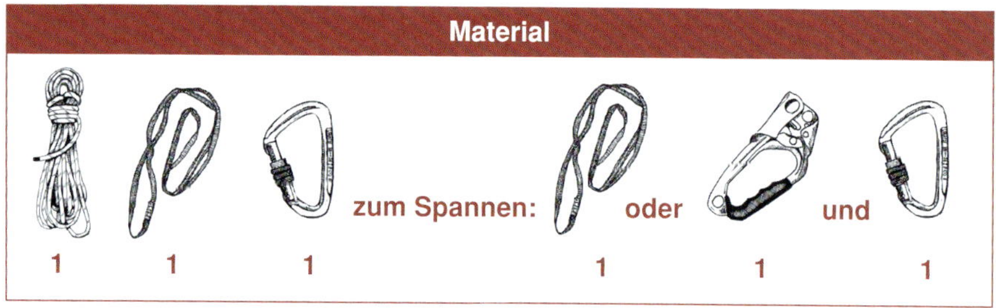

Die Fixierung der Spannung wird bei der Alpinmethode mittels HMS- und Schleifknoten[24] erzielt. Zur Erzeugung der Spannung wird mit einem einfachen Expressflaschenzug gearbeitet. Dieser wird nach Abschluss des Aufbaus wieder aus dem System entfernt.

Aufbau:

Rundschlinge und ein HMS- oder Ovalkarabiner[25] werden am Baum befestigt. Das am gegenüberliegenden Baum befestigte[26] Seil wird mittels HMS–Knoten im Karabiner eingehängt und von Hand vorgespannt.

Für den Expressflaschenzug befestigen Sie die Seilklemme[27] so am Seil[28], dass sie in die zu erwartende Zugrichtung blockiert. Wenn Sie statt der Seilklemme mit einer Rundschlinge arbeiten, wird diese mittels Kreuzklemmknoten[29] an gleicher Stelle am Seil befestigt. Jetzt hängen Sie den Karabiner in die Klemme, bzw. Rundschlinge und drehen diesen um. Das aus dem HMS-Knoten kommende freie Seilende wird in diesen Karabiner eingehängt und in Spannrichtung am Baum vorbei gezogen.

[22] in diesem Band die Seilrutschen und Seilbahnen, S. 161 ff.
[23] es sei denn Sie arbeiten (wie ich) mit dem „Gri-Gri“: siehe S. 127 f.
[24] siehe S. 33
[25] zur Karabinerauswahl siehe S. 17
[26] siehe S. 118 ff.
[27] siehe S. 18
[28] ca. 1 – 2 Meter Abstand zum Karabiner mit dem HMS-Knoten
[29] siehe S. 27

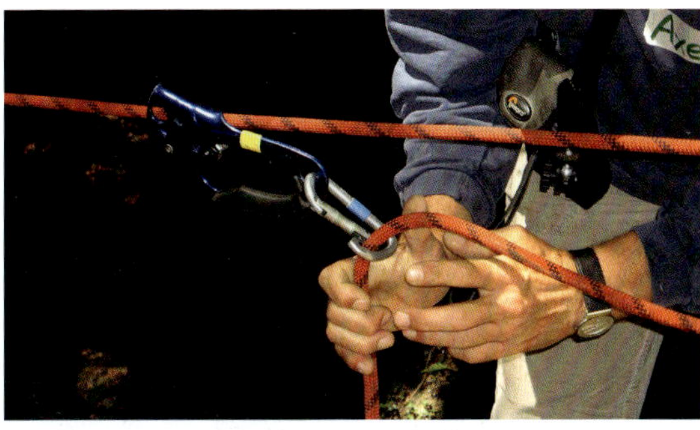

Abb. 235: Vorbereitung des Expressflaschenzugs: Das aus dem HMS-Knoten kommende freie Seilende wird in den Karabiner der montierten Steigklemme eingehängt.

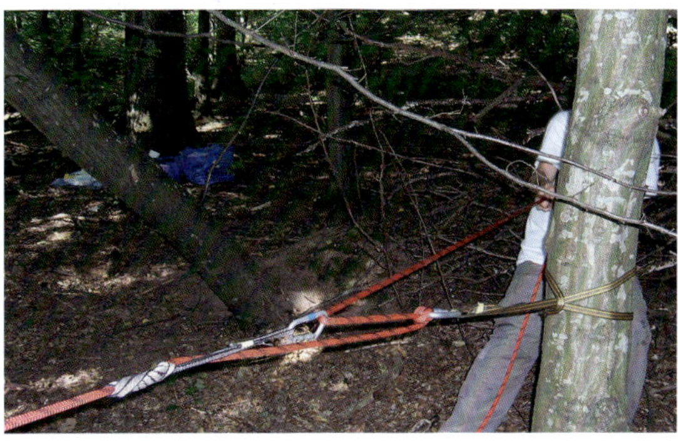

Abb. 236: Spannen der Seilbrücke mit Expressflaschenzug, im Bild mit Rundschlinge statt Steigklemme

Jetzt wird die Seilbrücke gespannt.[30]

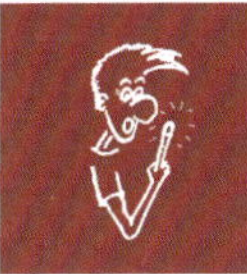

Achtung!

- Seil nicht um die Hände schlingen!
- Niemand darf zwischen Baum und Seil stehen (Einklemmgefahr).
- Eine/r führt das Kommando.

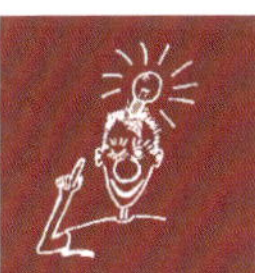

Tipp: Wenn die Umlenkung des Expressflaschenzugs am HMS-Knoten anliegt, können Sie diese mit folgender Methode ohne Spannungsverlust verschieben:

1. Den HMS – Knoten mit einer Hand fixieren;
2. Kommando „Seil geben“ – die Zugmannschaft lässt das Zugseil locker;
3. Seilklemme vom Knoten wegschieben;
4. Kommando „Zug“ – die Zugmannschaft zieht wieder an;
5. Knoten loslassen und weiterspannen.

[30] maximal drei Personen, siehe hierzu: Heisel 2008, S. 169f. und S. 34ff.

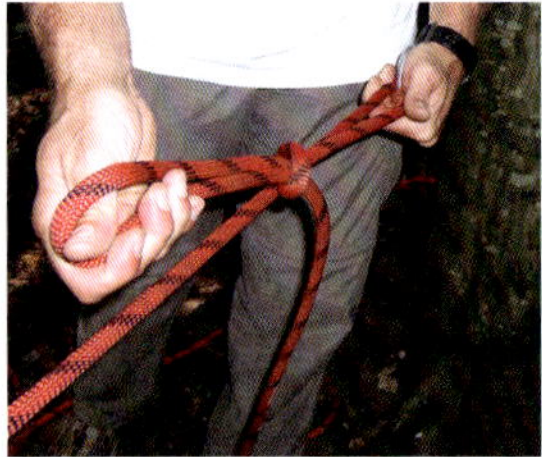
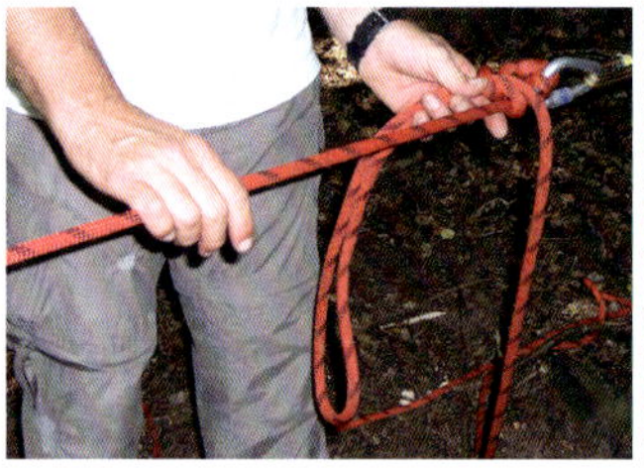
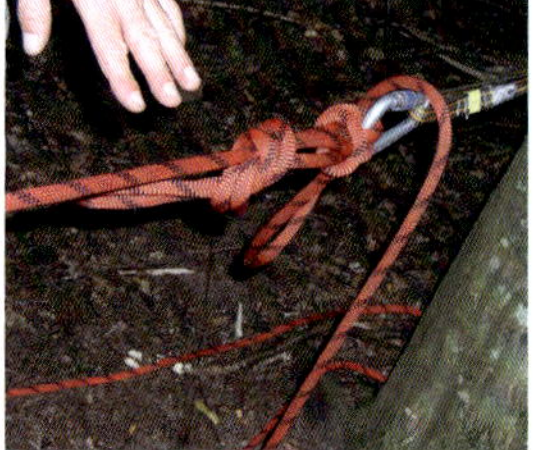

Abb. 237 bis 239, von links: Die linke Hand fixiert den HMS-Knoten, die rechte knüpft den Schleifknoten. Mitte: Den Schleifknoten dicht an den HMS bringen und den HMS-Knoten umspringen lassen. Das Seil ist fixiert. Rechts: Mit der Schlaufe des Schleifknotens wurde ein Sicherungsschlag auf das gespannte Seil gelegt.

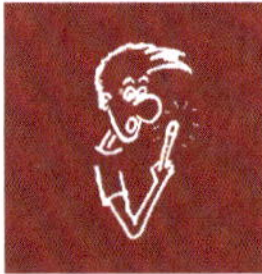

Achtung: Wenn eine Seilbrücke unter starker Spannung steht, kann der HMS-Knoten trotz Fixierung mit der Hand plötzlich umspringen: **Vorsicht Einklemmgefahr!** – Halten Sie ein Messer bereit![31]

Tipp: Sie können den HMS-Knoten auch mit einer Rundschlinge fixieren: Dazu knoten Sie diese mittels Prusikknoten[32] direkt am HMS-Knoten fest. Nun können Sie diesen durch kräftigen Zug an der Rundschlinge fixieren. (siehe Bild)

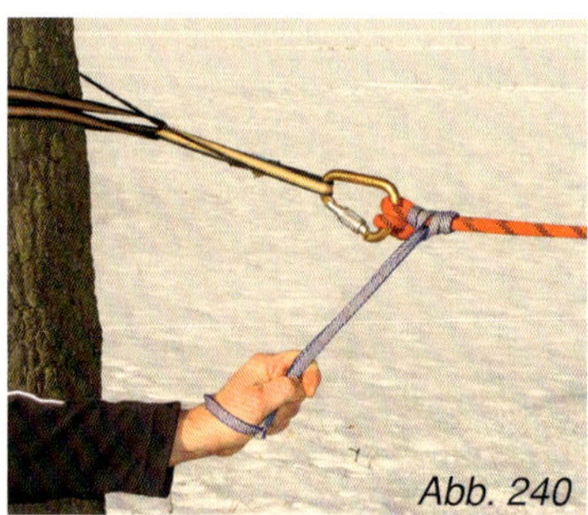

Abb. 240

Wenn das Seil die gewünschte Spannung hat, wird der HMS-Knoten wieder mit der Hand oder einer Rundschlinge fixiert. Die Zugmannschaft lässt das Seil los und der HMS-Knoten wird mit einem Schleifknoten[33] fixiert.[34]

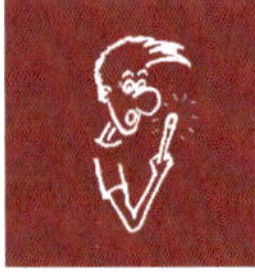

Achtung: Hintersichern Sie den Schleifknoten mit einem Sicherungsschlag[35], um ungewolltes Öffnen zu vermeiden.

---

[31] nicht für die Finger: für das Seil natürlich! ;-)

[32] siehe S. 22

[33] siehe S. 31 und S. 33

[34] Da der Schleifknoten sich erst festziehen muss entsteht an dieser Stelle immer ein gewisser Spannungsverlust im Seil. Bei langen Seilbrücken ist dieser nicht so deutlich spürbar wie bei kurzen. Mit zunehmender Übung lässt sich der Spannungsverlust verkleinern, ist aber nie ganz vermeidbar.

[35] siehe S. 22

Französische Methode

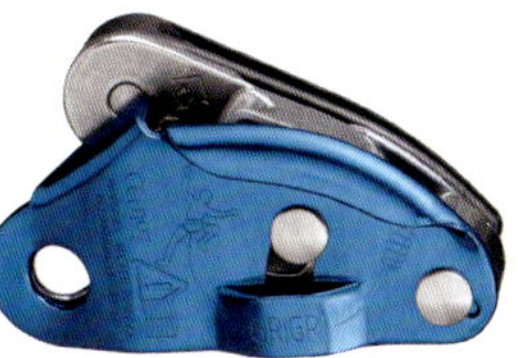
Abb. 241: GriGri

Diese vor allem in Frankreich verbreitete Methode zeichnet sich durch eine einfachere und schnellere Handhabung aus als die Alpinmethode, da anstelle von HMS– und Schleifknoten ein „GriGri" der Firma PETZL als Rücklaufsperre verwendet wird. Der sonstige Aufbau ist derselbe wie bei der „Alpinmethode".

Damit das Gri-Gri blockieren kann, muss das Brückenseil ständig unter Spannung stehen. Bei langen Brücken sorgt, ausreichende Grundspannung vorausgesetzt, die Seildehnung für die notwendige Spannung – bei kurzen Brücken ist diese zu gering. Die Anwendung des GriGris bei kurzen Seilbrücken erfordert die zusätzliche Blockierung des Gerätes mittels Schleifknoten[36].

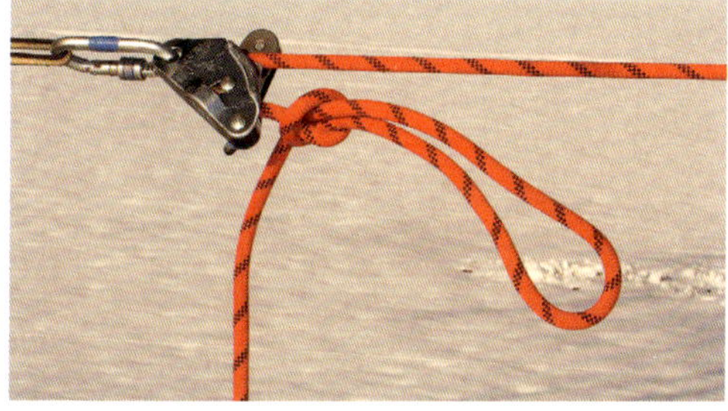
Abb. 242: GriGri als Rücklaufsperre mit einem einfachen Schleifknoten[37] hintersichert

Alternativ zum Schleifknoten kann auch jeder andere Knoten zur Hintersicherung des GriGri verwendet werden – er lässt sich, falls das Seil durchgerutscht ist, unter Umständen schwieriger wieder lösen. Zur Not muss die Seilbrücke noch einmal nachgespannt werden damit der Knoten freikommt.

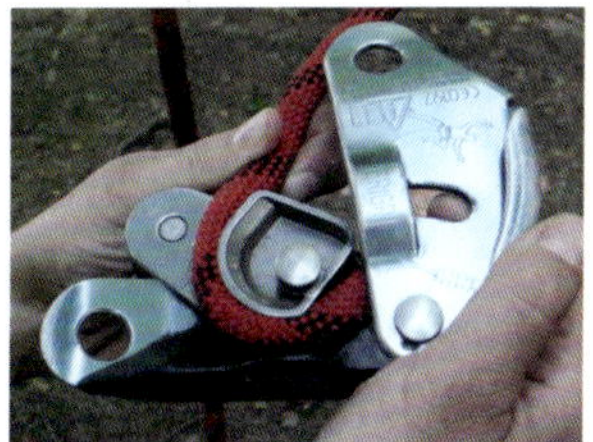
Abb. 243: Einlegen des Seiles in das GriGri

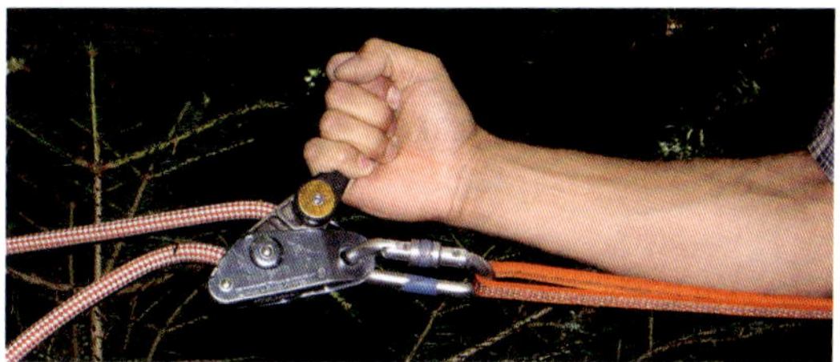
Abb. 244: Beim Abbau der Seilbrüche wird durch kräftigen Zug am Hebel die Spannung des Seiles gelöst

---

[36] siehe S. 31 – der Schleifknoten muss wiederum mit einem Sicherungsschlag (siehe S. 27) gegen ungewolltes Öffnen hintersichert werden

[37] einfacher Sackstich auf Slip, vgl. hierzu S. 39

Das GriGri bietet beim Spannen von Seilbrücken eine Reihe von Vorteilen:

- Die Bedienung des Gerätes ist eindeutig, eine falsche Anwendung im Zusammenhang mit Seilbrücken ist ausgeschlossen.
- Dadurch kann das GriGri auch von weniger erfahrenen Personen nach kurzer Einweisung verwendet werden[38].
- Die dem Gerät beiliegende Beschreibung gibt wertvolle Hinweise für dessen Anwendung.
- Laut Hersteller ist das Gerät so konstruiert, dass das Seil bei einer Überlastung geringfügig durchrutscht und danach sofort wieder blockiert. In Laborversuchen konnte dies verifiziert werden, allerdings unter einer kontinuierlich ansteigenden Belastung und nicht durch eine plötzliche Spitzenbelastung wie sie bei einem Sturz oder beim Wippen auf einer Seilbrücke erzielt werden. Damit ist ein Seilriss durch Überlastung theoretisch nicht mehr möglich. (vgl. Dewald / Häußler 2005: S. 30)
- Die Anschaffung des GriGri ist vor allem dann interessant, wenn auch mit anderen Medien aus der alpinen Erlebnispädagogik gearbeitet wird. Hier bieten sich eine Vielzahl erstklassiger Anwendungen an.

Als Nachteile seien erwähnt:

- Der relativ hohe Anschaffungspreis[39].
- „Die Benutzung des GriGri als Rücklaufsperre und Überbelastungsbegrenzung war bei der Konstruktion des Gerätes nicht vorgesehen. Somit stellt dies in gewisser Weise eine Zweckentfremdung des Gerätes dar. Damit ist eine Produkthaftung des Herstellers unter Umständen nicht mehr gewährleistet“. (Dewald / Häußler 2005: S. 30)[40]

---

[38] hohe Einbindung und Sebsttätigkeit der Teilnehmer beim Aufbau

[39] ca. € 72,–

[40] zur Problematik der Rücklaufsperren und Anschlagpunkte siehe auch: Dewald / Häußler 2005: S. 25 ff. und S. 144 ff.

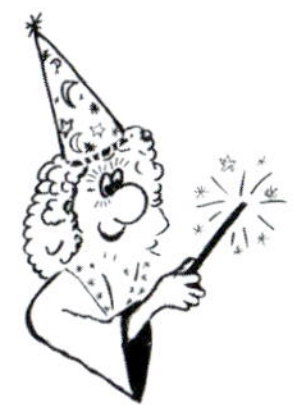

Wie kommt das Brückenseil nach oben?

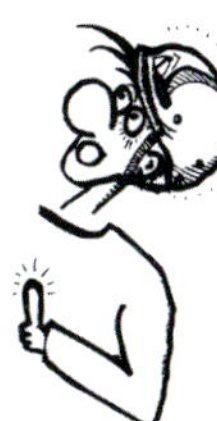

Tipps und Tricks zur Befestigung von Brückenseile in Überkopfhöhe.

Ohne Leiter nach oben

Wenn es ein Fußseil gibt: einfach auf dieses stehen. Und beim Abbauen erst das obere Seil abbauen …

Zum Aufstieg an einem Baum können Sie Seilringe oder Rundschlingen mittels Ankerstich[1] an diesem befestigen. Die Schlaufen dienen als Trittschlingen. An einer hoch angebrachten Schlinge können Sie auch eine Strickleiter befestigen – dadurch geht der Aufstieg schneller.
Wenn der Baum zu dick, die Rinde zu rau oder Äste im Weg sind, funktioniert diese Methode nicht.

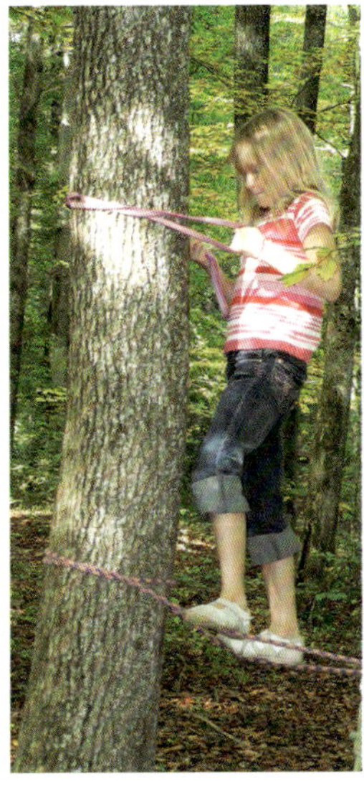

Abb. 245: Arbeiten mit Stand auf dem unteren Seil

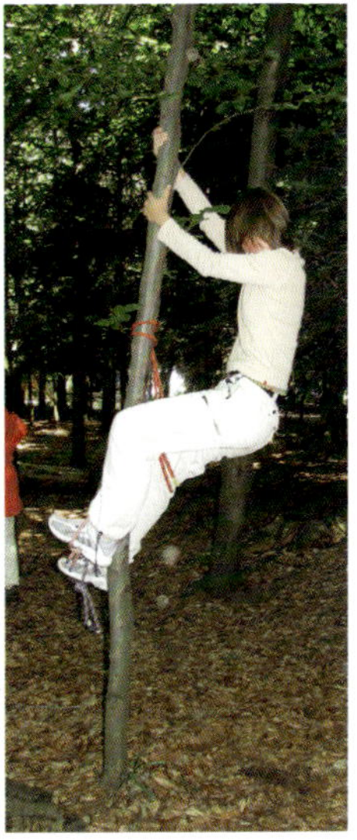

Abb. 246: Aufstieg am Baum mit zwei Trittschlingen

Tipp: Wenn Sie eine der Schlingen am Klettergurt befestigen, haben Sie gleichzeitig eine Arbeitsplatzpositionierung und Sicherung.

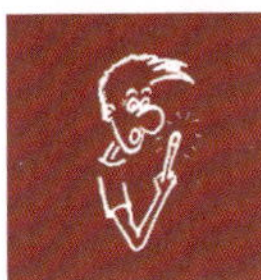

Achtung: Lassen Sie sich beim Aufstieg sichern[2] – wenn Sie das Gleichgewicht verlieren und mit dem Fuß in der Schlinge hängen bleiben, …

[1] siehe S. 23
[2] Spotten: siehe Heisel 2008, S. 32

Arbeitsplatzpositionierung

Sobald Sie in der Höhe mehr als einen Handgriff ausführen, egal ob auf einer Aluleiter oder in Trittschlaufen stehend, sollten Sie sich am Arbeitsplatz fixieren[3].

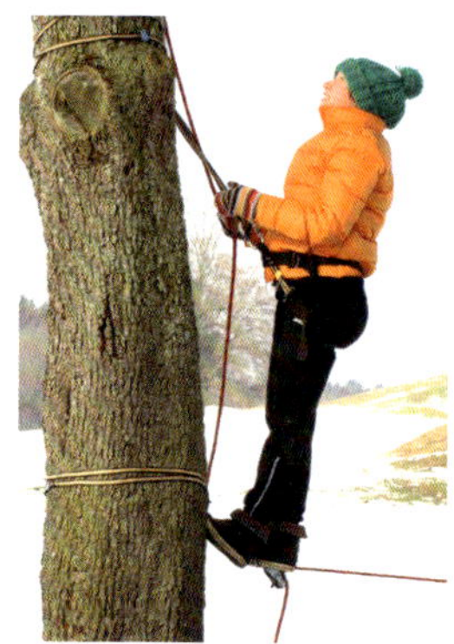

Abb. 247: Arbeitsplatzpositionierung und -sicherung mit Klettergurt

- **mit Klettergurt**

Am besten und zuverlässigsten geht dies mit Klettergurt, Rundschlingen und Karabiner. Eine ausreichend lange Rundschlinge wird mittels Ankerstich[4] in der gewünschten Höhe am Baum befestigt. Jetzt hängen Sie diese mit einem Karabiner an der Anseilschlaufe ihres Klettergurtes ein. Nun wird das System belastet.

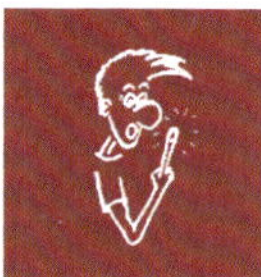

Achtung: Die Rundschlinge muss ständig belastet werden. Klettern Sie nie im Vertrauen auf diese Sicherungsform nach oben!

- **ohne Klettergurt**

Wenn Sie keinen Klettergurt zur Verfügung haben können Sie sich auch mit einem kurzen Seil, bzw. mit entsprechend langen Rundschlingen positionieren.

Dazu legen Sie das Seil um Baum und oberen Rücken und verknoten dieses[5]. Nun legen Sie sich, in der Leiter oder Trittschlinge stehend nach hinten.

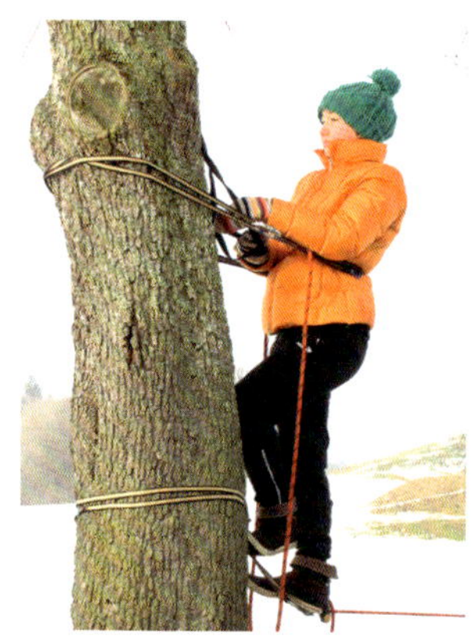

Abb. 248: Arbeitsplatzpositionierung mit einer langen Rundschlinge, Verschluss durch Karabiner

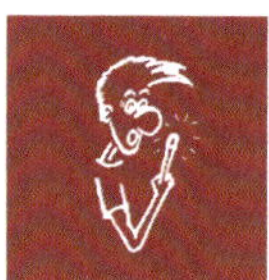

Achtung: Im Gegensatz zur Technik mit Klettergurt sind Sie bei dieser Methode *nicht gesichert (!)* – nur positioniert.

---

3 Stürze von Leitern erfolgen in der Regel nicht beim Auf- oder Abstieg, sondern während des Arbeitens auf diesen

4 siehe S. 23

5 bei der Verwendung von Rundschlingen benötigen Sie einen Karabiner um den Kreis zu schließen

Das Seil nach oben schieben

Die Befestigung eines Seiles kann auch ohne Leiter oder Trittschlingen höher als in Armreichweite angebracht werden. Das Seil wird dazu lose um den Baum geknotet bzw. mittels Rundschlinge lose am Baum befestigt und mit Hilfe von Stöcken nach oben geschoben.
Sobald die Schlinge unter Zug gesetzt wird, bleibt sie in der gewünschten Höhe am Baum.

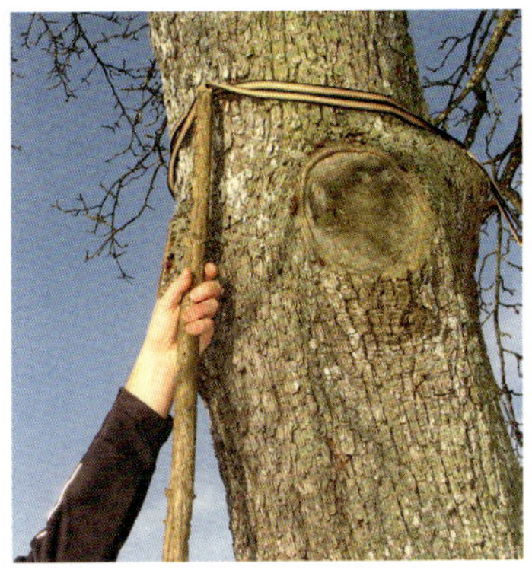

Abb. 249: Die nur lose mit dem Seil beschwerte Rundschlinge kann mit Hilfe eines Stockes weit nach oben geschoben werden

Spannen über Kopfhöhe

Ein Seil über Kopf zu spannen ist meist noch etwas schwieriger als dieses lediglich dort zu befestigen. Hier einige Ideen dazu:

Wickeltechnik[6] oben

Hier hält eine möglichst große und kräftige Person das Seil *vor* dem Baum mit ausgestreckten Händen nach oben. Die Zugmannschaft steht hinter dem Baum, *so weit wie möglich vom Baum entfernt*. Jetzt wird wie gewohnt gespannt.

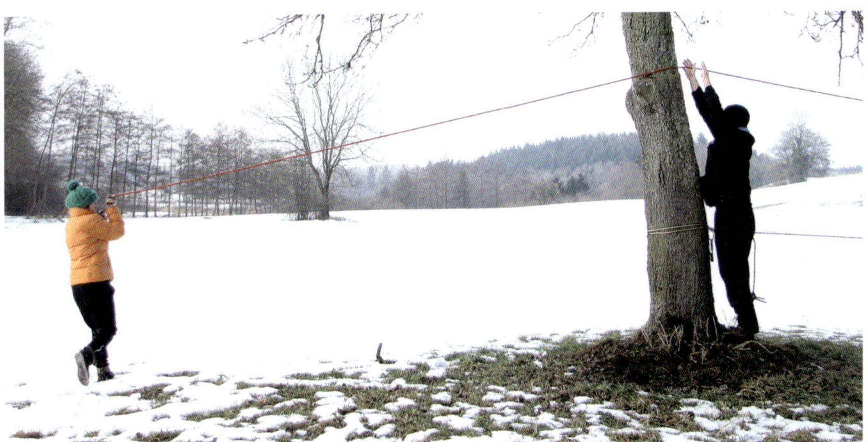

Abb. 250: Spannen eines Seiles über Kopfhöhe

[6] das Spannen von Seilbrücken mit der Wickeltechnik finden Sie in Heisel 2008, S. 169ff. erklärt

Umlenkung

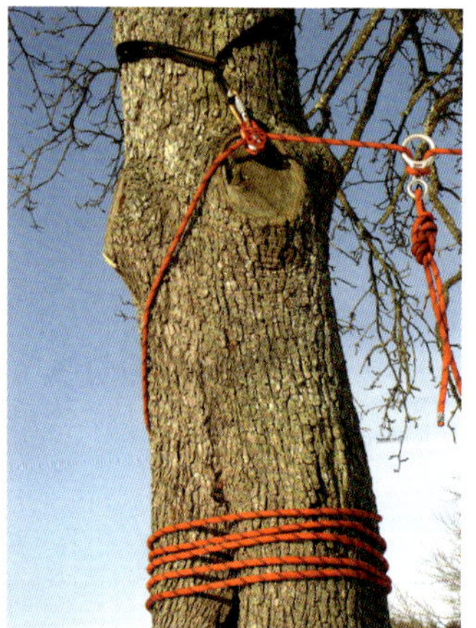

Bei dieser Methode befestigen Sie in der gewünschten Höhe mittels Ankerstich[7] eine Rundschlinge. In diese wird ein Karabiner mit Verschlusssicherung eingehängt. Eine genormte Seilrolle im Karabiner schont das Seil und mindert den Reibungsverlust beim Spannen. Das Seil wird durch den Karabiner oder die Rolle geführt und mittels einer geeigneten Methode[8] an einem dancbenstehenden Baum befestigt.

Abb. 251: Umlenkung des Seiles in einer Einfachseilrolle, Fixierung des Seiles mittels Wickeltechnik am selben Baum

Tipp: Wenn kein geeigneter Baum in der Nachbarschaft vorhanden ist, kann das Seil auch am selben Baum verspannt werden.

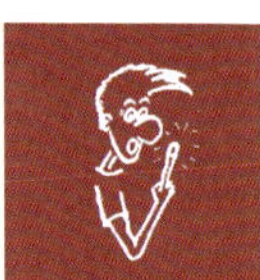

Achtung: Ein Baumstamm verjüngt sich nach oben. Gleichzeitig erfolgt die Zugrichtung der Seilspannung in diese Richtung. Deshalb muss die Befestigungsschlinge der Rücklaufsperre besonders gut am Baum klemmen! Eine lose Hintersicherung dieser Schlinge an der Befestigungsschlinge des unteren Seiles ist sinnvoll. Dadurch wird ein Nach-oben-Wandern der Schlinge rechtzeitig erkannt.

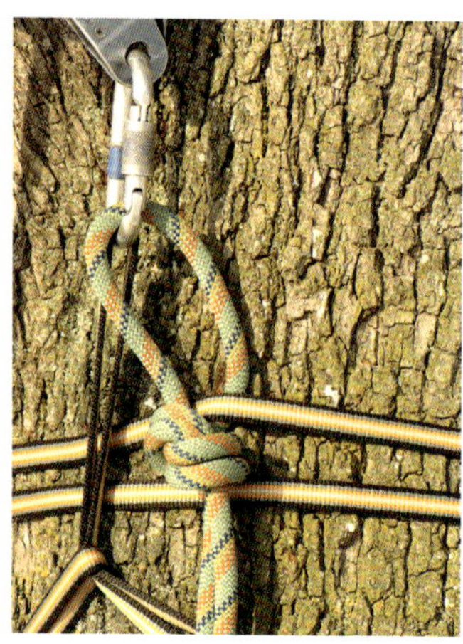

Abb. 252: Hintersicherung der Abspannung an der Befestigungsschlinge des unteren Brückenseils durch ein kurzes Seilstück

[7] siehe S. 23
[8] Wickeltechnik S. 122 f., Alpinmethode S. 124 ff., Französische Methode S. 127 f.

Französisch oder Alpin

Um in größerer Höhe ein Seil zwischen zwei Bäume zu spannen eignet sich die Wickeltechnik ohne weitere Modifikation nicht mehr. Neben der eben beschriebenen Umlenkung kann auch die „Alpinmethode“[9] oder die „Französischen Methode“[10] als Spanntechnik angewendet werden.

Häufig ist eine Arbeitsplatzpositionierung[11] erforderlich.

Tipp: Oft arbeitet der Expressflaschenzug beim Spannen von Seilen in größerer Höhe nicht mehr zufriedenstellend, da der Zug eher nach unten als in die gewünschte Richtung erfolgt.
Abhilfe schafft hier eine Umlenkung:
Hängen Sie in die Rundschlinge am Baum einen Karabiner ein. In diesen wird das Zugseil eingeklinkt. Versuchen Sie dennoch die Zugmannschaft so weit wie möglich vom Baum entfernt zu positionieren – das mindert die Reibung des Seiles im Karabiner. Eine Seilrolle im Karabiner vermindert die Reibung sehr deutlich und erleichtert das Spannen enorm.

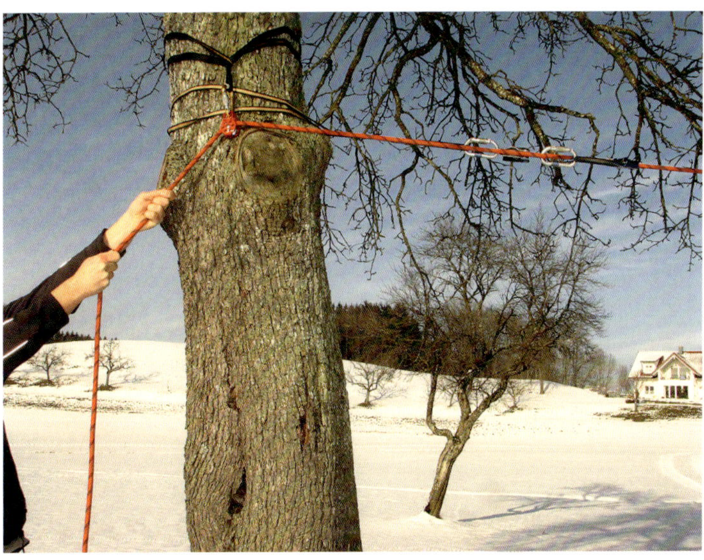

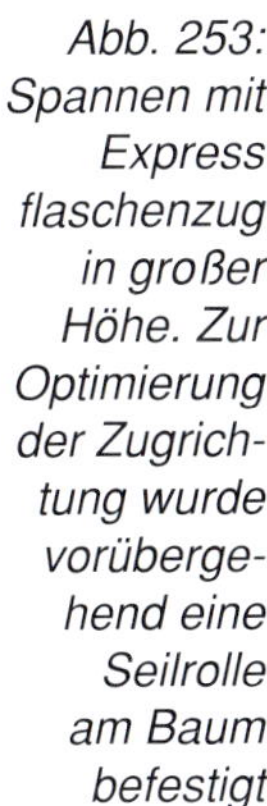

Abb. 253: Spannen mit Express flaschenzug in großer Höhe. Zur Optimierung der Zugrichtung wurde vorübergehend eine Seilrolle am Baum befestigt

[9] siehe S. 124 ff.
[10] siehe S. 127 ff.
[11] siehe S. 130

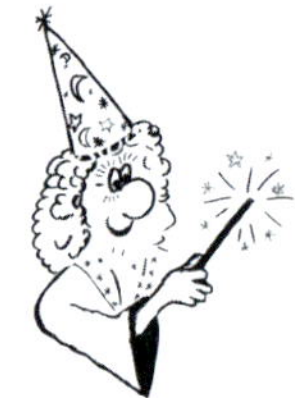

Seil zu lang? Aus eins mach zwei!

Hier finden Sie Tipps und Tricks wie Sie mit einem langen Seil zwei oder noch mehr Brückenseile spannen können.[12]

Das Seil ist lang genug, um damit zwei kurze Seilbrücken zu bauen?

Kein Problem: Befestigen Sie die Mitte des Seiles an einem Baum.[13] Jetzt können Sie beide Seilenden separat spannen.

Sie wollen mit einem Seil Handlauf UND Fußseil einer Brücke bauen?

Knoten Sie jeweils ca. einen Meter links und rechts der Mitte des Seils eine Achterschlaufe ein. Jetzt können Sie diese mittels Karabiner und Rundschlinge in der gewünschten Höhe am Baum befestigen und separat spannen.

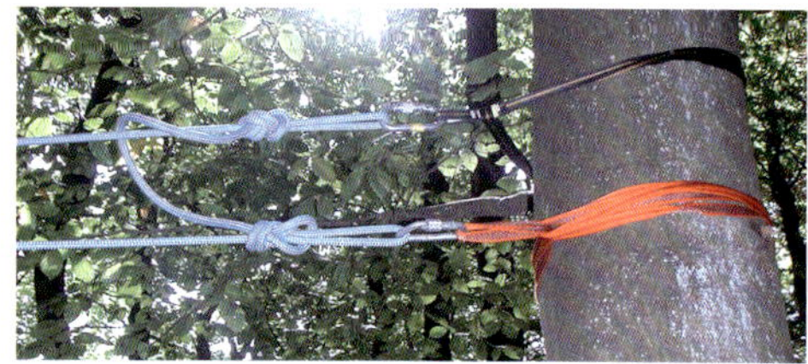

Abb. 254: Aus einem Seil zwei gespannte Seile gemacht

Sie haben ein sehr langes Seil und wollen damit mehrere kleine Seilbrücken bauen? Hier zwei Möglichkeiten:

Das Seil wird mit einer beliebigen Technik am ersten Baum befestigt.

- Nun wird das Seil mittels Wickeltechnik zum nächsten Baum gespannt. Dabei ist es hilfreich, wenn eine Person den Seilrest um den Baum herum transportiert, um Seilsalat zu vermeiden.
- Nun wird um den Baum mit der Seilwicklung eine Rundschlinge mit Karabiner gelegt. In diesen wird der Anfang des Seilrestes mittels Achterknoten[14] eingehängt und die zweite Brücke kann gespannt werden.

Nachteil dieser Methode: Die ersten Brücken können nicht nachgespannt werden, ohne die anderen Brücken abzubauen.

Abhilfe schafft hier die Anwendung der „Alpin- oder Französischen Methode[15]“.

---

[12] wenn das Seil immer wieder zu lang ist und Sie für das lange Seil keine konkrete Anwendung haben, empfiehlt es sich das Seil zu zerschneiden. Die Enden können Sie über einer Kerzen- oder Gasflamme verschmelzen. Vorsicht: Heißes, flüssiges Seilmaterial klebt an den Fingern fest …

[13] Wickeltechnik oder mit Rundschlinge und Karabiner, siehe S. 118 ff.

[14] siehe S. 23

[15] siehe S. 124 ff.

Seil zu kurz? Aus zwei mach eins!

Bei der Verlängerung von Seilen muss unterschieden werden, ob die Verbindung

- innerhalb des gespannten Teils des Seiles oder
- außerhalb des gespannten Teils des Seiles

geschehen soll.

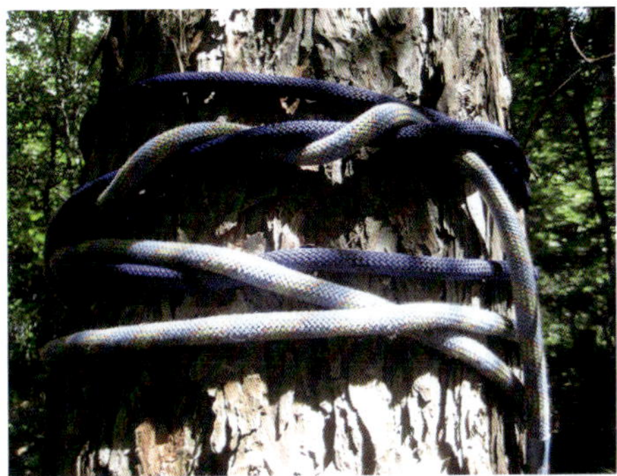

Abb. 255: Farbwechsel im Seil? Verlängerung innerhalb der Wickeltechnik

Für Verlängerungen *außerhalb* des gespannten Seilabschnitts wählen Sie den Sackstich als Seilverbindungsknoten[16]. Liegt der Knoten bei einer Wicklung am Baum an, verstärken Sie diesen durch einen zweiten Sackstich[17].

Für Verlängerungen *innerhalb* des gespannten Seilabschnitts ist die obige Methode nicht geeignet – der Sackstich wäre nach entsprechenden Belastungen nicht mehr zu öffnen.

Der für diesen Fall von vielen Fachgruppen vorgeschlagene „doppelte Spierenstich" ist schwierig zu knüpfen – zumal er nur sehr selten benötigt und damit schlecht verinnerlicht wird.
Abhilfe schafft die Verwendung eines Karabiners mit Verschlusssicherung. Jetzt können Sie in die Enden der zu verbindenden Seile eine Schlaufe mit dem geeigneten Knoten Ihrer Wahl[18] knüpfen und diese mit dem Karabiner miteinander verbinden.

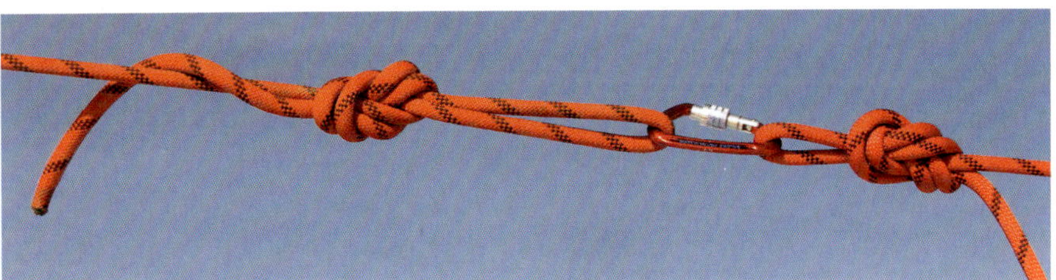

Abb. 256: Seilverlängerung mit Karabiner und Achterknoten

---

[16] siehe S. 22
[17] doppelter Sackstich als Seilverbindungsknoten, siehe S. 22
[18] Achterknoten (S. 23) oder Bulin / Palstek (S. 24) oder doppelter Bulin / Palstek (S. 30)

Fehlende Bäume: Stützen und Spanner

Manchmal gibt es in dem zur Verfügung stehen Gelände keine Bäume in geeignetem Abstand zueinander. Die Bäume stehen zu weit auseinander, bei einer Begehung der Seilbrücke liegt das Fußseil am Boden auf.

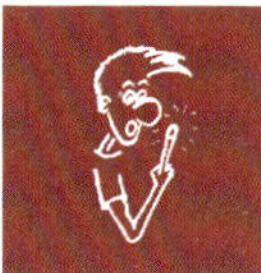

Achtung: Fatal wäre es hier, die Seilspannung zu erhöhen. Bei einer zu großen Vorspannung können Kräfte entstehen, welche das Material überlasten würden.[19]

Kisten und Holzstämme

Wenn im Wald kurze Holzstämme in der Nähe liegen ist der naheliegende Gedanke, das Fußseil der Brücke mit diesen abzustützen, auch Materialkisten werden hier manchmal zweckentfremdet.

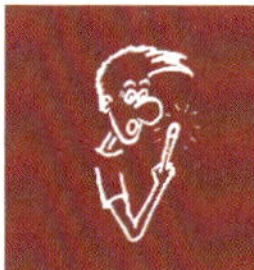

Das ist problematisch! Ein gespanntes Seil kann durch Zug über eine Kante abgeschert werden! Die Schärfe einer gewöhnlichen Tischkante reicht dazu aus.

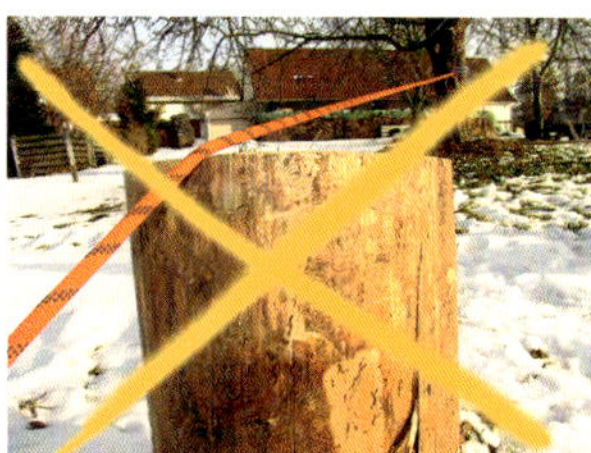
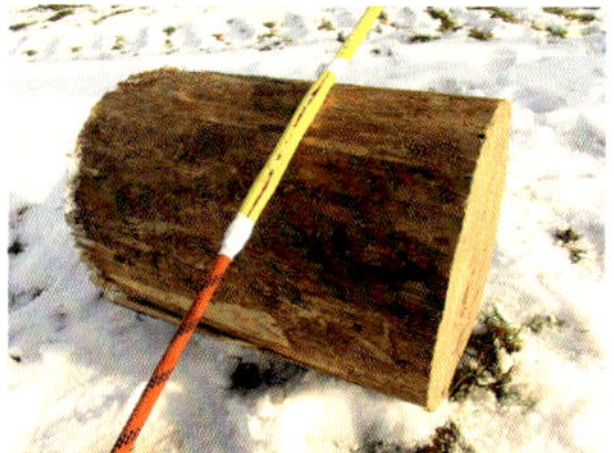
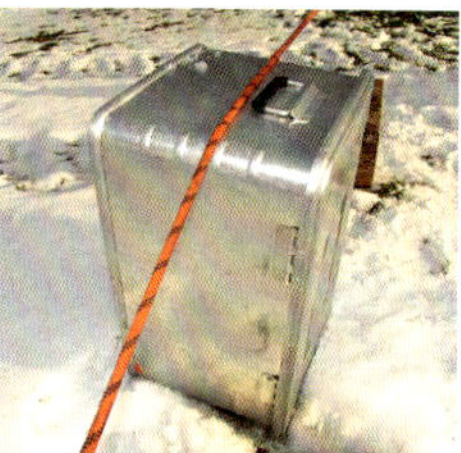

Abb. 257 bis 259, von links nach rechts: So nicht! Das Seil könnte an der Kante des Rundholzes reißen; Rundholz und improvisierter Seilschutz aus einem aufgeschnittenen Gartenschlauch, mit Tape gegen Verrutschen gesichert; Zarges-Box, nicht nur zum Materialtransport hervorragend geeignet

Wenn wir also solche „Holzrugel“ verwenden wollen, müssen diese zumindest mit ihrer runden Seite nach oben gelegt und ein Seilschutz[20] verwendet werden. Materialkisten und Turnhallenkästen müssen entsprechend abgerundet sein.

---

[19] zu den entstehenden Kräften bei Seilbrücken siehe: Heisel 2008, S. 34 ff.

[20] diesen Seilschutz erhalten Sie im Fachhandel, ein Stück Feuerwehrschlauch oder ähnliches über das Seil geschoben erfüllt den gleichen Zweck

Verbindungsstreben

Eine weitere Möglichkeit dem Fußseil bei entsprechenden Brücken mehr Stabilität gegen Durchhang zu geben, ist das Einziehen von Verbindungsschnüren zwischen Fuß- und Handseil. Dies geschieht durch das Einknoten[21] von 6 mm Reepschnüren. Die entstandenen Zwischenstreben geben ein Teil der Kräfte, welche auf das Fußseil wirken an den Handlauf ab.[22]

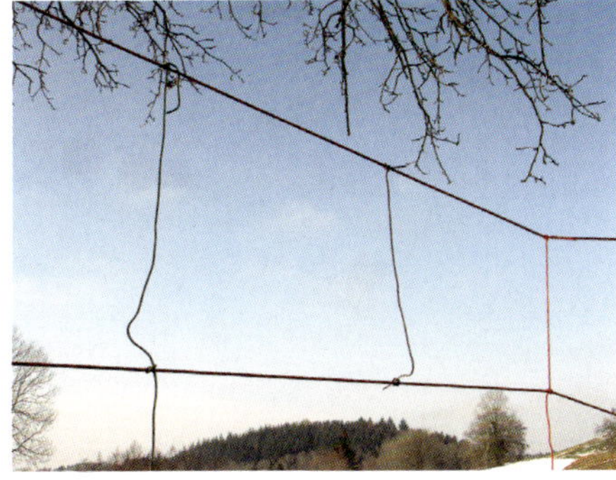

Abb. 260: Verbindungsstreben aus 6 mm Reepschnur, die losen Verbindungen werden bei einer Begehung gestrafft

Abspannungen nach Oben

Stehen neben der Seilbrücke noch einige Bäume in der Nähe, können Sie die Seile der Brücke schräg nach oben an diese abspannen.

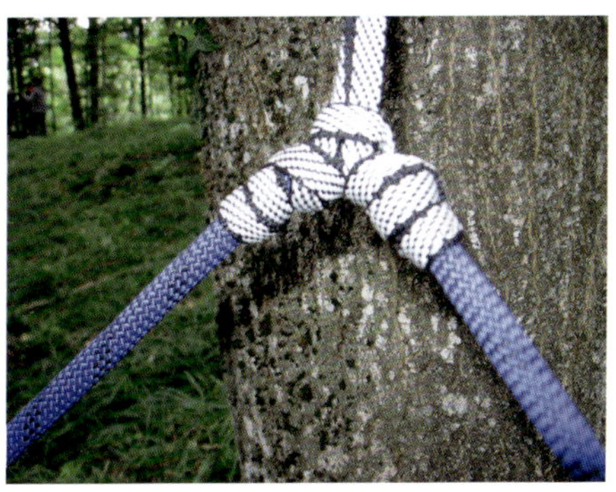

Abb. 261: Zur zusätzlichen Abspannung des Seils mit Prusikknoten befestigte Dyneemaschlinge

Zuerst wird die Seilbrücke aufgebaut. Jetzt bringen Sie an der gewünschten Stelle des gespannten Seils eine Rundschlinge mittels Prusikknoten an.[23] Am „Stützbaum“ wird möglichst weit oben eine weitere Rundschlinge befestigt.[24]
Zum Schluss werden beide Schlingen durch ein kurzes Seil, Karabiner oder weitere Rundschlingen in der gewünschten Vorspannung miteinander verbunden.

---

21 der gesteckte Mastwurf / Weblein ist hier der Knoten der Wahl, siehe S. 28 er muss mit Zwei Halben Schlägen, S. 25 hintersichert werden

22 siehe auch: Burmabrücke (S. 156)

23 der Prusikknoten (S. 23) schafft durch seine Klemmwirkung eine feste Verbindung zwischen Abspannung und Brückenseil. Dadurch werden Scheuerstellen vermieden. Je dünner die Rundschlinge desto höher deren Klemmwirkung auf dem Seil: Dünne Schlingen aus Dyneema (siehe S. 16) sind hier besonders geeignet.

24 mittels Ankerstich, siehe S. 23

Es können mehrere solche Abspannungen an einem Brückenseil angebracht werden. Das entstehende leichte Zick-Zack-Muster verändert den Charakter der Brücke und kann zur Gestaltung gezielt eingesetzt werden.

Stützpfeiler

Diese Methode folgt dem Grundprinzip der Zwischenstützen bei Hängematten auf Seite 101. Sie benötigen zwei starke und sehr lange Balken oder Stangen.

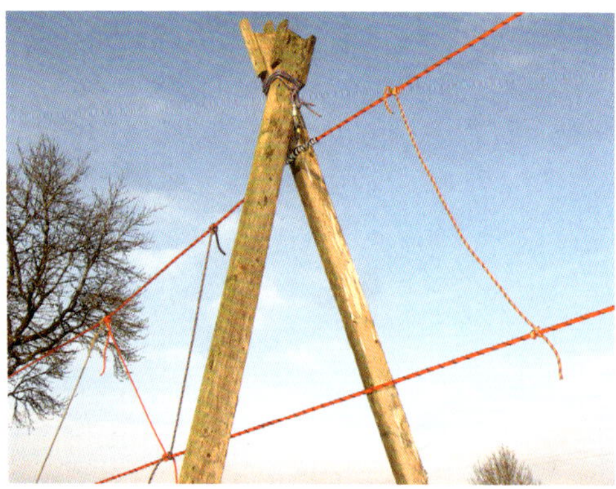

Abb. 262: Stützpfeiler in einer langen Seilbrücke

Legen Sie die beiden Hölzer nebeneinander. Jetzt umwickeln Sie beide Stangen in der Nähe des oberen Endes mehrfach mit einer starken Reepschnur. Die Wicklung wird mit einem Kreuzknoten[25] fixiert. Das Obere Seil wird jetzt, wie auf der vorigen Seite beschrieben, an die Stütze gehängt. Das untere Seil wird durch Seilstreben, wie auf Seite 137 beschrieben, mit dem oberen verbunden.

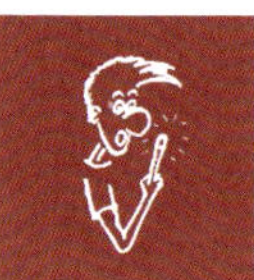

Achtung: Der Stützpfeiler wird in der Regel nicht im Boden verankert. Bei einer Begehung der Brücke schwankt dieser hin und her. Beachten Sie die dadurch entstehende Gefahr.

[25] siehe S. 24

Dünne Bäumchen

Manchmal steht ein Baum zwar an der richtigen Stelle, erscheint uns aber als zu dünn um der Belastung einer Seilbrücke standzuhalten.

Bevor Sie das Bäumchen stabilisieren, schauen Sie bitte in dessen Krone: Morsche Äste oder dünne Kronen, die beim Schwanken des Baumes herunterfallen können, sind ein K.O.-Kriterium! Auch die Frage, ob das Bäumchen durch unser Tun keinen Schaden erleidet, sollte zuerst beantwortet werden.

Um den Baum zu stabilisieren, benötigen Sie zur gedachten Verlängerung der Zugrichtung der Seilbrücke zwei weitere Bäume. Diese stehen leicht nach links und rechts versetzt. Jetzt bringen Sie, möglichst weit oben am abzustützenden Baum, zwei Seile[26] an und spannen diese schräg nach unten an die hinteren Bäume ab.

Nun erfolgt der Aufbau der Seilbrücke nach einer Methode Ihrer Wahl.

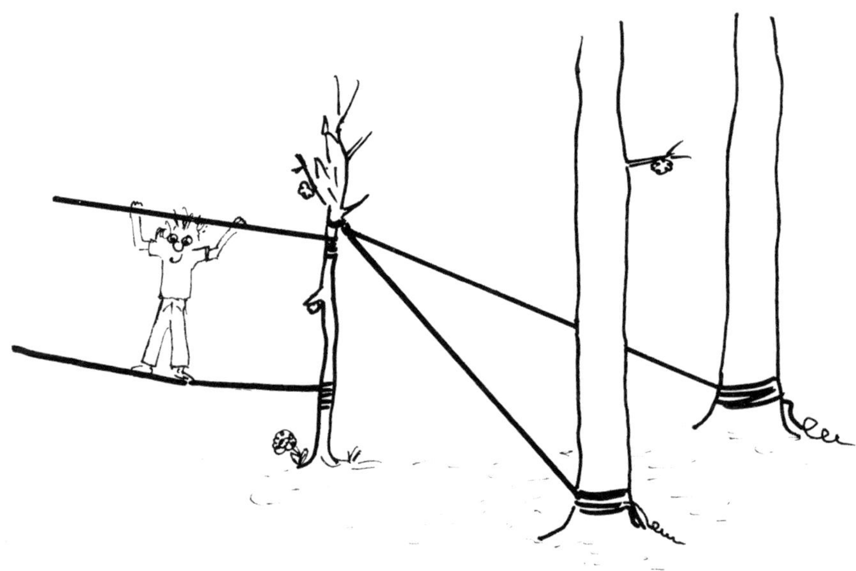

Abb. 263: So wird ein zu schwacher Pfosten oder Baum nach hinten abgespannt

[26] oder ein genügend langes Seil in dessen Mitte

Dreiecksbeziehungen: Abzweigungen in Seilbrücken

Durch Abzweigungen in Seilbrücken kann sowohl deren Verlauf bei ungünstigen Geländehindernissen verändert werden, als auch ein Netz aus mehreren Seilbrücken geschaffen werden.

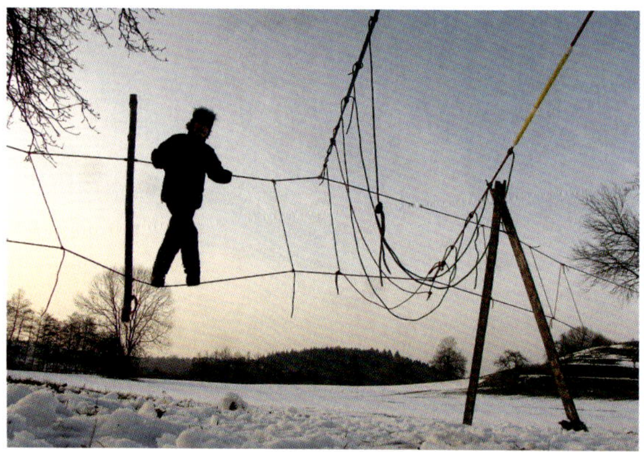

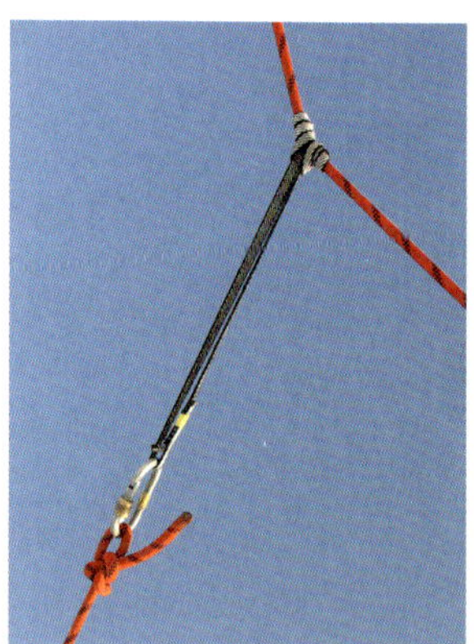

Abb. 264 und 265: Abzweigung in einer Seilbrücke

Zuerst wird eine Seilbrücke aufgebaut. Je stärker diese durch die zweite Brücke von ihrer Geraden abgelenkt werden soll, desto weniger darf die erste Brücke vorgespannt sein.

Nun befestigen Sie an gewünschter Stelle Rundschlingen mittels Prusikknoten[27]. In diese werden nun die zu spannenden Seile durch einen Karabiner eingehängt und an die entsprechenden Bäume in der gewünschten Art und Weise verspannt.

Tipp: Auch mit Abseilachtern lassen sich elegante Abzweigungen in Seilbrücken anbringen. Die Achter werden wie beim Abseilen üblich im Seil befestigt.[28] Das abzweigende Seil kann direkt im Achter eingebunden werden. Ein Abseilachter lässt sich allerdings innerhalb eines gespannten Seiles nicht mehr verschieben.

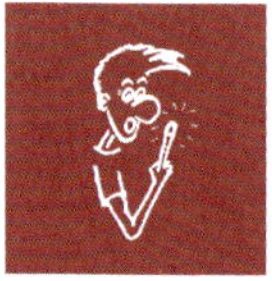

Achtung! Verwenden Sie in Seilbrücken keine Reepschnüre zur Herstellung von Abzweigungen. Diese würden der Belastung nicht Stand halten!

---

[27] siehe S. 23; Dyneemaschlingen haben eine besonders gute Klemmwirkung
[28] siehe S. 37

Runter hängen lassen

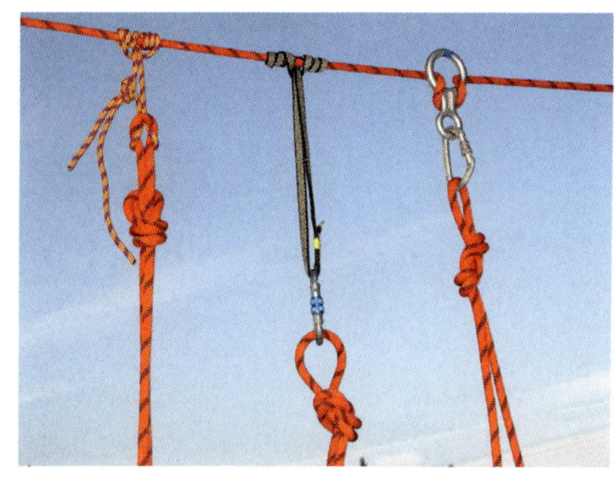

Abb. 266: Abzweigung von hoch gespannten Seilen: Reepschnur, Rundschlinge, Abseilachter

Bei einigen Seilbrücken ist es nötig, von einem weit oben gespannten Seil weiter Seile herabhängen zu lassen.
Auch beim Aufhängen von Schaukeln an einem quer gespannten Seil benötigen wir diese Technik.[29]
In beiden Fällen darf die Aufhängung nicht am Seil verrutschen und dieses nicht durch Scheuerstellen beschädigen.

Drei grundlegende Methoden möchte ich Ihnen hierzu vorstellen:

1. Knoten sie eine 6 mm Reepschnur in deren Mitte mittels Prusikknoten[30] an der gewünschten Stelle fest.
   - Am einfachsten fassen Sie die beiden Enden der Reepschnur mit dem Ende des zu befestigenden Seiles zusammen und verknoten diese mittels Sackstich als Seilverbindungsknoten[31].
2. Befestigen Sie eine Rundschlinge mittels Prusikknoten an der gewünschten Stelle im Seil. Auch darin können sie mit Karabiner oder gesteckten Knoten ein Seil befestigen.
3. Befestigen Sie an der gewünschten Stelle einen Abseilachter mit dem großen Auge im Seil. Die Seilführung ist wie beim Abseilen[32].

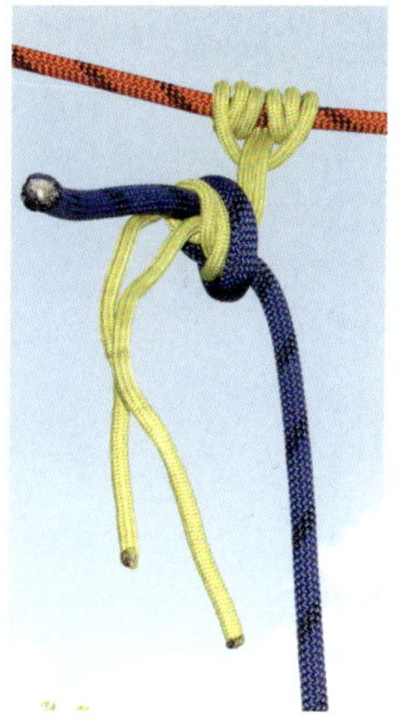

Abb. 267: Reepschnur und Seil mit Sackstich verbunden

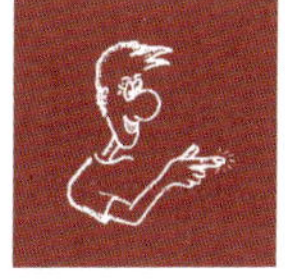

Hinweis: Die Abseilachter müssen vor dem Spannen des Tragseils angebracht werden. Auch bei den anderen Methoden empfiehlt sich dies, da das gespannte Seil oft nur schlecht erreicht werden kann.

[29] siehe S. 80
[30] siehe S. 23
[31] siehe S. 22
[32] S. 37

Spreizen

Manchmal ist es nötig, zwei Seile weiter auseinander zu halten als dies der Durchmesser des Baumes erlaubt, zum Beispiel bei den Burmabrücken[33]. Auch zu gestalterischen Zwecken kann der Einsatz von Spreizen hilfreich sein.[34]

Eine Spreize ist ein ausreichend dimensioniertes Rundholz. Es muss deutlich länger als die angestrebte Spreizbreite sein.
An diesem Rundholz befestigen Sie jeweils links und rechts eine entsprechend lange Rundschlinge mit dem Prusikknoten. Auch an den Seilen wird an der gewünschten Stelle jeweils eine Rundschlinge mit Prusikknoten angebracht. Nun wird die Spreize mit Hilfe zweier Karabiner in das Seil eingeklinkt – in der Regel bevor die Brücke gespannt wird.

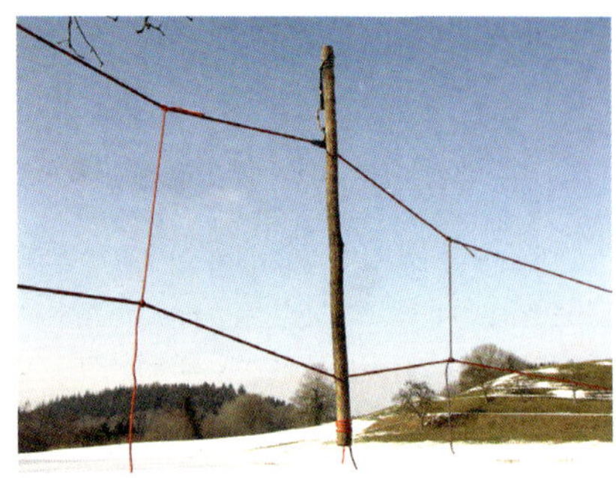

Abb 268: senkrechte Spreize für eine Berg- und Talbrücke

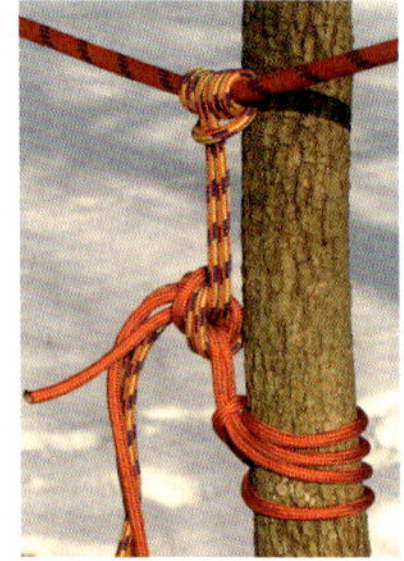

Abb. 269: Einbinden einer Spreize mit Reepschnüren, alle vier Enden der Schnüre werden gleichzeitig zu einem Sackstich[35] verknotet

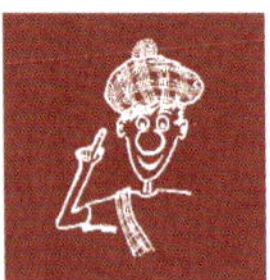

Alternativ können Sie auch Reepschnüre verwenden und diese miteinander verknoten. Das ist billiger und durch die Verknotung können Sie die Länge der Holzspreizen besser ausnutzen.

Tipp: Wenn Sie die Spreize immer wieder benötigen, können Sie auch ein Rundholz links und rechts durchbohren. Die Bohrung muss mindestens 2 mm größer als der verwendete Seildurchmesser sein. Die Lochausgänge müssen besonders stark und sorgfältig abgerundet werden. Nun müssen Sie die Spreize nur noch auf das Seil auffädeln. Durch den Einsatz von Prusikschlingen[36] werden die Spreizen an der gewünschten Position gehalten.

---

[33] S. 156

[34] Spreizen kommen auch im Bereich Schaukeln vor, siehe S. 70 ff.

[35] siehe S. 22

[36] dasselbe Prinzip wie im Kapitel „Unterstände“ des vorigen Bandes dieser Buchreihe beschrieben (vgl. Heisel 2008, S. 159)

Doppelte Seilführung

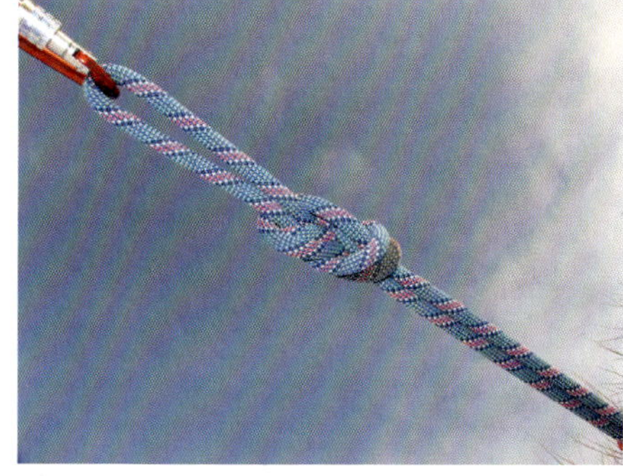

Abb. 270: Doppelt genommenes Seil

Wird ein Seil doppelt verwendet dehnt es sich bei der gleichen Belastung weniger als ein einfach genommenes Seil.
Um ein Seil doppelt zu verwenden müssen Sie zuerst dessen Mitte finden. Wie das geht, finden Sie bei der Herstellung des Seilrucksacks auf Seite 15.

In die Mitte des Seiles knoten sie eine Achterschlaufe und hängen diese wie gewohnt ein. Nun können Sie das Seil auf der anderen Seite mittels Wickeltechnik spannen.

Seilbrücken Indoor

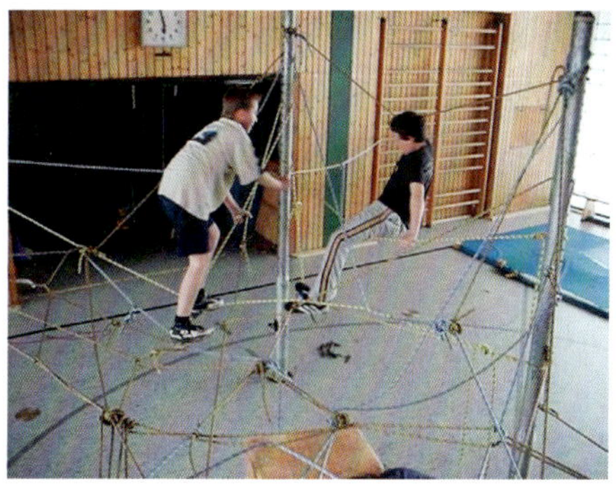

Abb. 271: Seilbrücken Indoor: Seilbrückennetz an Reckstangen

Um Seilbrücken in Räumen zu installieren benötigen Sie geeignete Befestigungspunkte, die den hohen Belastungen[37], vor allem bei stark gespannten Seilen in großen Räumen, gewachsen sind.
Informationen zu den unterschiedlichsten Verankerungsmöglichkeiten finden Sie im Kapitel „Befestigungstechniken Indoor" des Abschnittes „Schaukeln und Schwingen" auf Seite 73 ff. Die darin vorgestellten Befestigungssysteme lassen sich prinzipiell auch an Wänden montieren. Beachten Sie dabei, dass in Turnräumen, wenn diese für Laufspiele und ähnliches genutzt werden, nichts in den sogenannten „Verkehrsraum" hineinragen darf. Die Haken müssen abzudecken oder schraubbar sein.

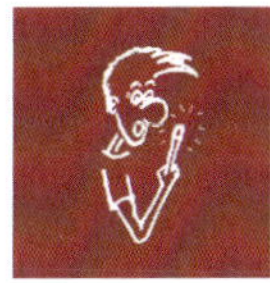

Achtung! Beachten Sie, dass die meisten Befestigungssysteme in Zugrichtung eine deutlich herabgesetzte Haltekraft aufweisen – einzig die Klebeanker (siehe S. 75) können direkt in Auszugrichtung belastet werden.

[37] zu den auftretenden Kräften bei Seilbrücken siehe: Heisel 2008, S. 34 ff.

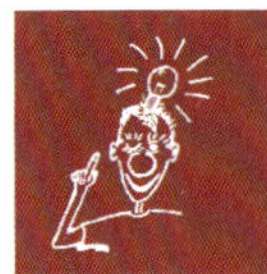

Tipp: Wenn Sie in Räumen die Befestigungspunkte nicht genau gegenüber, sondern schräg versetzt anordnen, erhalten Sie günstigere Zugrichtungen.

In Turnhallen finden wir zum Teil einige mehr oder weniger geeignete Befestigungsmöglichkeiten vor.

- An Sprossenwänden darf das Seil NIE an den Sprossen befestigt werden. Diese würden bei Zugrichtung nach außen brechen. Verwenden Sie bei Sprossenwänden nur die senkrechten Verstrebungen und beachten Sie, dass man bei der Dimensionierung der Wandbefestigung in der Regel nicht an den hier beschriebenen Einsatzzweck gedacht hat.
- Barren wirken schwer und stabil. Als Zwischenstütze sind sie durchaus brauchbar, jedoch nicht zur Endbefestigung einer Seilbrücke: Barren können bei den zu erwartenden Belastungen umgerissen werden! Abhilfe kann eine Abspannung des Barrens nach hinten unten schaffen, wie sie auf S. 139 bei schwachen Bäumen beschrieben wurde. Befestigen Sie die Seile NIE an den Barrenholmen! Diese könnten brechen!
- Reckstangenpfosten sind sehr stabil. Die kurze Strecke zwischen den Pfosten eignet sich gut zum Spannen von Seilbrücken. Dennoch sind die Pfosten nicht für diesen Einsatzzweck konstruiert. Vor allem ein hoch angebrachter Handlauf kann, entsprechend stark vorgespannt und belastet, die Pfosten verbiegen. Eine eingezogene Reckstange am höchsten Punkt der Pfosten sorgt für deutlich erhöhte Stabilität.
  Da Reckpfosten im Vergleich zu Baumrinden sehr glatt sind, empfiehlt es sich mit einer rutschfesten Unterlage[38] zu arbeiten.

Die langen Strecken in der Turnhalle erfordern häufig den Einsatz weiterer Hilfsmittel um eine Seilbrücke funktionsfähig zu installieren. Lesen Sie hierzu die auf den Seiten 136 ff. beschriebenen Vorschläge.

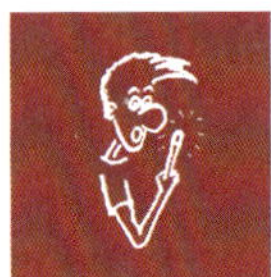

Achtung! Lassen Sie sich durch die großen Strecken in Turnhallen nicht zu einer höheren Vorspannung der Seilbrücken verführen! Je höher die Spannung, desto größer die Belastung der Befestigungspunkte!!! (siehe S. 12)

---

[38] werden normalerweise im Haushalt unter Teppiche gelegt, sie sind preiswert und vielfältig einsetzbar.

Materialvariationen

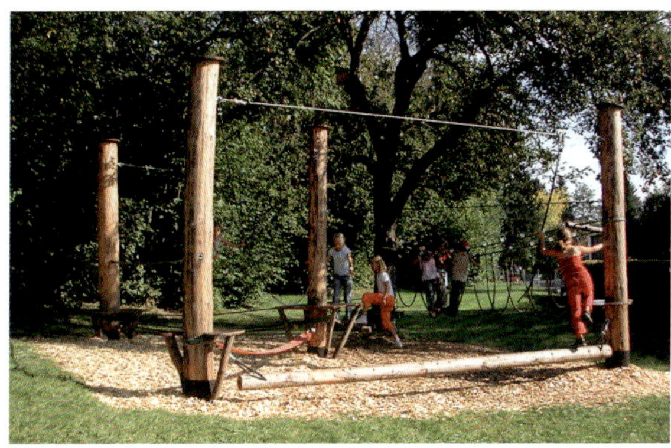

Abb. 272: Materialvariationen in einem stationären Niederseilgarten: Feuerwehrschlauch, Rundholz, Stahlseile

Zum Bau von Seilbrücken können nicht nur Seile verwendet werden. Weitere Materialien sind Hölzer, Feuerwehrschläuche, Spanngurte und die Slakline.

Bei aller Experimentierfreude ist zu beachten, dass die Bruchlast der verwendeten Materialien bekannt[1] und unter Berücksichtigung eines angemessenen „Redundanzfaktors" für die zu erwartende maximale Belastung geeignet sein muss.

Slackline

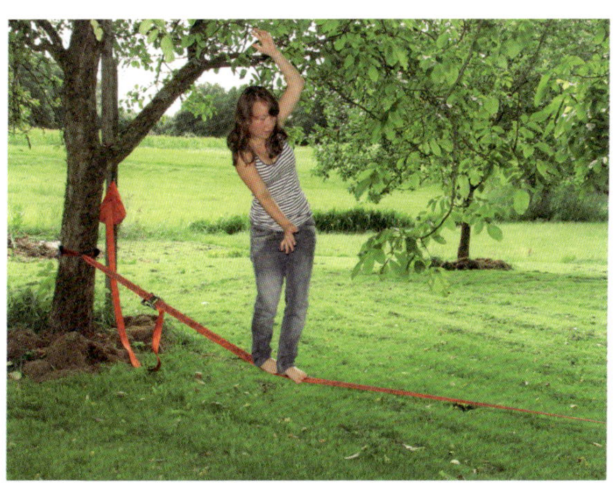

Abb. 273: Trendsport Slackline

Die Slackline ist der Klassiker des mobilen Balancetrainings. Slacklines werden im Fachhandel in unterschiedlichen Längen und Breiten angeboten. Sie bestehen aus einem langen Band, ähnlich dem Material der Rundschlingen, und einer Spannvorrichtung, wie sie von Ratschenspanngurten aus dem KFZ-Bedarf bekannt sind. Oft ist in den angebotenen Sets auch das Material zur Befestigung der Slackline an Bäumen enthalten.

[1] oder, da dies häufig nicht der Fall sein wird: deutlich überdimensioniert

Vorteile der Slackline:

- Es lässt sich darauf sehr gut balancieren, vor allem barfuß
- Durch das einfache Spannsystem lässt sie sich schnell an unterschiedlichen Orten einsetzen.

Nachteil:

- Bei vielen der angebotenen Produkte darf nur eine Person darauf balancieren – beachten Sie die angegebenen Belastungsgrenzen!

Spanngurte

Spanngurte, ursprünglich zur Befestigung von Lasten konstruiert, können ähnlich wie Slacklines eingesetzt werden.
Achtung: Verwenden Sie nur LKW-Spanngurte mit einer Bruchlast von mindestens 2000 kn[2]. Spanngurte mit Befestigungshaken sind zum Einsatz als Seilbrücke geeigneter als Rundspanngurte.

Feuerwehrschlauch

Material:

- 1 gebrauchter Feuerwehrschlauch, Länge auf die geplante Brücke abgestimmt,
- 4 Schrauben 40 mm lang, 8 Karosseriescheiben, 4 selbstsichernde Muttern, alles in Größe M10, Qualität 8.8,
- je nach gewählter Befestigungsmethode: kurze Seile, Rundschlingen, Karabiner, kurze aber sehr belastbare Spanngurte.

Vorbereitung:

- Den Feuerwehrschlauch auf die gewünschte Länge zuschneiden, Zugabe für die Enden nicht vergessen.
- Die Enden des Schlauches umklappen um damit eine ca. 30 cm große Schlaufe zu erzeugen.
- Nun zwei Löcher für die Schrauben durch beide Schläuche bohren.
- Die Schlauchenden verschrauben.

---

[2] ca. 2000 kg

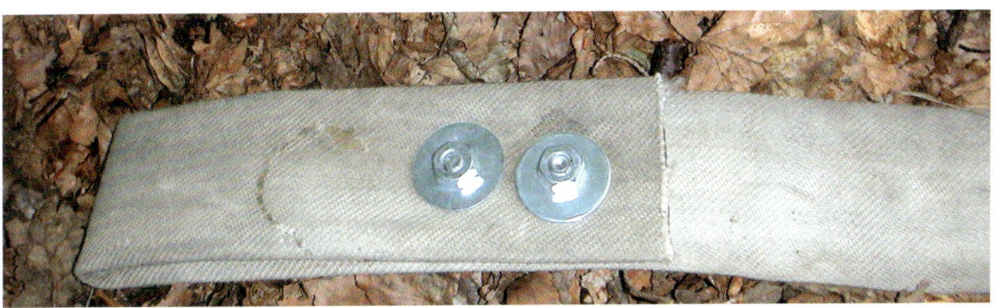

Abb. 274: Feuerwehrschlauch mit selbstgebauter Befestigungsöse

Befestigung:

- Das eine Ende des Schlauches wird mit einem kürzeren Seil (mehrfache Umschlingung des Baums, Sackstich als Seilverbindungsknoten) oder Spanngurt oder Rundschlinge und Karabiner, wie auf S. 121 beschrieben am Baum befestigt.
- Das andere Ende wird mit dem längeren Seil mittels einer Kombination aus Rundspanntechnik[3] und Wickeltechnik[4] oder einem Spanngurt am gegenüberliegenden Baum verspannt[5].

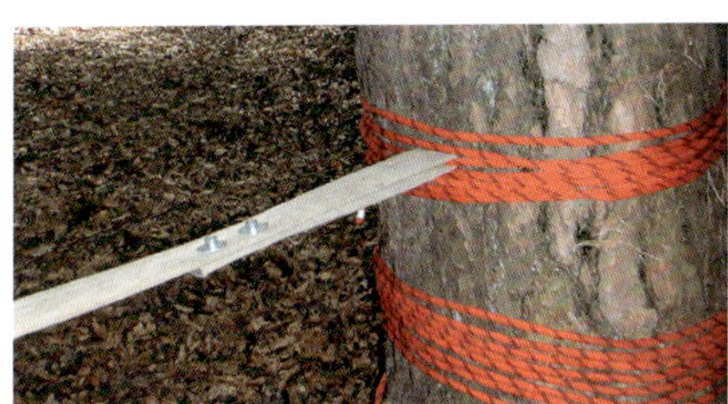
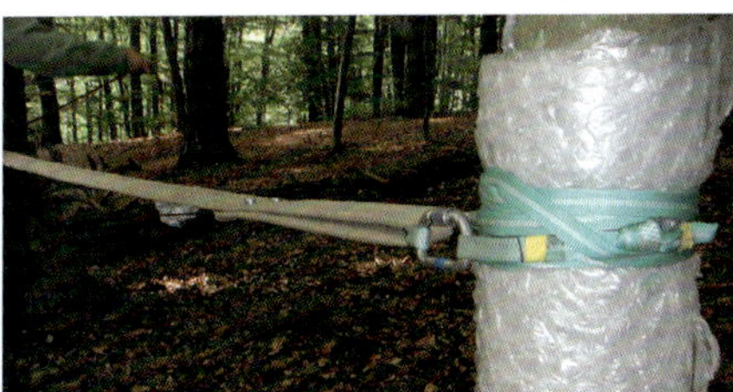

Abb. 275 und 276: Zwei Möglichkeiten einen Feuerwehrschlauch zu befestigen: Links mittels Wickeltechnik: Die Seilenden wurden hinter dem Baum miteinander verknotet.
Rechts mittels Rundschlinge und Karabiner: Die Rundschlinge wurde ebenfalls gewickelt um mehr Halt an einem ungünstig geneigten[6] Baum zu erzielen.

[3] siehe hierzu S. 63 ff.

[4] siehe S. 24

[5] Das Seil durch die Schlaufe des Schlauches führen und auf das Seilende eine Schlinge knoten. Nun das andere Ende des Seils in der gewünschten Höhe hinter dem Baum herum führen und durch die Seilschlinge fädeln. Jetzt die Brücke stark anspannen und das Seil in entgegengesetzte Richtung um den Baum zurückführen und mittels Wickeltechnik fixieren.

[6] siehe hierzu Heisel 2008, S. 165

Rundholz

Material:

- 1 dünner Baumstamm, ausreichend lang und stabil, 4 Rundschlingen 150 – 180 cm, 2 Karabiner, 1 Säge, 1 Beil

Vorbereitung:
Die Holzstange durch kräftiges „Darauf-Wippen“ auf Festigkeit prüfen! Danach die Stange auf die gewünschte Länge, Baumabstand minus ca. 50 cm, zusägen. Spitze Astreste mit dem Beil entfernen.

Befestigung:
An beiden Enden des Stammes je eine Rundschlinge mittels Prusikknoten[7] anbringen. Dabei die Schlinge so lange um den Stamm wickeln, bis sie aufgebraucht ist. Nun die anderen Schlingen an den Bäumen befestigen. Nicht zu hoch, damit der Stamm nicht zu sehr hin und her schwingt. Zuletzt den Stamm mit Hilfe der Karabiner aufhängen.

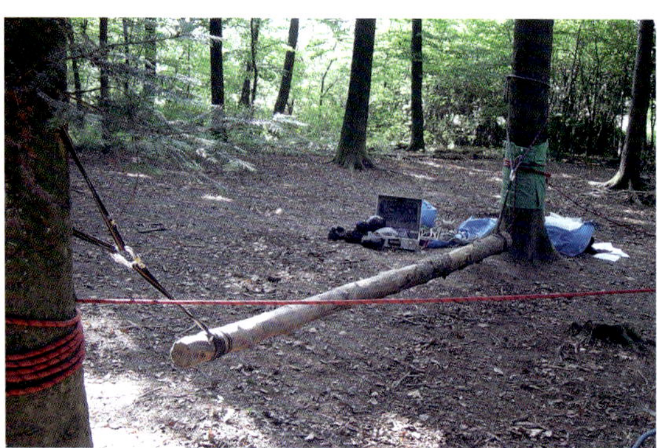

Abb. 277: Balancierstange aus einem dünnen Baumstamm. Es besteht die Gefahr zu großer Schwingungen und damit Einklemmgefahr. Die Befestigungspunkte im Bild dürften niedriger sein. Dazu hätten die Rundschlingen am Rundholz durch weitere Wicklungen gekürzt werden müssen.

Achtung: Einklemmgefahr und Beschädigung des Baumes möglich. Länge und Position der Schlingen so lange justieren bis dies nicht mehr möglich ist![8]

Alternativaufbau:

- Die Stange wird nur auf einer Seite am Baum befestigt (schützende Unterlage verwenden). Die andere Seite einfach auf den Boden legen.

---

[7] siehe S. 23

[8] Schlinge durch mehr Umwicklungen kürzen, Prusikknoten nach innen schieben

Stahlseil

Stahlseile kommen bei mobilen Seilbrücken sehr selten zum Einsatz. Sie sind schwer und damit schlecht zu transportieren. Außerdem lässt sich deren Länge, nachdem die Enden zu einer Befestigungsschlaufe verbunden wurden, nachträglich nicht mehr verändern. Das ständige Verbiegen und wieder Strecken der Seile an den Befestigungspunkten würde früher oder später zum Bruch der Fasern führen.

Tipp: Eine gewisse Längenanpassung von Stahlseilen lässt sich durch die Verwendung der Wickeltechnik erzielen. Dabei darf das Seil auf keinen Fall direkten Kontakt mit der Baumrinde haben. Es würde den Baum irreparabel schädigen. Die Verwendung von stabilen Rindenschonern ist hier Pflicht! Das Ende des Stahlseiles wird bei der Wickeltechnik durch geeignete Maßnahmen[9] gesichert.

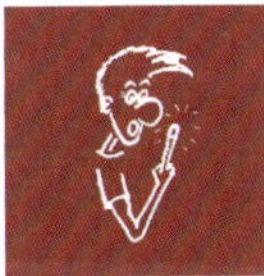

Achtung: Ein Stahlseil hat keine spürbare Dehnung. Das ist Vorteil und Problem zugleich. Ein Stahlseil nimmt im Gegensatz zu Kunstfaserseilen keinerlei Energie durch Dehnung auf. Dies führt zu einer besonders hohen Belastung der Befestigungspunkte! Sofern dafür Rundschlingen verwendet werden empfehle ich dringend diese doppelt zu verwenden oder Rundschlingen aus dem Industriebedarf mit besonders hoher Bruchlast.
Beachten Sie beim Spannen des Seiles den Mindestdurchhang von 10%!

Für den Bau von stationären Seilgärten werden Drahtseile mit einem Mindestdurchmesser von 10 mm verwendet. Die Seile müssen der Norm DIN 3055 oder DIN 3060 entsprechen (vgl. ERCA 2005, V. S. 5). Auch alle anderen zur Befestigung von Stahlseilen verwendeten Materialien müssen der DIN, EN oder Werksnorm entsprechen und ausreichend dimensioniert sein.

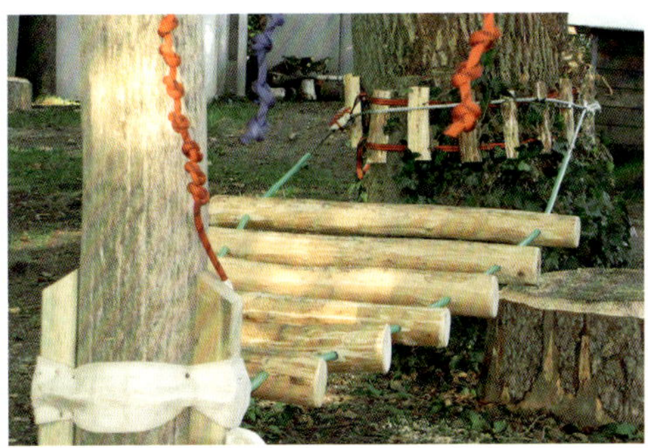

Abb. 278: Stationäres Seilgartenelement. Im Hintergrund ist der notwendige Baumschutz zu erkennen.

[9] vgl. hierzu Wickeltechnik bei PE Seilen auf S. 118

Seilbrückenaufbauten

Allgemeine Aufbauhinweise

Im Folgenden habe ich Ihnen einige Aufbauvorschläge aus meiner Praxis notiert. Durch die Kombination und Variation verschiedener Aufbautechniken lassen sich noch viel mehr Seilbrückenarten konstruieren. Lassen Sie Ihrer Fantasie freien Lauf und überprüfen Sie zur Sicherheit bei jeder neuen Konstruktion:

- Kann sich die Brücke plötzlich umdrehen?
- Ist das verwendete Material an den entsprechenden Stellen ausreichend dimensioniert?
- Gibt es Scheuerstellen, an denen das Material beschädigt werden kann?
- Besteht Strangulationsgefahr?

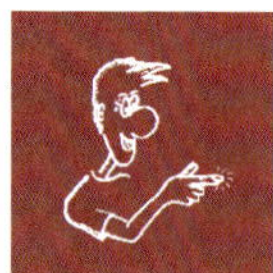

Den Beschreibungstext der Seilbrücken habe ich bewusst knapp gehalten, zumal es immer mehrere Aufbautechniken gibt die zu einer ähnlichen Brücke führen. Anhand der Fotos, den Hinweisen zu Besonderheiten und den Ausführungen in den vorangegangen Kapiteln wird es Ihnen sicherlich gelingen die vorgestellten Beispiele nachzubauen – und die eine oder andere Variation zu kreieren.

Aufgrund der zahlreichen Varianten bei der Konstruktion habe ich auf eine detaillierte Materialliste verzichtet. Der Materialbedarf erschließt sich aus den Fotos in Verbindung mit Ihren bevorzugten Konstruktionstechniken – und des vorhandenen Materials.

Ich möchte Sie animieren Ihre ganz eigenen Variationen zu finden: wie wäre es, wenn der „Chaplins Walk“[1] „waagrecht, über kreuz“[2] in eine extrem hohe Variante des „Hohen Ganges“[3] übergehen würde, so dass am Ende eine Hilfsschnur aus dem „Glockengang“[4] zum Erreichen des Baumes notwendig ist? – Das liest sich komplizierter als es in der Praxis ist. Versuchen sie es! Und vor allem: versuchen Sie die gebauten Brücken selbst zu begehen. Nur so bekommen Sie ein Gefühl für die Anforderungen der Seilbrücken.

---

[1] siehe: Heisel 2008, S. 184
[2] vgl. S. 153
[3] vgl. S. 153
[4] siehe S. 160

Hier noch einige Tipps für Ihre ganz eigenen Konstruktionen:

- Das meiste wurde nicht an einem Tag erfunden: Fügen Sie bekannten Aufbauten kleine Variationen hinzu und erweitern Sie diese mit zunehmender Erfahrung.
- Ihre Konstruktionen dürfen keine, für die Zielgruppe unkalkulierbare Risiken enthalten.
- Wenn sie aus einem Seil zwei Brückenseile konstruieren, sollte das eine Seil bei einer Begehung nicht die Spannung des anderen beeinflussen: Es kann hier zu unkalkulierbaren Risiken kommen.
- Erproben Sie Ihre Konstruktionen immer selbst und weisen Sie Ihre Klienten auf mögliche Gefahrenstellen hin.
- Positionieren Sie sich bei der Begehung Ihrer Seilbrücken durch Ihre Klienten an neuralgischen Punkten.
- Beobachten Sie sorgfältig, wie Ihre Zielgruppe mit den Brücken umgeht: dadurch können Sie bisher unentdeckte Gefahren rechtzeitig entdecken, bekommen neue Anregungen und drücken Ihre Wertschätzung für deren Tun aus.

„do muasch gas schee dengga“[5]

hat mir letztens ein Junge gesagt als er eine komplexe Seilbrücke mit vielen Variationen beging.

Bei den Brückenkombinationen verändern sich die Anforderungen manchmal bei jedem Schritt. Das Bewegungsmuster, welches gerade noch richtig war, kann beim nächsten Abschnitt schon falsch sein. Die Brücke verlangt nach ständiger Anpassung – das ist ganz schön anspruchsvoll!
So ist häufig eine Polarisierung der Brückengeher zu beobachten: während die einen völlig versunken und ausdauernd an der Lösung der nächsten kniffeligen Stelle arbeiten, geben andere nach wenigen Misserfolgen bereits auf. Darin drückt sich eine grundlegende Herangehensweise an Probleme aus.

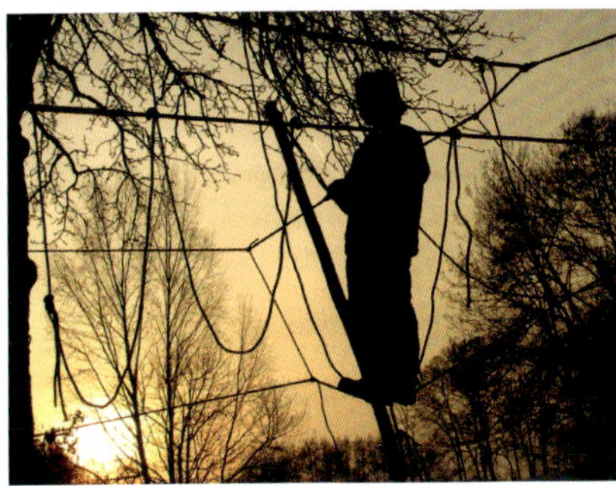

*Abb. 279: Grinsend macht sich der Junge an die nächste schwierige Stelle. Anforderungen und Fähigkeiten scheinen gut zusammenzupassen.
Wenn das öfter der Fall ist, wird dies auch Auswirkungen auf seine Herangehensweise an andere Probleme haben …*

[5] auf Hochdeutsch: „da muss man ganz schön denken“

Balancieren

Balancieren, ob auf der Slackline[6], einem gespannten Seil oder einem anderen Material[7], ist sehr anspruchsvoll und für Anfänger meist nicht ohne weitere Hilfsmittel möglich. Manche Hilfsmittel vereinfachen die Aufgabe, andere machen die Aufgabe komplexer.

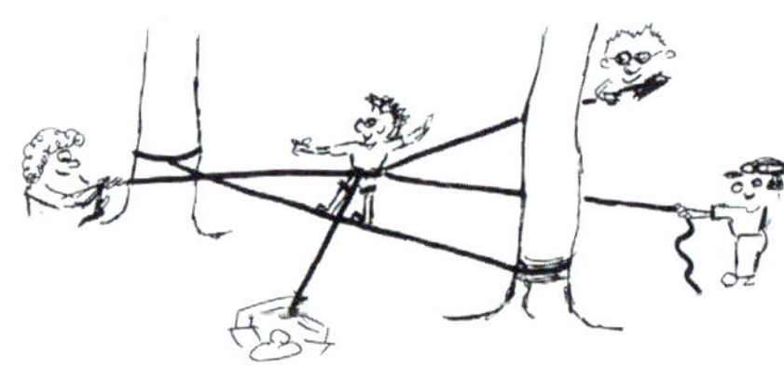

Abb. 280: Teamtraining: Balancieren mit Stabilisierungsseilen am Klettergurt

Stabilisierung durch Hilfspersonen an einem Klettergurt: Es werden vier Seile am Klettergurt, und zwar direkt um den Hüftgürtel herum, eingeknotet. Durch abgestimmten Zug versuchen die Helfer den Balancierenden im Gleichgewicht zu halten. Achtung: knoten Sie die Seile nicht an den Materialschlaufen ein, diese könnten reißen.

- Es geht leichter wenn sich die Person auf dem Seil mit den Händen an den vorderen Seilen festhält.

Variationen:

- Die balancierende Person hält sich an einem von mehreren Personen quer zum Balancierseil gehaltenen Seil fest – hier wird kein Klettergurt benötigt.
- Eine lange, von mindesten zwei Personen, quer zum Balancierseil gehaltenen Stange schafft noch mehr Stabilität.
- Die balancierende Person verwendet eine Balancierstange. Diese muss sehr lang und im Idealfall an den beiden Enden besonders schwer sein. Eventuell kann die Balancierstange von ein oder zwei weiteren Personen zusätzlich stabilisiert werden.
- Die balancierende Person verwendet zwei ausreichend lange Stöcke, um sich damit am Boden abzustützen.

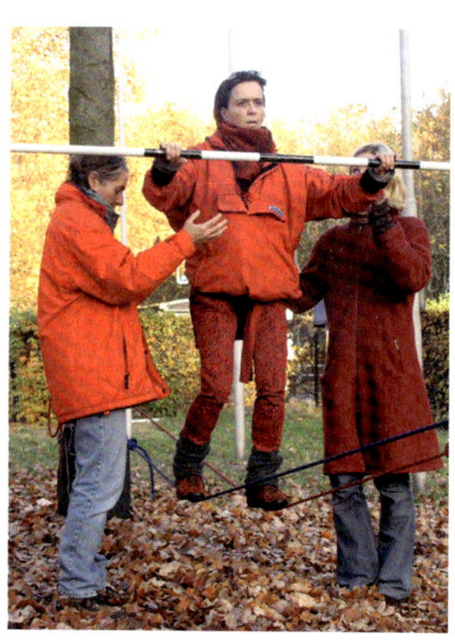

Abb. 281: Balancieren fordert und fördert die Konzentration

---

[6] siehe S. 145 f.

[7] vgl. hierzu: Materialvariationen, S. 145 ff.

Hoher-Gang-Variationen

Gemeinsamkeit aller Hoher-Gang-Variationen ist die Verwendung zweier Seile. Eines als Fußseil, das andere als Handlauf – wobei bei manchen Aufbauten die Funktion der Seile bei einer Begehung wechselt.
Den „Hohen Gang" kennen Sie bereits aus dem ersten Band dieser Buchreihe.[8]

eng / weit: Der Handlauf wird auf einer Seite betont dicht am Fußseil und auf der anderen Seite betont weit weg vom Fußseil gespannt.

links / rechts: Mit Hilfe der Wickeltechnik wird das Fußseil deutliche links und der Handlauf deutlich rechts von der Mitte des Baumes angebracht. Auf der anderen Seite verfahren Sie entgegengesetzt. Dadurch kreuzen sich Hand- und Fußseil in der Mitte, eine Anpassung der Begehungstechnik ist erforderlich.

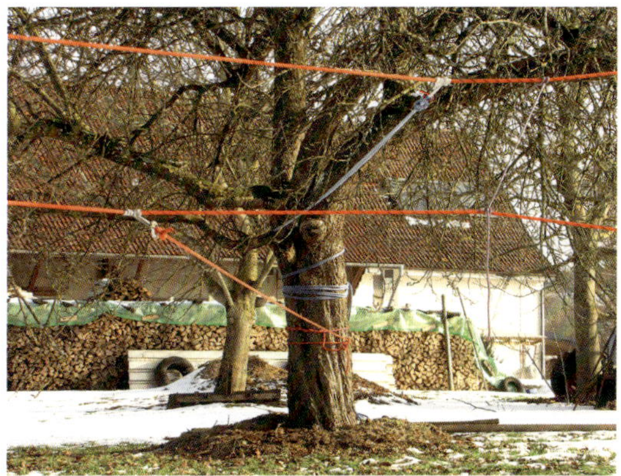

Abb. 282: Hoher Gang links / rechts. Am Baum im Hintergrund ist die typische Wickeltechnik, im Vordergrund eine versetzte Abzweigung von einem weiteren hohen Gang zu erkennen

Kombination eng / weit – links / rechts: Einfach die beiden oben beschriebenen Befestigungstechniken miteinander kombinieren.

Chaplins Gang: Den Chaplins Walk habe ich ihnen im ersten Band auf Seite 184 vorgestellt. Für diese Variante befestigen Sie die Seile auf der einen Seite übereinander, während Sie die Seile auf der anderen Seite nebeneinander, in Fußhöhe, befestigen.

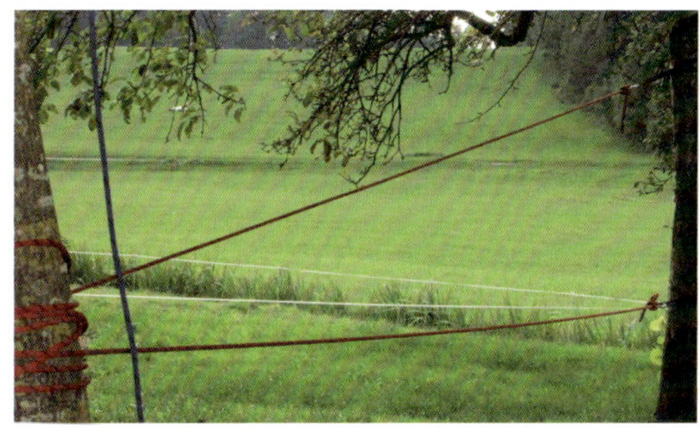

Abb. 283: Eine Mischung aus Hoher Gang und Chaplins Walk

[8] Heisel 2008 S. 178 ff.

Kreuzgang – Pur: Kreuzgang? Kennen Sie schon? Natürlich: von Seite 182 des ersten Bandes. Aber diesmal lassen Sie das Fußseil weg! Um in der Sprache der Hohen-Gang-Variatinen zu bleiben: Befestigen Sie auf der einen Seite ein Fußseil und einen Handlauf. Auf der Anderen Seite wird der Handlauf zum Fußseil und umgekehrt. Eine sehr anspruchsvolle Variante die von geschickten und abenteuerlustigen Jugendlichen und Erwachsenen das ganze Können fordert.

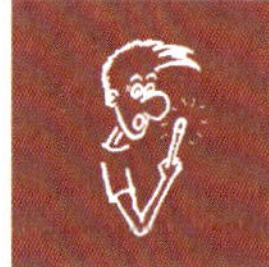

Achtung: Der Kreuzgang macht Ehrgeizig: besser durch Spotten[9] sichern!

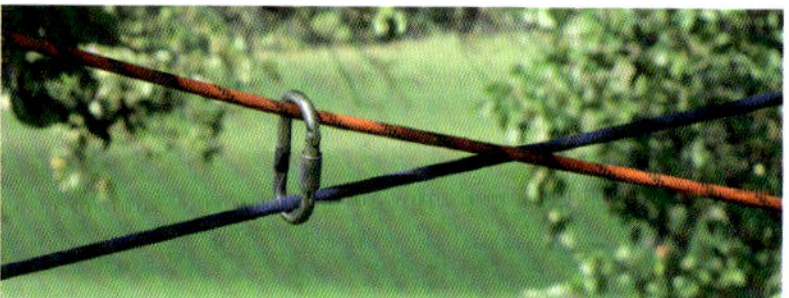

Abb. 284: Verbindung der Seile mit einem Karabiner

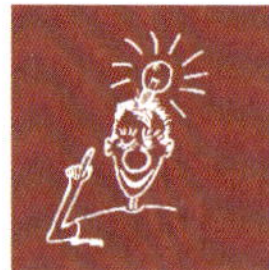

Tipp: Verbinden Sie die beiden Seile an der Kreuzung mit einer Reepschnur oder einem Karabiner, das erleichtert die Sache deutlich.

Wechselbrücke: eine Kombination der Geländerseilbrücke mit dem Chaplins Walk.[10] Es werden drei Seile benötigt! Auf der einen Seite wird ein Fußseil und darüber zwei parallele Handläufe befestigt. Die Handläufe befestigen Sie auf der anderen Seite in Fußseilhöhe und das Fußseil in Handlaufhöhe.

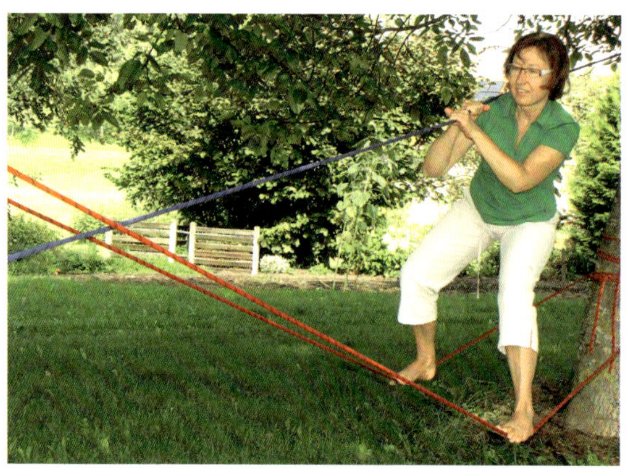

Abb. 285: Die Wechselbrücke ist bei der Begehung sehr anspruchsvoll. Besonders der Übergang in der Mitte sollte gesichert werden[11]

[9] siehe Heisel 2008 S. 32
[10] Geländerseilbrücke siehe Heisel 2008, S. 186 f.; Chaplins Walk siehe Heisel 2008, S. 184
[11] durch „Spotten", siehe hierzu Heisel 2008, S. 32

Strebenbrücken

Die Gemeinsamkeit aller Strebenbrücken ist die Verbindung von Fußseil und Handlauf durch Seilverstrebungen.[12]
Meist werden dazu Reepschnüre mittels gestecktem Mastwurf an den Seilen befestigt.[13] Mit diesem Knoten lassen sich die Streben stufenlos in der Länge justieren. Auch die Klemmwirkung des gesteckten Mastwurfs ist von Vorteil.

Achtung: Hintersichern Sie den Mastwurf bei dieser Anwendung mit zwei Halben Schlägen oder einem Sicherungsschlag![14]

Gelegentlich ist die Verwendung dickerer Seile als Streben sinnvoll. Diese werden mit einer der auf Seite 141 ff. beschriebenen Methoden befestigt.

Tipp: Über die Reepschnüre können Sie passend zugeschnittene Stücke eines Gartenschlauchs schieben, dadurch sind diese angenehmer zu greifen.

Mit 2 Seilen:

Verstrebter Hoher Gang: Hand und Fußlauf des Hohen Gangs werden mittels Reepschnüre miteinander verstrebt. – Natürlich können Sie bei Bedarf auch alle anderen Hoher-Gang-Variationen von Seite 153 verstreben!

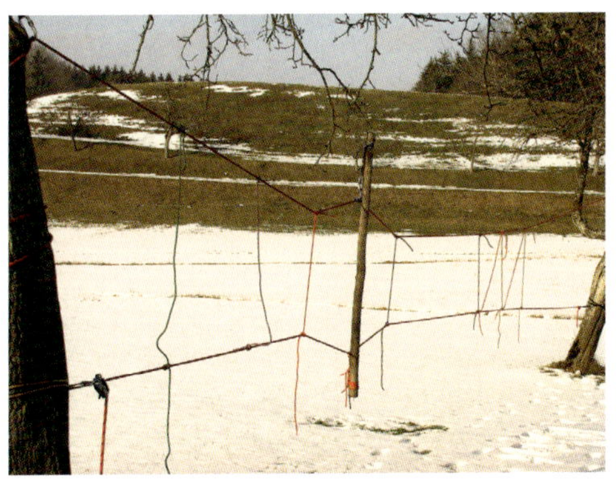

Abb. 286: Hoher Gang mit Streben: senkrechte Verstrebung, die lockeren Streben werden erst bei einer Begehung belastet, dadurch ergibt sich ein Berg-und-Tal-Weg; Spreize; V-Streben

[12] Verstrebungen verteilen das Gewicht auf die verwendeten Seile, dadurch können längere Brücken gebaut werden, siehe hierzu S. 137

[13] zur Auswahl der Reepschnüre siehe S. 16, gesteckter Mastwurf: S. 28

[14] Halber Schlag: S. 25, Sicherungsschlag: S. 22

Berg-und-Tal-Weg: Durch die Verwendung unterschiedlich langer Streben entsteht ein Berg-und-Talweg. Mit Spreizen[15] können Sie das Profil des Weges noch verstärken.

V-Streben: Aufbau wie oben, nur werden die Streben V-förmig angebracht.

Sumpfgang: Der Aufbau erfolgt wie beim verstrebten Hohen Gang, nur wird hier das Fußseil gaaaanz locker gespannt. Bei einer Begehung vermittelt das nachgebende Fußseil ein Gefühl wie im Morast.

Aufbauten mit 3 Seilen

Burmabrücke: Der Archetyp der Seilbrücken. Spannen Sie zwei parallel verlaufende Handläufe und darunter ein mittig laufendes Fußseil. Jetzt werden die Handläufe mit dem Fußseil verstrebt. Je nach Anzahl und Anordnung der Streben können Sie den Charakter der Burmabrücke verändern.

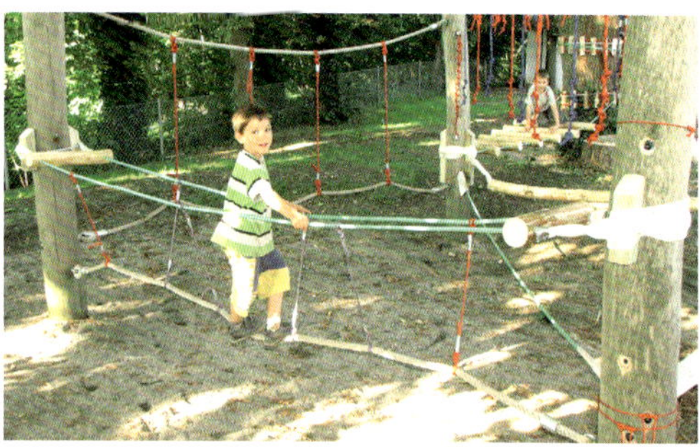

Abb. 287: Burmabrücke in einem stationären Seilgarten

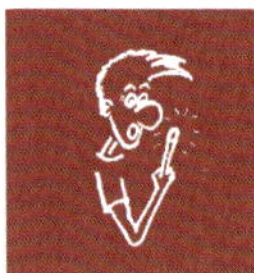

Achtung:
- Wenn die Reepschnüre im typischen Burmabrückenmuster, d. h. vier Reepschnüre treffen sich an einem Punkt am Fußseil, eingeknotet werden, kann man bei einem Sturz leicht in den V-förmigen Verengungen hängen bleiben.
- Besonders bei einem engen Abstand von Hand- und Fußseil kann sich die Brücke, vor allem bei der Begehung durch Erwachsene, blitzschnell umdrehen!!

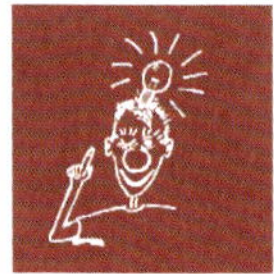

Tipp: Wenn die Burmabrücke über ein kleines Gewässer gebaut werden soll, ist es günstiger die Brücke an Land aufzubauen und dann im aufgebauten Zustand über das Gewässer zu spannen. Dadurch entfällt längeres Arbeiten im Wasser.
– Hand- und Fußlauf können auch aus Holzstangen gebaut werden.

---

[15] siehe S. 142

Barrenburma

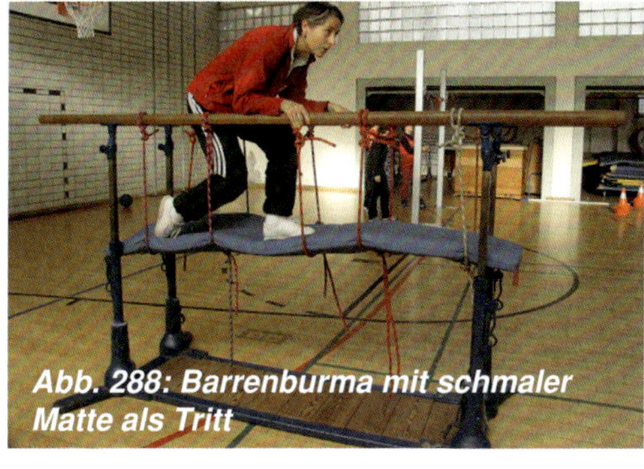
Abb. 288: Barrenburma mit schmaler Matte als Tritt

Eine beliebte Turnhallenbrücke. Die Reepschnüre oder kurzen Seile werden an den Barrenholmen verknotet. Dies geschieht entweder durch in das Seil geknotete Schlaufen, welche mittels Ankerstich an den Holmen befestigt werden. Oder eleganter, weil verstellbar: Mittels Mastwurf, dieser muss allerdings hintersichert werden, damit er an den glatten Barrenholmen auch zuverlässig hält.[16] Statt des Fußseils wird in der Regel eine geeignete Stange oder eine Langbank eingebunden.

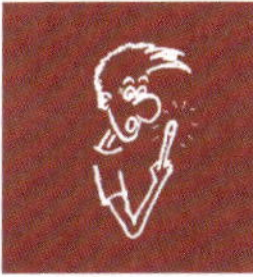

Achtung: die Langbank darf nicht länger als der Barren sein, da sie sonst bei einer Begehung auf der gegenüberliegenden Seite plötzlich nach oben schnellen kann.

Tipps:

- Eine lange Bank kann in zwei hintereinander gestellte Barren eingebunden werden.
- Mit geeigneten Befestigungspunkten an der Wand können Sie ein Fußseil spannen und den Barren so ausrichten, dass er als Handlauf dient. – Ein Barren ist auch eine wunderbare Zwischenstütze, um zu große Strecken überbrücken zu können.[17]

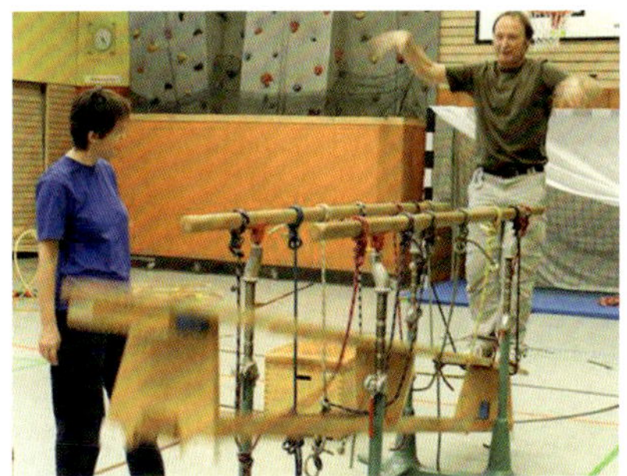
Abb. 289: Gefahr durch plötzlich hochschnellende Bank

[16] siehe Seilschlaufen S. 159, Ankerstich S. 23, Mastwurf gesteckt S. 28, Sicherungsknoten S. 22 und S. 25

[17] vgl. hierzu auch S. 136 ff.

Hängende Brücken

Unter „Hängende Brücken" verstehe ich Brücken bei denen von einem mehr oder weniger hoch gespannten Seil weitere Seile lose herunterhängen. Befestigt werden diese hängenden Seile mit einer der auf Seite 141 beschriebenen Methoden. Bei manchen Konstruktionen kommen auch zwei Tragseile zum Einsatz.

Brücken mit einem Tragseil:

Schlaufenbrücke längs: Bei dieser Brücke werden an einem hoch gespannten Seil ein oder mehrere Seile in großen Schlaufen angebracht. Der Charakter der Brücke verändert sich deutlich wenn das Tragseil bei einer Begehung erreicht werden kann – oder nicht.

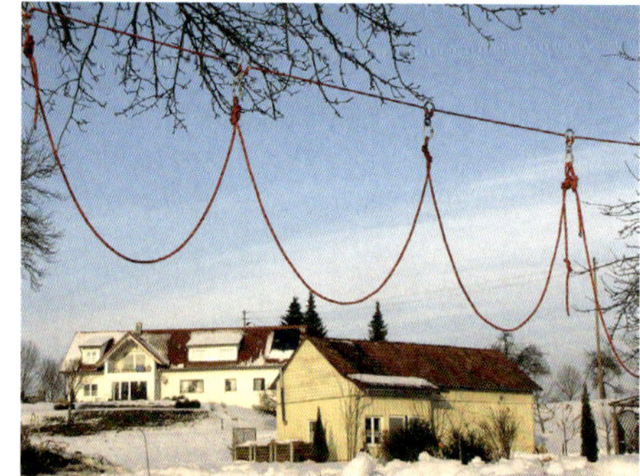

Abb. 290: Schlaufenbrücke

Reifenhangel: Beim Reifenhangel werden mehrere kurze Seile angebracht. An diesen werden Autoreifen oder andere geeignete Materialien verknotet.[18] Je nach Abstand der Reifen zueinander wird eine Begehung mehr oder weniger schwierig. Wenn Sie die Reifen zusätzlich untereinander verknoten, ist die Brücke einfacher zu begehen.

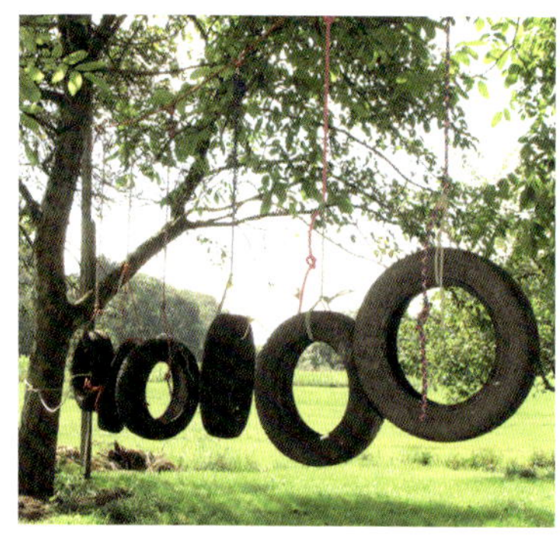

Abb. 291: Reifenhangel

[18] z.B.: Autoschläuche, Fahrradreifen, Motorrollerreifen – ich rate von der Verwendung harter Materialien ab, da die herunterhängenden Teile stark hin und her schwingen

Brücken mit zwei Tragseilen:

Schlaufenburma:

Bei der Schlaufenburma werden zwei Tragseile parallel zueinander gespannt. Eventuell ist der Einsatz von Spreizen[19] nötig um einen ausreichenden Abstand der Seile zueinander zu gewährleisten. Nun werden an den Tragseilen herunterhängende Seile befestigt und quer miteinander verknotet. Besonders kurze Schlaufen erhöhen die Schwierigkeit, aber Vorsicht: diese Brücke kann sich blitzschnell umdrehen.

Schlaufenburmas können sehr gut an Barren in Turnhallen befestigt werden.

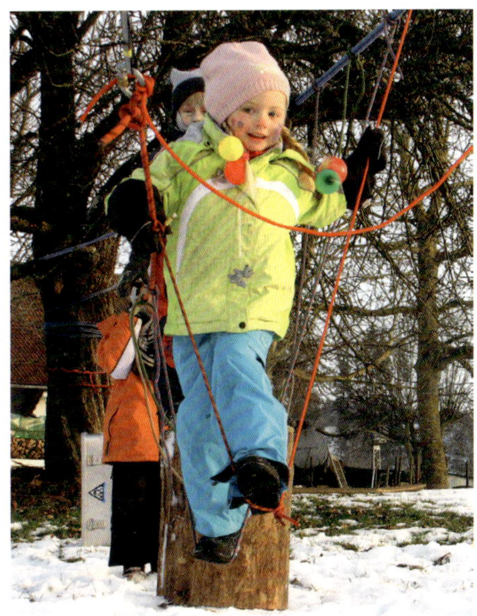

Abb. 292: oben: Schlaufenburma

Schlaufenbrücke quer:

Sieht aus wie eine Schlaufenburma, nur dass hier das Tragseil nicht mehr erreichbar ist. Die Schlaufenbrücke hat einen völlig anderen Charakter als die Schlaufenburma. Als Variation können sie zwischen die links und rechts herunterhängenden Seile Autoreifen einbinden, oder eine lange Stange, oder ...

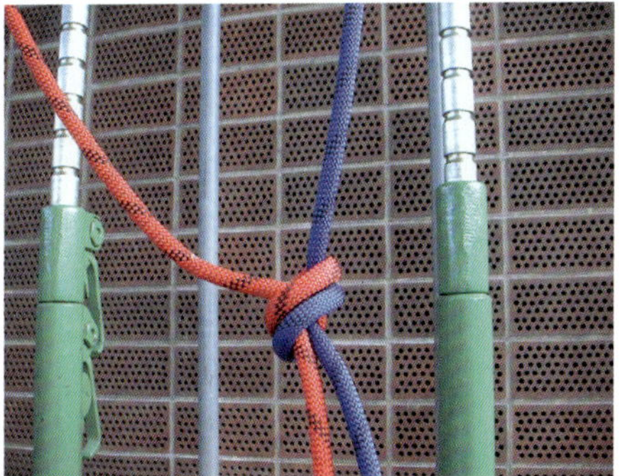

Abb. 293, rechts: Verbindung der beiden Seile einer Schlaufenburma mit dem Sackstich als Seilverbindungsknoten

[19] siehe hierzu S. 142

Brücken mit einem Tragseil und einem Fußseil

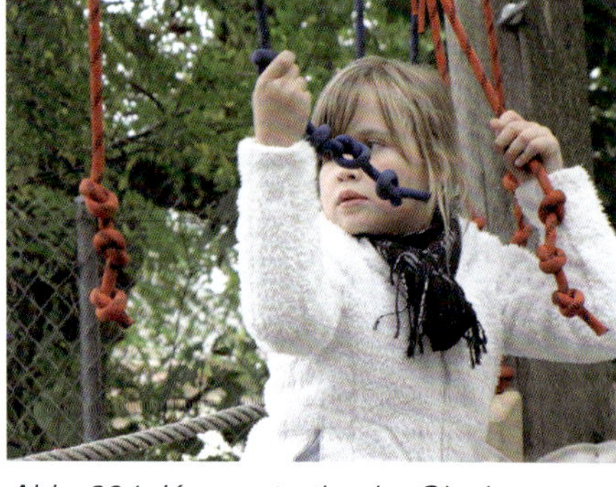

Abb. 294: Konzentration im Glockengang

Glockengang: Beim Glockengang werden an einem hoch gespannten Seil mehrere herabhängende Seile befestigt. Zusätzlich wird darunter ein Balancierseil gespannt. Die herunterhängenden Seile dienen der Stabilisierung des Gleichgewichtes. Je größer der Abstand der Hangelseile zueinander ist, desto schwieriger wird eine Begehung. Mehrere Knoten in den Hangeseilen erleichtern das Greifen.
Achtung: machen Sie die Hangelseile nicht zu lang, man könnte sich darin leicht verheddern.

Balancierseil mit Runner: Der Aufbau erfolgt ähnlich wie beim Glockengang, nur dass hier die Hangelseile lose mit einem Karabiner am oberen Seil befestigt werden. Dadurch lassen sich diese mitführen. Zwei und mehr Seile ermöglichen Begegnungen auf der Brücke.

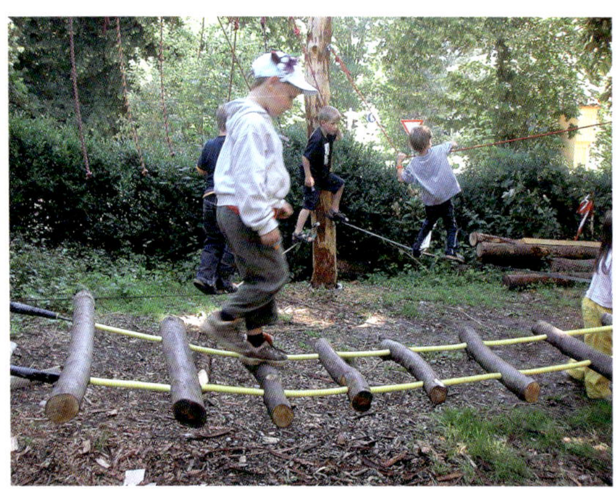

Abb. 295: Holzsteg als stationärer Aufbau

Holzsteg

Für den Holzsteg benötigen Sie mehrere stabile Rundhölzer und zwei lange Seile. Für die Knoten wird viel Seil benötigt.
Befestigen Sie beide Seile in Fußseilhöhe links und recht an einem dicken Baum. Jetzt werden die Hölzer mit dem Blindschlag[20] an den Seilen verknotet. Beachten Sie, dass die Abstände der Hölzer zueinander beim Spannen größer werden. Zuletzt wird der vorbereitete Holzsteg gespannt.
Achtung: Die Brücke kippt sehr leicht wenn die Befestigungspunkte enger als die Hölzer breit sind!

[20] siehe S. 36

Seilrutsche

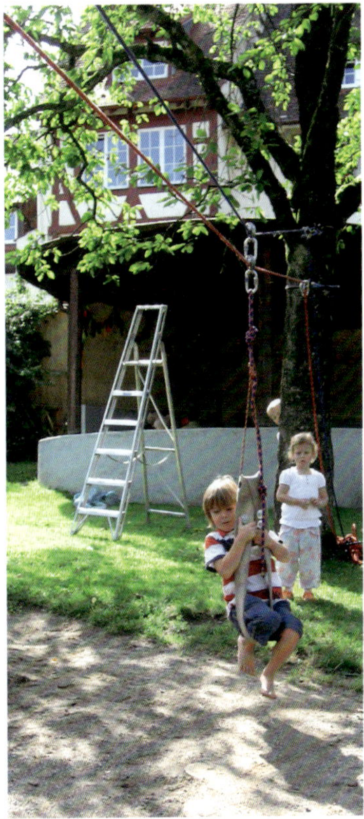

Abb 296: Seilrutsche am doppelten Seil mit Feuerwehrschlauch als Sitz

Seilrutschen zählen zu den beliebtesten Spielgeräten. Die Sausebrücken haben einen hohen Aufforderungscharakter und können, vor allem im Niederseilbereich, sehr variabel gestaltet und benutzt werden.

Allerdings ist der Aufbau einer gut funktionierenden, mobilen Seilrutsche nicht ganz einfach.[1] Da die Länge einer interessanten Seilrutsche häufig die empfohlenen fünf Meter der Niederseilbrücken überschreitet, wirkt sich die Dehnung der Statikseile, vor allem wenn das Gewicht der daran hängenden Person jenes eines durchschnittlichen Kindergartenkindes überschreitet, besonders störend aus. Von einem Ausgleich dieser Dehnung durch erhöhte Vorspannung ist dringend abzuraten![2] Abhilfe verspricht die Verwendung eines zweiten Seils. Dies erfordert allerdings auch eine Doppelung der restlichen Ausrüstung.

Ebenso gilt es zu bedenken, dass die im Niederseilbereich übliche Seillänge von 12 – 15 Metern hier an ihre Grenzen stößt. Ich empfehle für die Seilrutschen eine Seillänge von 15 – 20 Metern.

Im Folgenden gehe ich von der Verwendung zweier Seile aus. Ob Ihre Zielgruppe auch mit einem Seil auskommt, müssen Sie ausprobieren – der Materialaufwand würde sich dadurch erheblich mindern.

---

[1] Seien Sie nicht zu sehr enttäuscht, wenn das Ergebnis der ersten Aufbauten noch etwas unbefriedigend ist – Seilrutschen brauchen Erfahrung, die nicht in Büchern zu vermitteln ist – Übung macht die Meisterin (und natürlich auch den Meister)

[2] siehe hierzu Kapitel „Hält das auch?“, S. 12f.

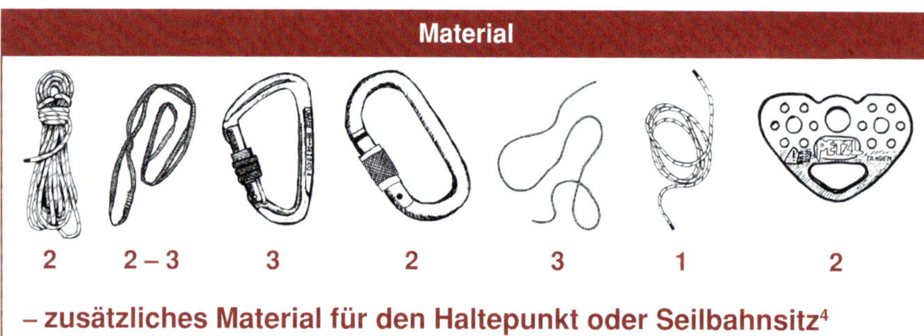

Geländeauswahl:

- Die empfohlenen kugelgelagerten Rollen laufen sehr leicht, von daher ist für eine funktionierende Seilrutsche kaum Gefälle erforderlich.
- Ideal ist ein leicht (!) geneigter Hang.
- Beim Bau in der Ebene benötigen Sie am Start der Seilrutsche ein kleines Podest als Aufstiegshilfe.

Aufbau:
Die Seile müssen in einer Höhe von ca. 250 cm gespannt werden.[4] Auf Seite 129 ff.[5] finden Sie hierzu eine Vielfalt an Methoden. Wählen Sie die für Sie (und Ihren Materialfundus) geeignete aus.

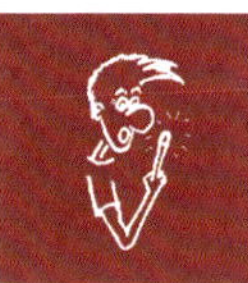

Achtung! Es muss für die Benutzer der Seilrutsche unmöglich sein den gegenüberliegenden Baum zu erreichen! Hierzu ist die Installation eines Notstopps erforderlich.

- Die langen Statikseile werden am Zielpunkt der Seilbrücke in ca. 250 cm Höhe in einem Abstand von ca. 15 cm übereinander am Baum befestigt. Verwenden Sie hierzu die auf Seite 121 beschriebene Methode mit Rundschlinge, Karabiner und Achterknoten. Die Schlaufe des Achterknotens machen Sie so lang, dass der Knoten selbst ca. zwei bis drei Meter vom Baum entfernt im Seil liegt. Damit haben Sie einen funktionierenden Notstopp.

---

[3] z. B.: Rundhölzer, Sitzteller, Autoreifen, Hängesitz, etc. – Ideen finden Sie auch im Kapitel „Schaukeln", S. 87 ff. – die verwendeten Materialien dürfen keine spitzen Ecken oder scharfe Kanten aufweisen

[4] es darf den Benutzern nicht möglich sein, die Seile zu erreichen, da sonst die Gefahr besteht, sich an der Rolle die Finger einzuklemmen

[5] „Wie kommt das Brückenseil nach oben?" – Tipps und Tricks zur Befestigung von Brückenseilen in Überkopfhöhe

- Führen Sie nun die Seile zum Start der Seilrutsche und spannen diese mit einer der für die Überkopfhöhe geeigneten Methoden[7].
- Um das Seil am Knoten des Notstopps vor Verletzungen zu schützen, werden dort je eine Reepschnur mittels eines Prusikknotens mit besonders vielen Umwicklungen befestigt. Bei Verwendung zweier Seile werden die Enden der beiden Reepschnüre miteinander verknotet.

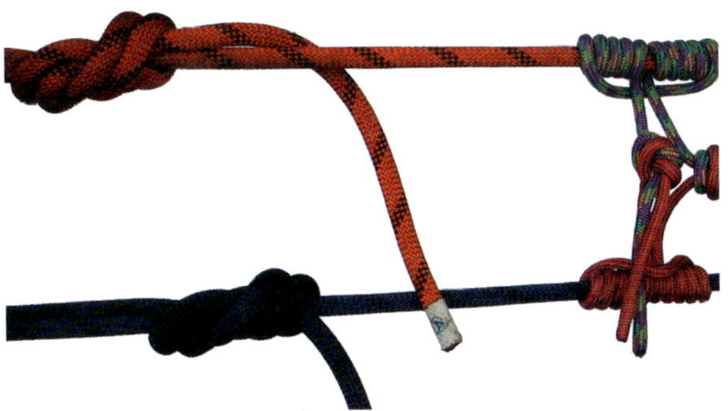

Abb. 297: Achterknoten und Notstopp; die sich links, außerhalb der Abbildung befindlichen Knotenschlaufen sind 2 – 3 Meter lang!

- Nun werden die beiden Seilrollen auf die Seile gesetzt und mit einem Ovalkarabiner miteinander verbunden.
- Das kurze Statikseil befestigen Sie mit Hilfe eines Ovalkarabiners an der unteren Rolle.
- Jetzt die Reepschnur mittels Prusikknotens im kurzen Seil einknoten. Damit erhalten Sie ein höhenverstellbares System, wie Sie es von den Schaukeln kennen.[8]
- An diesem höhenverstellbaren Befestigungssystem können Sie nun mit Hilfe eines Karabiners verschieden Sitze oder Haltemöglichkeiten anbauen. Damit haben Sie eine schöne Möglichkeit, den Anspruch der Seilrutsche den Fähigkeiten Ihrer jeweiligen Zielgruppe anzupassen.

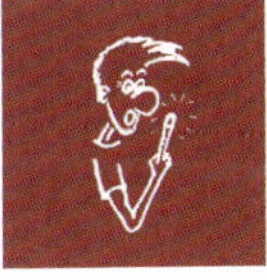

Achtung! Das herunterhängende Seil muss so verknotet werden, dass eine Umschlingung des Halses ausgeschlossen ist!

---

[7] siehe S. 131 ff.

[8] siehe hierzu S. 72

Eigenschaften:

- Seilrutschen machen viel Spaß und regen zu großräumigen Bewegungen an.
- Durch unterschiedliche Sitz-, bzw. Haltemöglichkeiten können die motorischen Anforderungen der Seilbahn auf die jeweilige Zielgruppe abgestimmt werden.
- Eine gut funktionierende Seilbahn ist nicht leicht zu bauen: Ausprobieren, üben, experimentieren!

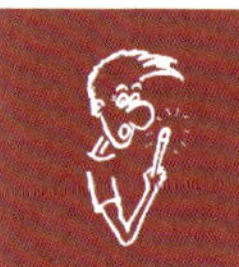

Achtung: Der Notstopp ist nur zur Not da! Im Normalfall soll die Seilrolle durch den entstehenden Gegenanstieg im Seil vor diesem zum Halten kommen – dazu darf die Seilbahn kaum Gefälle aufweisen: Weichen Sie nur wenige Zentimeter von der Waagrechten ab! Wenn jemand mit zu hoher Geschwindigkeit auf den Notstopp prallt, kann er den Halt verlieren – und im schlimmsten Fall gegen den Baum geschleudert werden. Der Notstopp muss so weit vom Zielbaum entfernt angebracht werden, dass auch bei hoher Geschwindigkeit ein Anprall am Baum unmöglich ist!

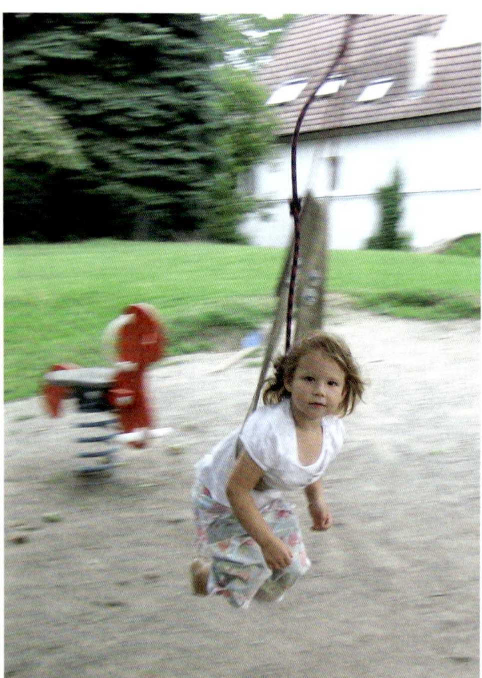

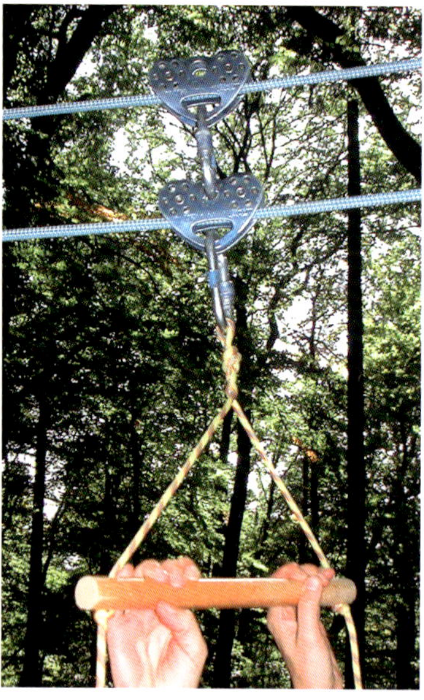

Abb. 298 und 299: Fast schon wie Fliegen. Tandem-Speed Rollen laufen wunderbar leicht

Seilbahn

Eine Seilbahn ist eine Seilrutsche ohne Gefälle. Die Fortbewegung erfolgt mittels eines Zugseils.
Der Materialbedarf, der Aufbau – und die Problematik ist prinzipiell mit der auf den vorherigen Seiten beschriebenen Seilrutsche identisch. Deshalb beschränke ich mich im Folgenden auf die Beschreibung der Besonderheiten einer Seilbahn.

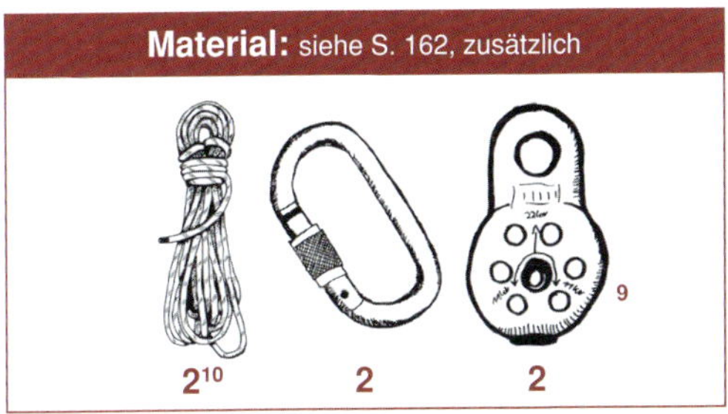

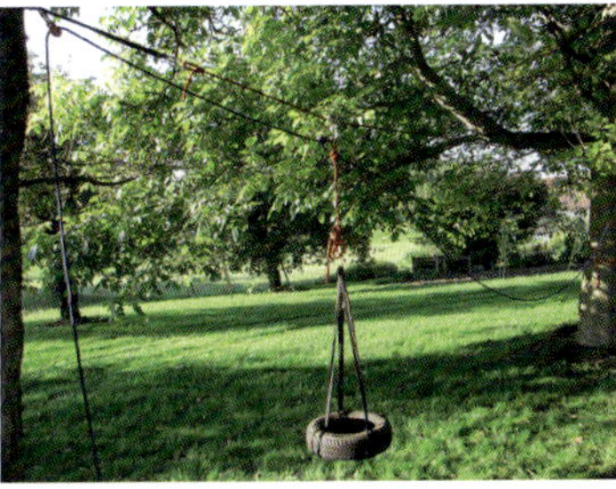

Abb. 300: Seilbahn mit Zugseil

Aufbau:
siehe S. 162 ff., ohne Gefälle, Sie benötigen keinen Notstopp

- Die Zugseile befestigen Sie am unteren Karabiner der unteren Seilrolle. An den Befestigungspunkten des Tragseils installieren Sie die zusätzlichen Rollen mittels Karabiner. Zuletzt die Zugseile durch die Rollen führen und mittels eines mindestens zwei Meter vom Seilende entfernten Knotens gegen Herausrutschen sichern.

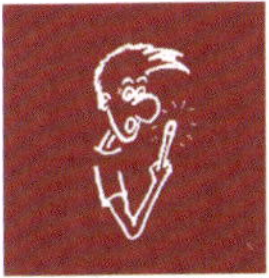

Achtung! Es liegt viele loses Seil herum – beachten Sie die Strangulationsgefahr

Eigenschaften:

- Die Seilbahn bietet vielfältige Spielmöglichkeiten in der Gruppe, Material und Personen können damit transportiert werden. Vor allem die Kommunikation wird gefördert.

Variation Seilfähre

- Statt eines losen, über Rollen geführten Zugseils installieren Sie in Griffhöhe des Seilbahnkorbes ein fixiertes Seil[11]. Nun kann sich die in der Seilbahn befindliche Person selbst hin und her ziehen.

---

[9] ausführliche Informationen zu den Seilrollen finden Sie auf Seite 18
[10] oder 1 Seil das etwa doppelt so lang wie die Seilbahn ist
[11] wie es in Seilbrücken verwendet wird: siehe S. 117ff.

Materialseilbahn – Schwabenversion

Bei dieser Seilbahn handelt es sich um eine reine Materialseilbahn. Sie ist nicht zum Transport von Personen geeignet. Entsprechend reduziert sich der Materialaufwand.

Aufbau:

- Zuerst spannen Sie ein Seil in erreichbarer Höhe.[12]
- Jetzt hängen Sie einen Eimer oder Ähnliches mittels eines Karabiners in dieses ein.
- Zuletzt werden die Zugseile am Karabiner verknotet. Bei der Verwendung eines langen Seiles machen Sie den Knoten in dessen Mitte.

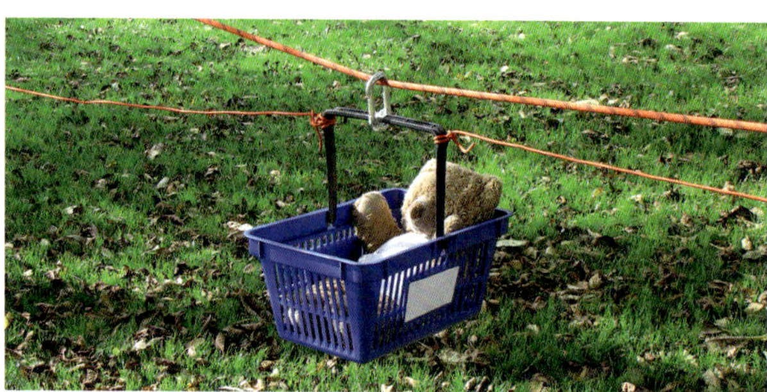

Abb. 301: Die Materialseilbahn ist ein schnell gebautes Spielgerät zum Transport von Sand, Steinen, Stöcken, Puppen, …

Variation:

- Vor allem wenn schwerere Gegenstände transportiert werden sollen ist der Einsatz von Seilrollen hilfreich.[13] Einfachseilrollen genügen (siehe 18).

Achtung! Sobald mit der Materialseilbahn ein mehr oder weniger großer Abgrund überbrückt wird, ist die Umlenkung des Zugseils über Karabiner, bzw. Rollen an den Fixpunkten zwingend erforderlich.[14]
Würde diese Umlenkung unterbleiben, würde die Zugrichtung in Richtung Abgrund wirken und dadurch die Absturzgefahr drastisch erhöhen.
Ein wünschenswerter Nebeneffekt dieser Umlenkung: es kann mehr Zugkraft entwickelt werden, da wir nun das ganze Körpergewicht einsetzen können.

[12] Spanntechniken siehe S. 122 ff.
[13] die entsprechende Aufbautechnik finden Sie im Kapitel „Seilbahn“ auf S. 165
[14] die Konstruktion der Umlenkung finden Sie im Kapitel „Seilbahn“ auf S. 165

Bezugsquellen

gute Dinge bereichern das Leben,
schlechte Dinge bereichern Müllhalden
und die Konten der falschen Leute

Fachmärkte für den Baubedarf
Holzzuschnitte, Schwerlastgurte, Transportsäcke, Befestigungslösungen

Hagedorn
Innovative und durchdachte Materialien zum Thema „Bewegungsbaustelle". Viele Schaukelideen! Deckenbefestigungen mit dem Loquido Rohrsystem. info@hagedorn-spiel.de; www.hagedorn-spiel.de

Haidig
Kindergartenbedarf, Therapiebedarf, Befestigungslösungen. www.haidig.de

Heisel, Ausrüstung für Drinnen und Draußen
Seile, Karabiner, Rundschlingen, Wirbel, Seilrollen, Hängematten und Outdoorzubehör. info@mit-seil-und-knoten.de; www.mitseilundknoten.de

Riedel
Schaukeln für Drinnen und Draußen. Schaukeln für Menschen mit Handycaps. Schaukelgestelle, Befestigungslösungen für den Innenbereich. www.DerRiedel.de

Schäfer
Psychomotorik, Snoezelen, Ergotherapie, Senioren. www.schaefer-lage.de

Sport-Thieme
Sport- und Psychomotorikbedarf. Schaukelsysteme, Seilgartenkonstruktionen für Spielplätze. „Rompa" Sonderkatalog. www.sport-thieme.de

Ullewaeh
Individuelle Befestigungslösungen für Schaukeln, Schienensysteme. Interessante Schaukeln und Therapiezubehör. www.ullewaeh.de

Wehrfritz – miteinander leben
Menschen mit Handycaps, Schaukelvariationen für Drinnen, Deckenmontagesysteme, Schaukelgestelle. www.miteinander-leben.de

Würth
Spezialist für Befestigungslösungen. Sehr großes Angebot. Grundwissen zu Befestigungslösungen. www.wueko.wuerth.com

Sodele

das Leben ist ein Fluss,
man springt nie zweimal in dasselbe Wasser

Buddha

Es ist geschafft! Nun ist alles aufgeschrieben was es zum Bauen und Spielen mit Seil- und Knoten zu sagen gibt.

So dachte ich zu schreiben, bevor ich dieses Buch tatsächlich beendet hatte. Mittlerweile ist mir klar: Es ist nie alles gesagt, es sind nie alle Ideen entstanden und alles ist immer in Entwicklung. Man könnte hadern damit: „Nie zu Ende?“ oder sich freuen: „Nie zu Ende!“ Ich bin beeindruckt wie viele neue Ideen im Laufe der Arbeit an diesem Buch entstanden sind. Man könnte geradezu einen dritten Band schreiben. – Doch halt, es reicht!

Mit diesem Band möchte ich es zum Thema Seil- und Knoten, zumindest in schriftlicher Hinsicht vorerst gut sein lassen. Alle weiteren Entwicklungen werden in Ihrer und meiner Praxis stattfinden. Und wenn Sie Lust dazu haben, können wir gerne auch zusammen etwas weiterentwickeln!

Das muss nicht direkt mit Seil- und Knoten zusammenhängen und schon gar nicht unbedingt im Freien stattfinden. Auch andere Themen der Psychomotorik und Erlebnispädagogik, sowie der Persönlichkeits- und Teamentwicklung sind mir geläufig. In einem Vortragssaal fühle ich mich genau so wohl wie draußen in der Natur.

Gerne gestalte ich für Sie ein individuelles Seminar nach Ihren Themenvorgaben. Oder Sie schauen auf meiner Homepage, welche Seminare öffentlich ausgeschrieben werden.

Ich freue mich auf unseren Kontakt!
– und auf Ihre Kommentare zu diesem Buch.

Axel Heisel
Kehrenberg 15
88281 Schlier
www.axelheisel.de
E-Mail: axelheisel@mitseilundknoten.de

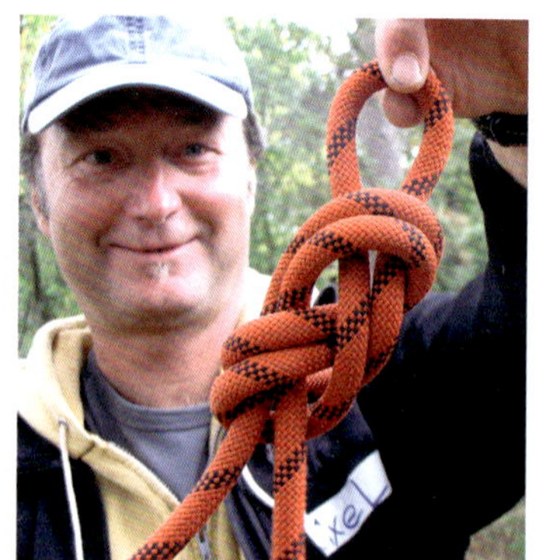

Abb. 302

Literatur

Agde, Georg / Beltzig, Günter / Danner, Franz / Lorentzen, Holger / Richter, Julian / Settelmeier, Detlef (2007): Spielgeräte. Sicherheit auf Europas Spielplätzen. Erläuterungen in Bildern zu DIN EN 1176. 3. Auflage. Berlin: Beuth Verlag

Alt, Wilfried / Schaff, Peter / Schumann, Heiner (Hrsg.) (2000): Neue Wege zur Unfallverhütung im Sport, Beiträge zum Dreiländerkongress „Mit Sicherheit mehr Spaß – Neue Wege zur Unfallverhütung im Sport", 26. bis 27. Mai 2000, München, Band 2. Bundesinstitut für Sportwissenschaft, Sport und Buch Stauss

Ashley, Clifford W. (2005): Das Ashley-Buch der Knoten. Über 3800 Knoten. Wie sie aussehen. Wozu sie gebraucht werden. Wie sie gemacht werden. Hamburg: Edition Maritim

Bundesverband der Unfallkassen (Hrsg.) (1999): Sicher nach Oben ..., Klettern in der Schule. München: www.unfallkassen.de

Bundesverband der Unfallkassen (Hrsg.) (2000): Naturnahe Spielräume. München: www.unfallkassen.de

Deutsche Gesetzliche Unfallversicherung (Hrsg.) (2005): Außenspielflächen und Spielplatzgeräte. Berlin: www.dguv.de

Deutsche Gesetzliche Unfallversicherung (Hrsg.) (2008): Mit Kindern im Wald, Möglichkeiten und Bedingungen in einem natürlichen Spiel- und Lebensraum. Berlin: www.dguv.de

Deutsche Gesetzliche Unfallversicherung (Hrsg.) (2007): Seilgärten in Kindertageseinrichtungen und Schulen. Berlin: www.dguv.de

Deutsche Gesetzliche Unfallversicherung (Hrsg.) (2007): Sicherheit im Schulsport, Alternative Nutzung von Sportgeräten. München: www.dguv.de

Deutscher Alpenverein (Hrsg.): Panorama, Mitteilungen des Deutschen Alpenvereins. München: Deutscher Alpenverein

Deutscher Alpenverein, Schweizer Alpen-Club SAC, Österreichischer Alpenverein (Hrsg.): bergundsteigen, zeitschrift für risikomanagement im bergsport. www.bergundsteigen.at

Dewald, Wilfried und Häußler, Christian (2005): On – Line, Spiele und Abenteuer mit dem Seil. Augsburg: ZIEL Verlag

ERCA (2005): Industriestandards für stationäre und mobile Ropes Courses. Hannover: ZIEL Verlag

Fischer, Klaus (2009): Einführung in die Psychomotorik, 3. Auflage. Stuttgart: Reinhardt UTB

Gilsdorf, Rüdiger / Kistner, Günter (2001): Kooperative Abenteuerspiele, Eine Praxishilfe für Schule und Jugendarbeit, 8. Auflage. Seelze-Velber: Kallmeyer

Hagedorn, Peter / Hagedorn, Ralf (2009): bauen + spielen, Bauteile für Loquido, Die Bewegungsbaustelle, Katalog Nr. 5. Bad Essen: Eigenverlag

Hargens, Jürgen (2003): Systemische Therapie ... und gut: Ein Lehrstück mit Hägar, 3. Auflage. Dortmund: verlag modernes lernen

Heisel, Axel (2008): Schaukeln, Seilbrücken, Hangeln & Co.. Einfache Seil- und Knotentechniken für Drinnen und Draußen. Dortmund: verlag modernes lernen

Heisel, Axel (2010): Hangeln, klettern, balancieren. Die Faszination von Knoten und Seilen. In: Kindergarten heute, Heft 6-7/2010. Freiburg: Verlag Herder

Jacobson, Cliff ( ): Knoten, Outdoor Handbuch, Band 3, Basiswissen für Draußen, 6. Auflage. Welver: Conrad Stein Verlag

Kahlau, Heinz (1985): Lob des Sisyphus; Leipzig: Reclam Verlag

Kittsteiner, Jürgen und Neumann, Peter (2002): Klettern an der Boulderwand, Übungen und Spiele für Kinder und Jugendliche. Seelze: Kallmeyer

Köckenberger, Helmut (1996): Bewegungsräume, Entwicklungs- und Kindorientierte Bewegungserziehung. Dortmund: borgmann publishing

Kunigham, Klaus (2005): spannende seile, Die Belastung horizontal gespannter Seile. In: bergundsteigen, zeitschrift für risikomanagement im bergsport, 3/05. www.bergundsteigen.at

Kunigham, Klaus (2/2006): spannende seile (2), Einflussfaktoren auf die Festigkeit von Seilen. In: bergundsteigen, zeitschrift für risikomanagement im bergsport, 2/06. www.bergundsteigen.at

Kunigham, Klaus (3/2006): spannende seile (3), Festigkeitsreduzierung durch Knoten. In: bergundsteigen, zeitschrift für risikomanagement im bergsport, 3/06. www.bergundsteigen.at

Landesunfallkasse Nordrhein-Westfalen, Gemeindeunfallversicherungsverband Westfalen-Lippe, Rheinischer Gemeindeunfallversicherungsverband (Hrsg.) (2006): Seilgärten, Nutzung und Bau von Niedrig- und Hochseilgärten

Lang, Thomas (2006): Kinder brauchen Abenteuer. München, Basel: Ernst Reinhardt Verlag

Lensing-Conrady, Rudolf (2001): Von der Heilsamkeit des Schwindels, Gleichgewichtswahrnehmung als Motor für Entwicklung und Lernen. Dortmund: borgmann publishing.

Miedzinski, Klaus und Fischer, Klaus (2006): Die Neue Bewegungsbaustelle, Lernen mit Kopf, Herz, Hand und Fuß, Modell bewegungsorientierter Entwicklungsförderung. Dortmund: Verlag Modernes Lernen

Schubert, Pit (2008): Starke Fasern, in: DAV, SAC, AV Südtirol, ÖAV (Hrsg.): bergundsteigen, Zeitschrift für Risikomanagement im Bergsport, Heft 2 / 2008, Innsbruck

Schubert, Pit / Stückl, Pepi (2003): Alpin Lehrplan, Bd. 5, Sicherheit am Berg, Ausrüstung, Sicherung, 4. neubearbeitete Auflage. München: blv

Schwarzer, Alexandra (2006): Schaukelfee & Klettermax, Seilspielgeräte im Wald für Kinder. Berlin: Pro BUSINESS, book-on-demand

Seewald, Jürgen (2007): Der Verstehende Ansatz in Psychomotorik und Motologie. München: Reinhardt Verlag

Späker, Thorsten (2008): Zur Relevanz des Erfahrungsraums Natur in der Fachsystematik der Motologie. Masterarbeit an der Philipps-Universität Marburg, Fachbereich Erziehungswissenschaften, Institut für Sportwissenschaft und Motologie, Studiengang Motologie

Strasser, Philipp (2008): Spannung zwischen Bäumen, Handbuch für temporäre Seilelemente, Augsburg: ZIEL-Verlag

Vetter Dr., Martin / Kuhnen, Ulrich / Lensing – Conrady, Rudolf (2008): RisKids, wie Psychomotorik hilft Risiken zu meistern. Dortmund: borgmann publishing

Warwitz, Sigbert A. (2001): Sinnsuche im Wagnis, Leben in wachsenden Ringen; Erklärungsmodelle für grenzüberschreitendes Verhalten. Baltmannsweiler: Schneider – Verlag Hohengehren

wikipedia: http://de.wikipedia.org

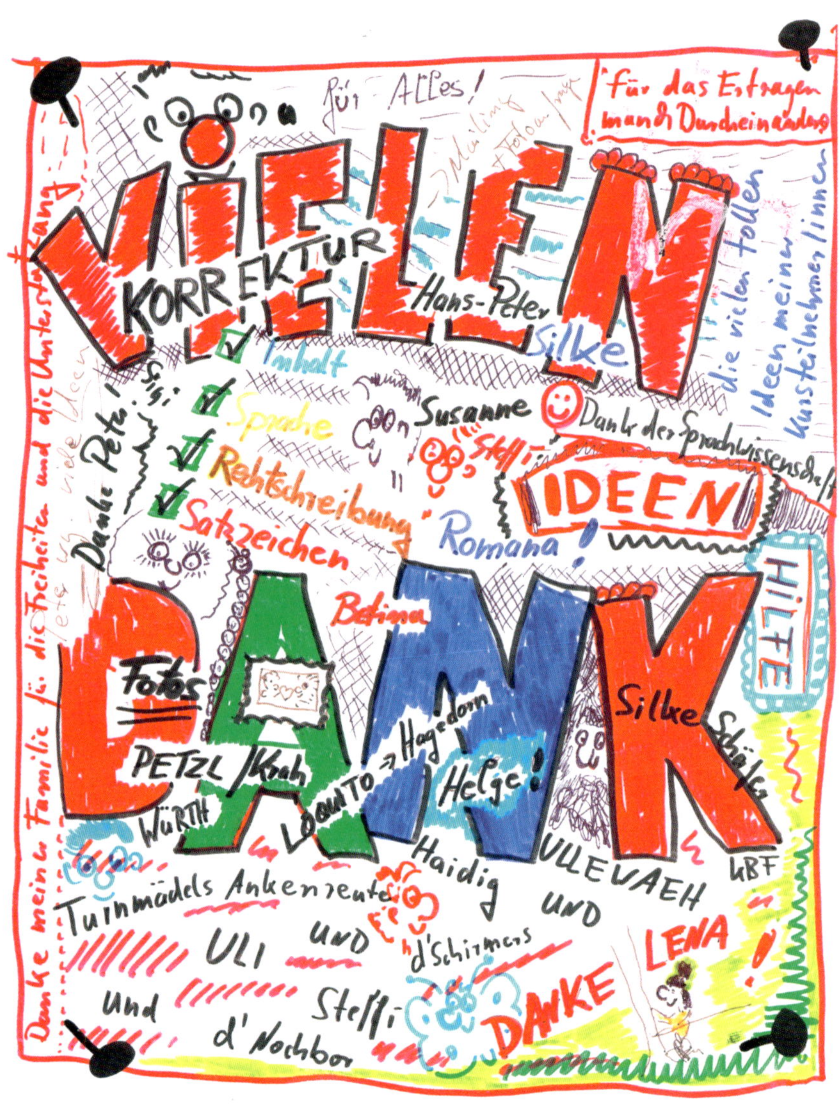

… und allen anderen, die mich unterstützt haben!

Raum für Notizen:

Raum für Notizen:

Kindergarten
Lernen mit allen Sinnen

Stefanie Fonck

Willkommen in der Schulkindbetreuung

Spiele und Aktivitäten für Grundschulkinder im Hort und in der Offenen Ganztagsschule

Dies ist ein sehr praxisorientiertes Buch, das schnell und ohne viel Vorbereitung den Alltag mit Grundschulkindern bereichern kann. Dabei werden die unterschiedlichsten Angebote mit einbezogen: Angefangen von Kommunikation mit Schulkindern, mit einer umfangreichen Spielesammlung, Ferienaktivitäten, Projekten, Kreativ-und Sportangeboten, bis hin zu Ideen für Geburtstagsrunden – alles ist dabei. Das Buch bietet Einsatzmöglichkeiten für ErzieherInnen und LehrerInnen im Hort und in der Offenen Ganztagsschule, in Ferienfreizeiten. Es stellt Freizeitangebote für SchülerInnen und natürlich Eltern vor, die ihre Kinder in der Schulzeit spielerisch fördern wollen.

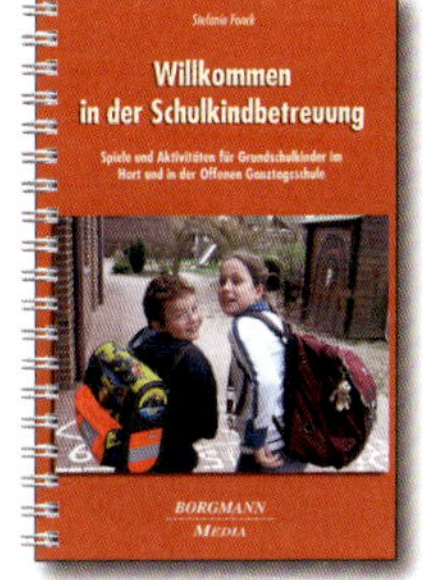

2. Auflage, 212 S., farbige Abb., Format 16x23cm, Ringbindung, ISBN 978-3-938187-39-5, Bestell-Nr. 9391, € 21,50

Silke Schönrade

LebensOrt Kindergarten

Innenraumgestaltung für Kinder von 0-6 Jahren

Die Raumgestaltung im Kindergarten, der „dritte Erzieher", kann einen wesentlichen Beitrag dazu leisten, Kinder in ihrer Entwicklung zu fördern und Pädagogik zu begünstigen. Klare Strukturen bei der Innenraumgestaltung sowie Harmonie und Ordnung, ausgewählter Umgang mit (Spiel-) Materialien, Farben und Licht, Orte zur Bewegung und Räume, die die Bedürfnisse aller Kinder und Erwachsener berücksichtigen, sollten dabei gut geplant, analysiert und diskutiert werden. Die Themen Möbel, Podeste, Fenster, Farben, Licht werden dabei genauso unter die Lupe genommen wie Bewegen, Bauen, Rollenspiel, Malen, Lesen etc. Der Blick in die Details bildet einen weiteren Schwerpunkt.

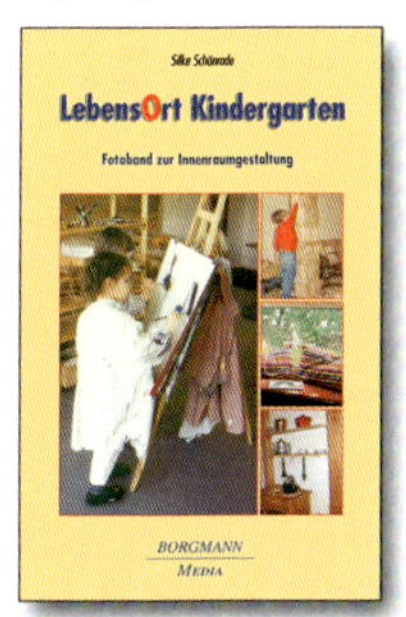

Das Buch richtet sich an alle Mitarbeiterinnen im Kindergarten, sowie an die Träger und Entscheider, die an der Innenraumgestaltung beteiligt sind und wird die Literatur zu diesem Thema bereichern.

192 S., farbige Abb., Format 16x23cm, fester Einband, ISBN 978-3-938187-42-5, Bestell-Nr. 9395, € 21,80

Wolfgang Beudels / Nicola Kleinz / Silke Schönrade (Hrsg.)

Bildungsbuch Kindergarten

Erziehen, Bilden und Fördern im Elementarbereich

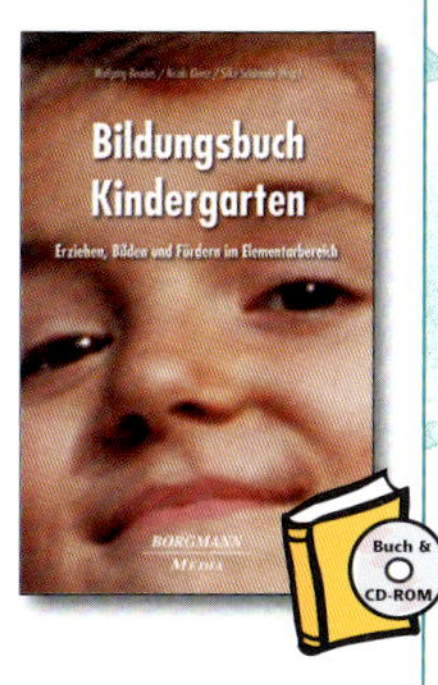

Zum einen handelt es sich um ein Lehrbuch für die Ausbildung von Fachkräften im Elementarbereich, das sowohl einen Überblick über, wie auch eine Einführung in zentrale theoretische Themen der institutionellen Erziehung von Kindern ermöglichen soll. Zum anderen sollen praktische Anleitungen und Orientierungen zur Gestaltung von Erziehungs-, Bildungs- sowie Förderprozessen im Kindergarten bzw. in der Kindertagesstätte vermittelt werden. Dazu zählen Handreichungen und Anregungen zur Planung, Gestaltung und Auswertung von Lern- und Förderprozessen nach den Vorgaben zu den Bildungsbereichen (mit konkreten Praxisbeispielen) ebenso wie Vorschläge zu einer kindgemäßen bzw. bedürfnisorientierten Raumgestaltung.

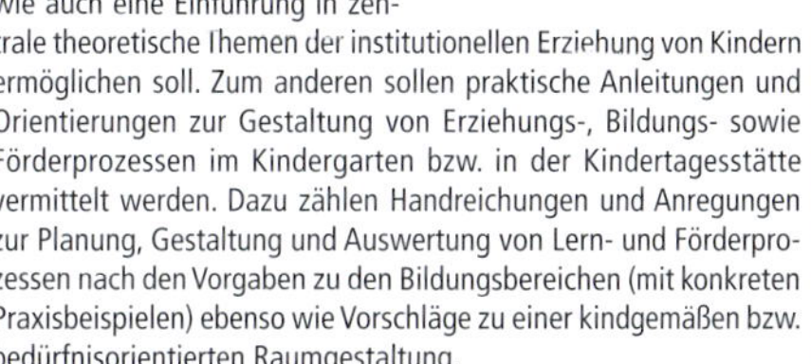

368 S., Beigabe: umfangreiche Literatur-Datenbank auf CD-ROM, Format 16x23cm, fester Einband, ISBN 978-3-938187-40-1, Bestell-Nr. 9393, € 24,60

Marion Koneczny

Hunde im Kindergarten

Ein Tierbesuchsprojekt nicht nur für Vorschulkinder – Praktische Anleitung zur tiergestützten Arbeit

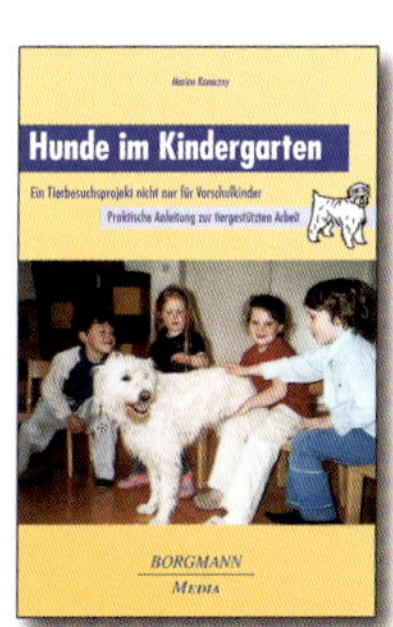

„Dies ist die erste deutschsprachige Anleitung für Tierbesuchsprojekte im Vorschulbereich. Exemplarisch wird ein von der Autorin selbst durchgeführtes Projekt vorgestellt und dessen Durchführung in Theorie und Praxis erläutert. ... Ein hilfreiches und schönes Buch, dessen Anschaffung sich nicht nur für alle im Bereich Vorschulförderung Tätigen lohnt." Kristina Saumweber, tiergestützte Therapie, Pädagogik & Fördermaßnahmen

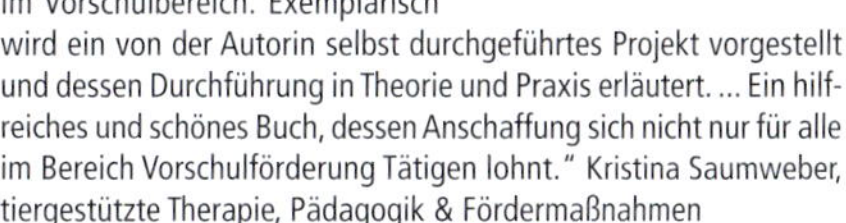

112 S., farbige Abb., Format 16x23cm, br ISBN 978-3-938187-26-5, Bestell-Nr. 9379, € 15,30

BORGMANN MEDIA

verlag modernes lernen   borgmann publishing

Schleefstr. 14 • D-44287 Dortmund • Kostenlose Bestell-Hotline: Tel. 0800 77 22 345 • FAX 0800 77 22 344

Ausführliche Informationen und Bestellen im Internet: www.verlag-modernes-lernen.de

Psychomotorik
Bewegtes Lernen

Helmut Köckenberger

Rollbrett, Pedalo & Co.

Bewegungsspiele mit Materialien aus Psychomotorik, Sport und Freizeit

„Wer glaubt, er kenne schon alle attraktiven Einsatzmöglichkeiten aus seiner eigenen Praxis und Fortbildungen, wird schnell eines Besseren belehrt. Das Buch ist zugleich Zeugnis des Dialogs, den Köckenberger zusammen mit seinen SchülerInnen mit diesem Material geführt hat, und auch eine Schatzkiste für denjenigen, der einen solchen Dialog vorbereiten oder sein 'Vokabular' erweitern will. Erhältlich ist diese 'Vokabelsammlung' in einem hübschen Hardcover-Einband mit einem praktischen Bändchen als Buchzeiger. Ein Wörterbuch, das jeden zum psychomotorischen Dialog einlädt, der mit Rollbrett, Pedalo und Co. ins Land des Spiels reisen will." Motorik

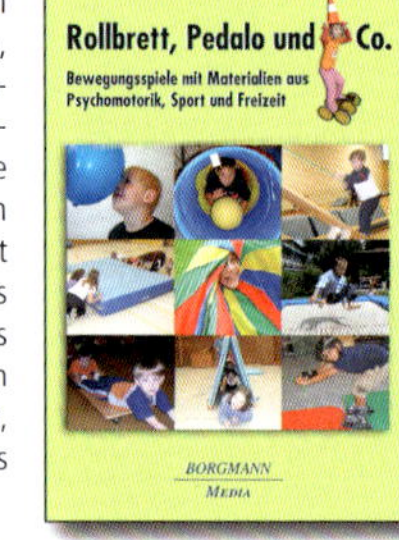

2. Auflage, 240 S., farbige Abb., Format 16x23cm, fester Einband
ISBN 978-3-938187-20-3, Bestell-Nr. 9372, € 21,50

Krista Merteens / Franziska Tag / Martin Buntrock

Snoezelen

Eintauchen in eine andere Welt

Beim Snoezelen werden in einem besonders ansprechend gestalteten Raum über Licht-, Klang- und Tonelemente, Aromen und Musik Sinnesempfindungen ausgelöst. Diese wirken auf die verschiedensten Wahrnehmungsbereiche entspannend, aber auch aktivierend. Snoezelen erzeugt Wohlbefinden – in der ruhigen Atmosphäre werden den Menschen Ängste genommen, sie fühlen sich geborgen. Snoezelen ist Therapie und Förderung zugleich und wird in allen Entwicklungsstufen (Kleinkind bis betagte Menschen) zur Förderung des Lernens, zur Rehabilitation und psychischen Stabilisierung eingesetzt. In diesem Band sind 20 Stundenbeispiele zu den Themenschwerpunkten Jahreszeiten, Wetter, Tageszeiten, Erlebnisreisen und Verwöhnen enthalten. Man kann die Stunden bei entsprechender Umgestaltung auch in einer ruhigen, gemütlich eingerichteten Ecke eines Innenraumes, die Erzählungen auch in Außenräumen umsetzen.

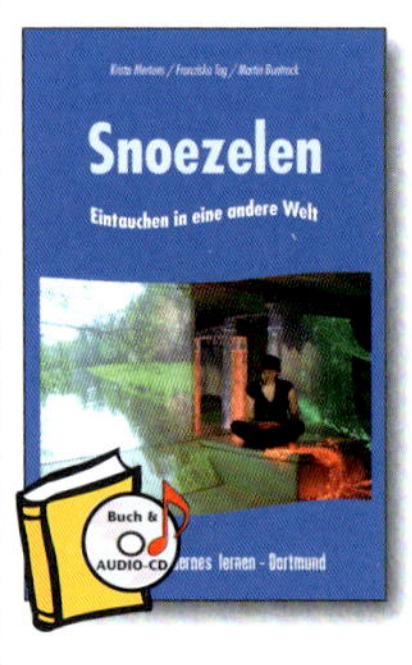

192 S., farbige Abb., Beigabe: Audio CD (72 Min.), Format 17x24cm, fester Einband
ISBN 978-3-8080-0610-8, Bestell-Nr. 1229, € 24,60

Jutta Bläsius

„Was berührt mich da?"

Taktile Wahrnehmungsspiele mit Bürsten, Schwämmen, Nudelhölzern ...

Wie Kindergarten- und Grundschulkinder mit Alltagsmaterialien spielerisch „auf Tuchfühlung" gehen können, „völlig von der Rolle" sein dürfen oder mit einer „schwammigen Angelegenheit" umzugehen lernen, verdeutlicht dieses praktische kleine Handbuch. Es enthält eine Vielzahl an Vorschlägen und Ideen, die die taktile Wahrnehmung bei Kindern sinnvoll fördern.

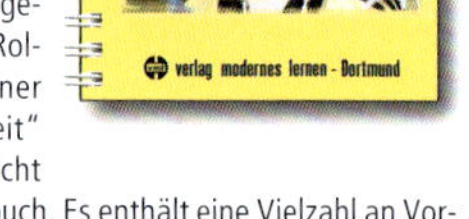

Hierbei spielen Alltagsgegenstände oder Materialien, die sich preisgünstig erwerben lassen, eine entscheidende Rolle. In Einzel-, Partner- oder Gruppenarbeit können mit diesen Materialien kleine Entspannungseinheiten, Massagen, Körperübungen oder taktile Sinnesspiele durchgeführt werden, die stellenweise sogar unter die Haut gehen.
128 S., farbige Abb., Format 16x23cm, Ringbindung
ISBN 978-3-8080-0623-8, Bestell-Nr. 1230, € 15,30

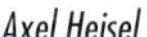

Axel Heisel

Schaukeln, Seilbrücken, Hangeln & Co.

Einfache Seil- und Knotentechniken für Drinnen und Draußen

So wird das Arbeiten mit Seil und Knoten leicht! Egal ob Sie mit Kindern im Wald unterwegs sind, in der ergotherapeutischen Praxis nach individuell gestaltbaren Schaukel- und Klettersystemen suchen oder einfache und schnelle Seilverbindungen für die Turnhalle benötigen. Hier werden Sie fündig! Mit vielen anschaulichen Fotos und Zeichnungen stellt der Autor seine Seilanwendungen vor: individuell anpassungsfähige und justierbare Schaukelsysteme, einfach zu bauende Seilbrücken, funktionelle Unterstände und Spielhöhlen, Hangelseile für Raum und Natur sowie Spiele mit dem Seil. Alle Aufbauvorschläge sind leicht nachzubauen. Das einheitliche Beschreibungssystem bietet schnellen Überblick über Anwendung, notwendiges Material, Aufbau, sowie Nutzen und Risiken.

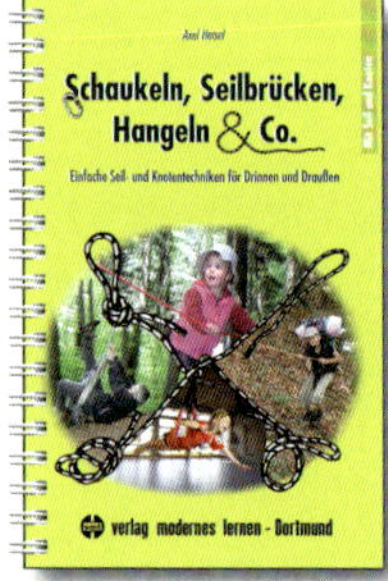

200 S., farbige Abb., Format 16x23cm, Ringbindung
ISBN 978-3-8080-0626-9, Bestell-Nr. 1236, € 19,80

BORGMANN MEDIA
verlag modernes lernen — borgmann publishing
Schleefstr. 14 • D-44287 Dortmund • Kostenlose Bestell-Hotline: Tel. 0800 77 22 345 • FAX 0800 77 22 344
Ausführliche Informationen und Bestellen im Internet: www.verlag-modernes-lernen.de